大学生心理教育研究

巫佳琪 著

哈尔滨出版社
HARBIN PUBLISHING HOUSE

图书在版编目（CIP）数据

大学生心理教育研究 / 巫佳琪著 . -- 哈尔滨 ： 哈尔滨出版社，2024.1

ISBN 978-7-5484-7468-5

Ⅰ．①大… Ⅱ．①巫… Ⅲ．①大学生－心理健康－健康教育－研究 Ⅳ．① G444

中国国家版本馆 CIP 数据核字（2023）第 156395 号

书　　名：**大学生心理教育研究**
DAXUESHENG XINLI JIAOYU YANJIU

作　　者：巫佳琪　著
责任编辑：韩伟锋
封面设计：张　华

出版发行：哈尔滨出版社（Harbin Publishing House）

社　　址：哈尔滨市香坊区泰山路 82-9 号　邮编：150090

经　　销：全国新华书店

印　　刷：廊坊市广阳区九洲印刷厂

网　　址：www.hrbcbs.com

E－mail：hrbcbs@yeah.net

编辑版权热线：（0451）87900271　87900272

开　　本：787mm×1092mm　1/16　印张：12.25　字数：270 千字

版　　次：2024 年 1 月第 1 版

印　　次：2024 年 1 月第 1 次印刷

书　　号：ISBN 978-7-5484-7468-5

定　　价：76.00 元

凡购本社图书发现印装错误，请与本社印刷部联系调换。

服务热线：（0451）87900279

前　言

　　大学生是一个承载社会、家长高期望值的群体，自我定位较高，成才的愿望非常强烈，但他们的心理发展尚未完全成熟、稳定，心理承受和适应能力相对较弱。面对自我冲突的"内忧"和社会适应的"外患"，大学生要不断地学习与探索，才能一步步地成长、成熟和进步。加强大学生心理健康教育，对于高校推进素质教育，增强大学生思想政治教育的实效性，促进学生个性健全发展，为建设和谐社会培养身心健康的合格人才具有重要意义。大学生心理发展教育可以充分挖掘大学生的心理潜能，培养其良好的心理素质，促进其人格和谐发展，增强他们的社会适应能力，从而最大限度地实现其人生价值。

　　本书对健康理念下的大学生的教育发展进行了系统研究。全书内容详实、结构清晰、理论明确，具有较强的针对性和实用性，希望本书的出版能给大学生的心理健康教育做出一定的贡献。笔者在撰写本书的过程中，得到了许多专家学者的帮助和指导，在此对其表示诚挚的谢意。由于笔者水平有限，加之时间仓促，书中所涉及的内容难免有疏漏之处，希望各位读者多提宝贵意见，以便笔者进一步修改，使之更加完善。

目　录

第一章 大学生心理健康教育概述

第一节 健康与心理健康

一、健康

（一）健康新概念

健康是人类生存中极为重要的内容，它对人类的发展、社会的变革、文化的更新、生活方式的改变起着决定性的作用。那么，一个人怎样才算健康呢？传统观念里，人们普遍认为身体健康是健康概念的全部，身体没病也就意味着健康。但随着社会的发展和生活水平的提高，人们的健康观在不断发生变化，对健康的理解越来越趋向于"整体健康观"，即健康是由心理尺度、医学尺度和社会尺度来衡量的，健康的概念已从传统的生物医学模式走向生物－心理－社会医学模式，这是健康概念的第一次转变。

世界卫生组织成立时，在章程中对健康下了这样的定义："健康乃是一种生理、心理和社会适应都日臻完满的状态，不仅仅是没有疾病和虚弱的状态。"在此突出了健康概念的多元化。

世界卫生组织进一步把健康定义为"躯体健康，生理健康，社会适应良好"。此定义突出并强调了人的生理与心理、自然性与社会性的不可分割性。当然，这也是世界公认的健康的标准定义。

世界卫生组织在对健康定义的阐述的基础上增加了"道德健康"层面。所谓道德健康，即健康还包含着道德标准，符合其所处社会认可的行为规范和价值标准。道德水平发展到较高阶段，进一步将健康的焦点转向道德健康，使健康的内涵由对精神生命的关注指向对精神成长的提升，标志着健康概念的第二次转变。

世界卫生组织又提出"合理膳食，戒烟，心理健康，克服压力，体育锻炼"的促进健康的新准则，将健康的概念进一步细化。

世界卫生组织关于健康概念的不断完善，体现了现代社会对健康有了越来越全面的认识。在此基础上，我们总结出衡量健康的四个层面：

1. 躯体情况

躯体情况主要包括身体发育是否良好，是否有生理疾病或缺陷等，这是健康概念的基础。

2. 心理发展状态

心理发展状态包括是否有心理疾病，是否有持续且积极的心理状态等。

3. 社会适应程度

社会适应程度包括掌握了多少生活知识和技能，是否有正确的生活目标，能否遵守社会生活规则、顺利融入社会群体、承担社会角色责任、适应社会生活等。

4. 道德文明水平

道德文明水平包括道德认知水平和道德行为状况等，道德健康的最高标准是无私奉献，最低标准是不损害他人利益。

（二）健康新内涵

随着社会的进步和医学的发展，人们对健康含义的理解也越来越深刻。近年来，世界卫生组织重新提出了有关健康的十条新内涵。

第一，有充沛的精力，能从容不迫地应对日常生活和工作的压力而不感到过分紧张。

第二，处事乐观，态度积极，乐于承担责任，不论事情大小都可以做到不挑剔。

第三，善于休息，睡眠良好。

第四，应变能力强，能适应外界环境的各种变化。

第五，能够抵抗一般性感冒和传染病。

第六，体重适当，身材匀称，站立时头、肩、臀位置协调。

第七，眼睛明亮，反应敏锐，眼睑不发炎。

第八，牙齿清洁、无空洞、无痛感，牙龈颜色正常，无出血现象。

第九，头发有光泽、无头屑。

第十，肌肉和皮肤有弹性，走路感觉轻松。

由此可见，健康是生理健康与心理健康的统一，二者相互联系、密不可分。人的生理疾病会影响人的心理健康，容易使人产生烦躁不安、情绪低落等心理不适的现象；而长期的心情抑郁容易引起身体的不适。因此，健全的心理要依靠健康的身体，健康的身体同样离不开健全的心理，二者是相互依赖、相互促进的关系。

二、心理健康

（一）心理健康的概念

心理健康主要是相对于生理健康而言的。《心理学百科全书》中有关"心理健康"的解释是，心理健康也叫心理卫生，其含义主要包括以下两个方面：一是指心理健康的状态，即没有心理疾病，心理功能良好，能以正常稳定的心理状态和积极的心理活动，面对现实的、发展变化着的自然环境、社会环境和自身内在的心理环境，具有良好的调控能力、适应能力，保持切实有效的功能状态；二是指维护心理的健康状态，即有目的、有意识且积极自觉地按照个体不同年龄阶段身心发展的规律和特点，遵循相应的原则，有针对性地采取各种有效的方法和措施，营造良好的家庭环境、学校环境和社会环境，通过各种形式的宣传、教育和训练，达到预防心理疾病的目的，提高心理素质，维护和促进心理活动的这种良好的功能状态。

实际上，现代社会对心理健康的标准还没有一个公认的判准，而且它还受到种族、社会、文化、信仰等因素的影响。古希腊哲学家苏格拉底认为，正常状态与人的自我认识有关，即没有一个完全正常的人，因自我认识永远不能完备，人格永远是在发展之中。而且，生活中的挫折本就无休止，心理无时不在寻找某种平衡，就如同体操运动员在平衡木上的动作一样，心理上的完美，也就在于在动中取得平衡，在平衡中求动。

第三届国际心理卫生大会对心理健康的定义为："所谓心理健康是指在身体、智力以及情感上与他人的心理健康不相矛盾的范围内，将个人心境发展成最佳状态。"

世界卫生组织明确规定："健康不仅是身体没有疾病，还应当重视心理健康，只有身心健康，体魄健全，才是完整的健康。"

心理健康是一种持续的心理情况，当事者在一定情况下能进行良好的适应，具有生命的活力，而且能充分发展其身心的潜能，这才是一种积极的、丰富的情况，而不仅仅是免于心理疾病。

心理健康是指人在成长和发展过程中，认知合理、情绪稳定、行为适当、人际和谐、适应变化的一种完好状态。心理健康是健康的重要组成部分。心理健康是指人的心理，即知、情、意活动的内在关系协调，心理内容与客观世界保持统一，并能促使人体内、外环境的平衡，促使个体与社会环境相适应的状态，并由此不断发展健全的人格，提高生活质量，保持旺盛的精力和愉快的情绪。

当今，"健康就是无病"的传统观点逐渐被抛弃。现在，人们更倾向于接受这样一些观点：

第一，心理健康是一种相对的、持续的且积极发展的动态心理状态，并非指"十全十美"。

第二，心理健康是指较长一段时间内持续的心理状态，异常心理或行为偶尔出现以及轻微情绪失调，如能恢复正常，则不认为是一个人心理不健康。

第三，心理健康可以用一系列具体标准来描述，但这种描述通常是一种全面的理想要求，不一定要全部做到。

第四，对心理健康的理解渐趋于多元模式，造成心理不健康的因素并不是单一的，而是生理、心理和社会多因素共同作用的结果。

因此，我们认为，心理健康可以从广义和狭义两个方面进行理解。从广义上讲，心理健康指一种高效而满意的、持续的心理状态；从狭义上讲，心理健康指人的基本心理活动的过程内容完整、协调一致，即认识、情感、意志、行为、人格完整和协调，能适应社会，与社会保持同步。这样，心理健康就寻求到了一种平衡，从而达到心理上的完美。

（二）心理健康的标准

随着时代的发展、科技的进步，人们个体经历或经验的差异使人们对心理健康有着不同的理解，对心理健康标准的判定也不尽相同。心理健康也不能像生理健康那样给出精确和绝对的标准。

关于心理健康的标准，世界卫生组织明确提出了四个方面：①身体、智力、情绪十分调和；②适应环境，在人际关系中彼此谦让；③有幸福感；④在工作和职业中能充分发挥自己的能力，过高效率的生活。

美国学者坎布斯认为心理健康的人应该有四种特质：①积极的自我观念；②恰当地认同他人；③面对和接受现实；④主观经验丰富，可供取用。

心理健康的十条标准：①充分的安全感；②充分了解自己；③生活目标切合实际；④与现实环境保持接触；⑤能保持人格的完整与和谐；⑥具有从经验中学习的能力；⑦能保持良好的人际关系；⑧能适度地表达与控制情绪；⑨在不违背社会规范的条件下，对个人的基本需要做到恰当的满足；⑩在不违背团体的要求下，做出有限度的个性发挥。

心理健康是一种能够表现出良好个性和良好人际关系的心理特质结构，它是在正常发展的智力基础上形成的。另外，需要指出的是，对于心理健康的标准，我们只能把它视为一个人努力追求的理想目标，不能将这些标准当作至理来苛责自己；当然，也不能因为忽视这些标准而忽略了自己真正存在的心理健康隐患。最终，我们要将这些标准当作辅助性的工具，使自己的心理达到较好的健康状态。

三、大学生的心理健康标准

大学生是社会中较为特殊的一个群体，学者对大学生心理健康标准的界定没有一个最终的定论。结合我国大学生群体的生理、心理特点以及社会对其角色的特定要求等实际情况，通常采用以下七条标准评判大学生的心理健康：

（一）能保持对学习有较浓厚的兴趣

一般来讲，学生的主要任务就是学习，对学习的兴趣因此就显得特别重要。心理健康的大学生对学习应有正确的态度，求知欲强，有浓厚的学习兴趣，有较高的学习效率，能够自觉克服学习中遇到的各种困难，并从学习中体验到快乐与满足。

（二）能保持正确的自我意识，接纳自我

正确的自我意识是大学生心理健康的重要条件，能正确了解自己、接纳自己，做到自尊、自强、自爱、自制，摆正自己的位置，勇敢面对挫折和困难，正视现实，积极进取。能根据自己的个性特点和能力状况设置合理的人生目标，做一个接纳自我、发展自我的人。

（三）能协调与控制情绪，保持良好的心境

情绪是人们各种感觉、思想和行为的一种综合的心理，是对外界刺激所做出的心理反应。每个人都有丰富的情绪体验，大学生也是如此。一个心理健康的大学生，在多数情况下都应保持情绪的稳定和良好的心境，应富有朝气和活力，对生活充满希望，对未来充满憧憬；善于调控自己的情绪，既克制又合理地宣泄自己的情绪，情绪的表达既符合社会的要求又符合自身的需要；在困难和挫折面前，能保持积极、乐观的心态等。

（四）能保持完整统一的人格品质

人格品质完整是指个体的所想、所说、所做都是协调统一的，人格结构的各要素，即气质、能力、性格、理想、信念等方面能平衡发展，使其保持整体统一，具有积极的人生态度与价值观。

（五）能保持和谐的人际关系，乐于交往

和谐的人际关系是心理健康十分重要的条件。大学生要乐于与人交往，交往动机端正，不卑不亢，关心和帮助他人，交往中保持完整独立的人格；能够客观公正地评价别人，评判事件；取人之长，补己之短。

（六）能保持良好的环境适应能力

心理健康的大学生对周围的事物和环境应有正确的认识和评价，能够正确地认识和正视现实，善于将自己融入不同的环境，积极地适应环境，积极投身生活，善于在生活中感受到乐趣。当发现自己的需要、愿望和社会环境发生矛盾时，能迅速进行自我调节，力求与社会环境协调一致。

（七）心理行为符合年龄特征

人类的生命有着不同的发展阶段，且都有着相对应的心理行为表现。大学生的思维敏

捷、精力充沛，在行为上表现为勤学好问、积极探索、勇于挑战。如果整天萎靡不振、喜怒无常，那么其肯定出现了心理问题，其心理行为也不符合大学生的年龄特征。

第二节 心理发展与心理健康

一、人的心理现象及其发生原理

（一）心理的科学认识

在古代，人们曾经认为心理是心脏的功能，这从汉字字形及其所指就可以看出，如思、想、恋、怒、悲等这些表示心理现象的词，都由"心"做部首。但现代科学证明，心理是大脑的机能，大脑神经系统进化的程度决定着心理发展的绝对水平。

心理又是人脑对客观世界的反映，客观世界的多样性为人的心理反映的复杂性奠定了基础。与什么样的客观世界打交道，就有什么样的心理反映内容。心理还是人脑对客观世界的主观反映。人对客观世界的反映不是照相，也不是被动地吸收，而是主动地观察、分析和整合。比如，面对相同的一幅画，不同的人会产生不同的理解。可以看出，人的心理离不开人的大脑，它是人的大脑对客观现实的主观反映。既然是对客观现实的反映，那么便说明种种心理现象的发生都与当事人实际生活的经历相关联；同时，由于是主观反映，人的心理也就免不了会烙上个体经验、偏见甚至虚幻的印记。

（二）心理现象的不同类型

1.感知觉

感知觉，是人类心理产生的初级形式。例如，听到喇叭传来的声音，看到物体的光亮、颜色，尝到水果的滋味等，这些都属于感觉。在这些感觉的基础上，能辨认出音乐、花朵、果实等，那么就产生知觉了。对感知觉，人们往往称它为"事实"的化身。"眼见为实"，便是人们对自己感知觉信任的写照。然而，我们的感知觉却并非像人们所期望的那样可靠，它甚至会无中生有。

2.记忆

人类凭借记忆，能积累经验和获得知识，但记忆中保存的经验和知识，是否会一直历历在目呢？记忆是一种心理重建的过程，它是在一定的社会环境中进行的，具有一定的社会性。人们对既往事件的记忆不只是简单的保存和再现，而是受文化态度和个人习惯渲染的心理重建。

在记忆的过程中，图式起着重要的作用，因为在记忆过程中，人们总是会不自觉地改变事件的某些细节，使整个事件更符合已有的图式，意义更明确。人总能在不知不觉中将新的事物纳入自己的图式中，并不断地对已有的图式进行重建。

3. 思维

思维，这是帮助我们摆脱具体事物的羁绊、遨游于思想太空的高级心理活动，使人类创造了千千万万个奇迹，但它也存在定式效应，使人们习惯于从固定的角度来观察、思考事物，以固定的方式来接受事物。

4. 信念

我们每个人都有关于涉及所处世界的种种想法，这些想法来自观察和经验。它告诉我们世界是什么、我们为什么要存在、该怎么做才是对的等等。信念的根基在于合理性，但正如心理学家所说，合理性虽然建造在心灵和语言的结构之中，却并不表明理性必然会遵循逻辑规则。20 世纪 60 年代以来的一系列心理学实验证明了这一点。实验结果表明，在人们的演绎推理和或然性推理中，普遍存在着某些类型的具有一贯性的（而不是偶然的）和深层的（而不是表面的）推理错误。在正常情况下（而不是在疲劳、遗忘、注意力不集中、情绪激动等情况下），人们的推理活动常常会违背某些推理规则，而且这些实验的结果往往具有高度的一致性。相关的心理学实验涉及两种类型的推理过程：演绎推理和或然性推理。

二、心理和心理发展

（一）心理

1. 心理的概念界定

心理是一种客观存在于自然界、人世间和每一个人身上的特殊现象——心理现象。动物有心理现象，人之间有心理现象，甚至从人类产品中也可以看到一些心理现象。但更直接、更典型的心理现象是表现在每个具体的人身上的。因此，这里所说的心理现象，是指在个体身上表现出来的可以感觉、能够观察的受内在心理活动支配的行为活动及其内在的心理过程。

在个体身上，主导人们心理活动的是人们的神经系统及其主管——"脑"，所以，心理是神经活动的产物，是脑的机能。但它又不是脑本身，而是在脑活动的基础上对各种刺激的主观反映并对其进行加工的结果。所以人们说，心理是脑的机能，是客观世界在人脑中反映的结果。

心理现象作为脑的机能是以活动的形式存在的，它以脑的神经活动为物质基础。脑的神经活动是生理的、生化的过程，而心理活动则是在这些过程中发生的对现实外界刺激作用的反映活动，是对外界信息的加工。

环境刺激事件是心理的源泉和内容。神经过程对它们的加工和处理就是心理活动。因此,一切心理活动都是由神经活动过程携带的对现实刺激的反映,也就是通过神经系统的感觉、知觉、想象或思考的加工过程,最终以映像、观念或情绪的形式保存在人的大脑中,形成人们的记忆、体验和观念。当人们能够觉察到这一过程时,便形成了人们的意识活动。当这一过程通过外部活动显现出来,表现出的就是人们的行为活动,如表情、说话、动作等。当某个个体经常性地以某种心理过程及其外部行为应对生活刺激,就形成了该个体的独特的习惯化心理反映形式,统称为个性或人格,这包含了个体的气质、性格、能力等结构化心理特征。所有这些心理活动过程和结构化心理特征及其外部表现行为,就是人们所说的心理现象。

感觉与知觉是关于事物的外部属性的反映,以映像的形式发生。在一定条件下,存储的映像可以在观念中再现,这就是记忆。在记忆中存储和再现的映像,称为表象。脑中映像在人的经验中得到积累和丰富,并在另外的条件下被重新组合而呈现出与原来不同的或全新的映像,这就是想象。想象是比表象更高一级的脑的功能。

对于某些事物,对那些不能直接感知的属性,可通过对它们的分析与综合、抽象与概括,揭示出它们的内在属性和规律以及事物之间的联系和关系,这就是思维过程。思维是人类认识世界和创造新事物的高级心理工具。

上述感觉、知觉、记忆、表象和思维的活动过程,统称为认识过程或认知过程。认识是人的基本心理活动,也是首要的心理功能。

除认识活动之外,还有意志活动和情绪活动。意志活动是思维决策见之于行动的心理过程;情绪活动是伴随认知与意志过程而生的独特体验。意志和情绪各有其独特的表现形式和发生规律。认知、情绪和意志是组成人的心理活动或心理过程的主要形式。

所谓个性或人格是指随着实践经验的积累,在不知不觉中,心理活动的某些特点就可以恒定地贯注在个体的心理世界,也就是将个体的各种心理要素以不同的方式联系和组织起来,以一定的结构形式表现在行为之中,形成人的个性心理特征。其中主要包括才能、气质和性格等心理要素。才能主要是由人的认识能力和解决问题的实践能力所组成。凡认识活动以及操作实践的某些方面的最优特性的组合集中在某人身上,他就可以被标定为才能较高的人。气质与性格所涉及的心理特性比才能更加广泛,它们不仅包括认识特性,而且包括意志和情绪特性。人的认知、意志和情绪在强弱程度、延续程度、灵敏程度、强力坚韧程度、激活程度等多维量的组合,就构成了个体的气质特征和性格特性。比如可把个体的性格特性标定为坚强而稳定、活泼而热情、独立而果断等。由于人的心理活动特征的多样性,其多维量、多层次的叠加与组合,就形成了多种多样的能力、气质与性格,这些心理活动特征在具体人身上所形成的个性,标志着其具有个体差异的心理世界和精神面貌。

2. 心理的特征表现

心理现象非常复杂,但是在各种复杂的背后,却有着共同的特点。

第一,心理是观念的反映。心理的反映形式是非物质的、观念的反映。刺激物的意义通过脑的过程在动物的行为应答中表现出来。人们的感知、记忆、理解等，就是非物质的、观念的反映。这种观念的反映，在人的思维加工阶段，可以产生这些观念的主体——人的知觉，这就是人的意识。观念的反映组成了人的精神世界，使人认识世界、存储知识、制订计划、调节行为；它还使人能够适应环境、改造环境、组织社会生活、创造新的世界，这就是以心理活动为依据的人的精神力量。

第二，心理是客观世界的主观反映。由于人在生活经历中除了直观地认识现实事件之外，在头脑中还存储了个人所获得的知识和经验。每次在新事件作用下所产生的反映，均经过已有的知识、经验以及个人特性的折射，带有很大的主观性和个体性。

第三，心理以活动的形式存在。从感觉到思维的过程，正如计算机一样，是信息加工的过程，是心理的运算活动。感觉，如对光产生的视觉映像，只在反映的过程中存在；思维，更明显的是在某一主题上进行的脑的操作。思维或其他心理过程，都是在脑外显的或内隐的交替操作中进行的。人脑似乎可以呈现出思维或知觉的产品，例如设计的图样或知觉的图形，但它们不是静止的，图样呈现本身就是心理操作。

（二）心理发展

1.心理发展的定义

心理发展有广义和狭义之分。

广义的心理发展包括：心理的种系发展、心理的种族发展和个体心理发展。

狭义的心理发展是指个体的心理发展，是个体从出生到成熟至衰老的整个生命历程中的心理发展。发展意味着生长，从简到繁、从低级到高级的过程。

2.心理发展的基本特性

心理发展具有如下四个基本特性：

（1）整体性。个体心理是由各种心理过程和现象有机联系的整体。心理发展是在各种心理过程和相互作用中实现的。理解心理发展的整体性需要把握两个要点：第一，作为整体心理活动有其独特的质的规定性，它不等同于各种心理现象特征相加的集合；第二，心理的发展是在各种心理过程紧密联系、相互制约、相互作用的互动关系中进行的。

（2）社会性。人的心理发展受到人类社会环境的制约，并在社会生活条件下及人际交往过程中得以实现。人的高级心理机能的发展由社会文化所决定，是通过语言符号的中介作用而不断内化的结果。语言符号的运用本质上就是人与人之间交往的体现。可见，个体的心理发展是受社会制约的。

（3）活动性。个体心理的发展是主体与客体之间相互作用的结果，而主客体相互作用的桥梁就是活动。心理发展不能简单地以先天排定的发展程序展开，也不能机械地归结为后天环境所决定，对心理发展起决定作用的是主体与客体之间的相互作用。两者的相互作用是指：外界环境对个体的刺激和要求；主体对客观环境采取的一系列活动；动作和活动是主客体相互作用的中介。这里所说的动作和活动包括外部动作和内化活动两个方面。活动的内化，也就是外部的活动逐步改造为内部智力的活动。这就是说，内化是一种过程，一种特殊的转化过程。内化过程表现为概括化、语言化、简约化和超越化，在这里，超越是指能够超出外部活动的界限而转化为内部的智力活动。

（4）规律性。心理发展的规律性表现在心理发展的普遍性和特殊性的统一、心理发展的方向性和顺序性、心理发展的不平衡性等方面。

一是心理发展的普遍性和特殊性的统一。人的个体心理都具有独特性，不可能存在两个人心理特征完全相同的现象，这是心理的个性。心理发展又具有共性，共性是寓于个性之中，又从个性中抽象出来的共同特征。个体的心理活动，是共性和个性的统一体，即遵循着普遍性和特殊性统一的规律。

二是心理发展的方向性和顺序性。心理发展的方向性是指心理发展的指向，一般来说，发展的趋向是从简单到复杂、从低级向高级发展。心理发展的顺序性是指心理发展遵循着确定的序列，如从婴儿期、幼儿期、童年期、少年期、青年期到中老年期的发展变化。这个发展次序是固定的、不能颠倒的。心理发展的方向性和顺序性是先天排定的。

三是心理发展的不平衡性。心理发展的不平衡性是指个体一生的心理发展并不是随年龄的增长而匀速前进的，它是按不均衡的速率向前发展的，即在一生的发展历程中，有的时期发展速度快，有的时期发展速度慢，呈现发展的快速期和缓慢期。

心理发展过程中，婴幼儿期属第一发展加速期；童年期是发展速度较快的发展期；少年期是第二个加速发展期；青年期结束，心理发展达到高峰，进入成熟期；中年期处于平稳发展变化期；老年期的心理变化呈下降趋势。这便呈现出了心理发展的不平衡性。

三、健康与心理健康的指标划分

（一）健康

1. 健康的界定

社会的进步与发展，促进物质生活水平迅速提高的同时，也让人们感受到了前所未有的压力，压力增大直接带来的结果就是心理问题的增多，迫使越来越多的人开始关注自身的健康，特别是心理健康。过去"没有疾病就是健康"的传统健康观念已经逐渐被新的健康理念所取代，从最初的"一维"健康观到后来的"三维""四维"再发展到现在的"五维"健康观，人们赋予健康更广泛、更丰富的内涵。

过去很多人认为健康就是身体没有缺陷和疾病，这是传统的"一维"健康观。随着人们对健康的认识逐步深入，对健康的理解也越来越丰富。世界卫生组织（WHO）作为全球最权威的负责人类健康事务的机构，在1948年成立时，在其宪章中明确指出："健康不仅仅是没有疾病和衰弱的表现，而是生理上、心理上和社会适应方面一种完好的状态。"

这就是我们所说的"三维"健康观，包括身体健康、心理健康、人格健康三个维度。

1989年，WHO对健康做了新的定义，提出了"四维"健康理念，即"健康不仅是没有疾病，而且包括躯体健康、心理健康、社会适应良好和道德健康"。在健康概念中增加了道德健康，体现了社会对人的要求和人自身内在的需求。道德健康是指不能损害他人的利益来满足自己的需要，能按照社会认可的道德行为规范来约束自己，支配自己的思维和行动，具有辨别真伪、善恶、荣辱的是非观念和能力。据测定，违背社会道德、触犯法律的人往往会出现内疚、自责、紧张、恐惧、焦虑不安、失眠、神经衰弱等严重心理问题，从而引发神经系统、内分泌系统的功能紊乱失调，免疫系统的防御能力下降，进而导致身体素质下降。

进入21世纪，人们又对健康赋予了新的内涵，出现了"五维"健康观，提出了行为健康的观点。行为健康指的是建立在身体健康、心理健康、社会适应能力和道德健康基础上的外在行为表现。行为健康表现在六个方面：有利性，即行为表现对自身、他人、环境有利；规律性，即起居有常，饮食有节；理性，即行为表现可被自己、他人和社会所理解和接受；常态性，即行为表现在正常范围内并保持积极状态；同一性，即外在行为与内在思维动机协调一致，与所处的环境条件无冲突；和谐性，即个人行为与他人或环境发生冲突时，能够包容和适应。WHO还公布了一组统计数据，一个人的健康15%取决于遗传，10%取决于社会生活条件，8%取决于医疗条件，7%取决于自然环境，60%取决于个人生活方式。在人类致死的原因中，有60%是不良行为造成的。很多疾病如高血压、糖尿病、肥胖症等都与不良行为和不良生活习惯有关。可以肯定的是，不良的生活方式和不良行为习惯是引发现代人患上多种疾病的重要根源。

2. 健康标准

1978年，WHO提出了健康的十条标准：①充沛的精力，能从容不迫地应付日常生活和工作的压力而不感到过分紧张和疲劳；②处世乐观，态度积极，乐于承担责任，事无大小，不挑剔；③善于休息，睡眠良好；④应变能力强，能适应外界环境中的各种变化；⑤抵御一般感冒和传染病；⑥体重适当，身材匀称，站立时头、肩、臀位置协调；⑦眼睛明亮，反应敏锐，眼睑不发炎；⑧牙齿清洁，无缺损，不疼痛，牙龈颜色正常，无出血现象；⑨头发有光泽，无头屑；⑩肌肉丰满，皮肤有弹性，走路轻松有力。

其中前四条为心理健康的内容，后六条为生物学方面的内容（生理、形态）。

（二）心理健康水平的划分指标

关于心理健康的定义有很多，国内外许多专家学者从各自关注的不同角度对心理健康进行了论述，但迄今为止也没有统一的、公认的定论。

1946年，第三届国际心理卫生大会指出，所谓心理健康，是指在身体、智力及情感上与他人的心理健康不相矛盾的范围内，将个人心境发展成最佳状态。

尽管关于心理健康的定义很多，但大体上可以总结出一些共同点：第一，心理健康是一种内外协调的心理状态；第二，适应良好，尤其是社会适应良好，是心理健康的一项重要指标；第三，心理健康是一种积极向上的发展状态。

心理健康水平的划分指标如下：

1.心理正常与心理不正常

任何事物都有正反两个方面，人的心理健康状况同样有心理正常与心理不正常（异常）之分。但由于没有公认的统一区别标准，在日常生活、心理咨询以及临床诊断中，人们往往会从不同角度，按照不同的经验和标准去区分，特别是在日常生活中，人们根据常识性的认识，基本可以判断一个人心理是否正常。例如，一个人走在大街上，边走边骂，自言自语，我们就可以判断此人心理不正常，这是常识性判断。此外，判断一个人心理正常与不正常还有标准化和非标准化之分，但这里主要从心理学的角度来区分与判断。

根据国家职业资格培训教程《心理咨询师（基础知识）》中援引中国心理卫生协会副理事长郭念锋的观点，因为心理是人脑对客观现实主观能动的反映，从这个基本点出发，判断一个人心理正常与不正常，可以依据以下三个方面：

第一，主观世界与客观世界是否统一。因为心理是对客观现实的反映，所以任何正常的心理活动和行为，必须在形式和内容上与客观环境保持一致。不管是谁，也不管是在怎样的社会历史条件和文化背景中，如果一个人说他看到或听到了什么，而客观世界中当时并不存在引起他这种感知觉的刺激物，那么，我们就能肯定，这个人的精神活动不正常了，他产生了幻觉。另外，当一个人的思维内容脱离现实，或思维逻辑背离客观事物的规律性时便会形成妄想。这些都是我们观察和评价人的精神与行为的关键，我们称为统一性（或同一性）标准。人的精神或行为只要与外界环境失去统一，则必然不能被人理解。

第二，心理活动的内在是否协调一致。人类的精神活动虽然可以被分为知、情、意等部分，但它自身是一个完整的统一体，各种心理过程之间具有协调一致的关系，这种协调一致性保证人在反映客观世界过程中的高度准确和有效。比如，一个人遇到一件令人愉快的事，会产生愉快的情绪，手舞足蹈，欢快地向别人述说自己内心的体验。这样，我们就可以说他有正常的精神与行为。如果相反，用低沉的语调向别人述说令人愉快的事，或者对痛苦的事做出快乐的反应，我们就可以说他的心理过程失去了协调一致性，称为异常状态。

第三，人格是否相对稳定。每个人在自己长期的生活道路上都会形成自己独特的人格心理特征，这种人格特征形成之后具有相对的稳定性，在没有重大外界变化的情况下，一般是不易改变的，它总是以自己的相对稳定性来区别一个人与其他人的不同。如果在没有明显外部原因的情况下，这种人格的相对稳定性出现问题，我们也要怀疑一个人的心理活动是否出现异常。这就是说，我们可以把人格的相对稳定性作为区分心理活动正常与异常的标准之一。例如，一个很节俭的人突然挥金如土，或者一个待人接物很热情的人突然变得很冷淡，如果我们在他的生活环境中找不到足以促使他发生如此改变的原因时，我们就可以说他的精神活动已经偏离了正常轨道。

2. 心理健康与心理不健康

从健康心理学的角度看，心理健康与心理不健康都属于心理正常范围，因为不健康不属于病态。

心理不健康状态可包含如下类型：一般心理问题、严重心理问题、神经症性心理问题（可疑神经症）。一般心理问题是由现实因素激发、持续时间较短、情绪反应能在理智控制之下、不严重破坏社会功能、情绪反应尚未泛化的心理不健康状态。严重心理问题是由相对强烈的现实因素激发、初始情绪反应强烈、持续时间较长、内容充分泛化的心理不健康状态。神经症性心理问题（可疑神经症）属于神经症的早期阶段。

3. 常态、偏态与病态

（1）常态：心理健康状态。个体能正常进行学习、生活、工作，无较大困扰，个体行为基本与社会环境相适应。

（2）偏态：心理失调状态。个体有精神痛苦和社会功能损害，在程度上有轻度心理失调、严重心理失调之分。

轻度心理失调（一般心理问题）：持续时间较短（1~3个月），境遇性强，有些问题会随时间推移自行缓解或消除，有些通过当事人主动调节也可以解决，个体生活、学习、工作基本能正常进行，但效率会有所下降。一般心理问题若不及时有效地调节，会发展为较严重的心理障碍。

严重心理失调（严重心理问题或心理障碍）：时间持久（3个月至1年），内容泛化，自身难以克服，需他人帮助或转移环境摆脱痛苦，社会功能受损严重，规避行为多，如休学、辞职、自闭等。

（3）病态：心理疾病状态。心理活动严重紊乱，干扰了正常感知和思维，甚至出现人格偏离和行为异常，发病期社会功能几乎处于瘫痪状态。

4. 健康与亚健康

亚健康是相对健康状态而言的。所谓亚健康状态，通常是指无临床症状和体征，或者有病症感觉而无临床检查证据，但有潜在发病倾向，处于一种机体结构退化、生理功能减退和心理失衡的状态。亚健康状态是指介于健康与疾病之间的临界状态，各种仪器及检验结果均为正常，但人体有各种各样的不适感觉。通常把这种状态称为"第三状态"，我国称为"亚健康"状态。因为其表现复杂多样，所以目前国际上还没有一个具体的标准化诊断参数。

一般来说，亚健康状态由四大要素构成：排除疾病原因的疲劳和虚弱状态；介于健康与疾病之间的中间状态或疾病前状态；在生理、心理、社会适应能力和道德上的欠完美状态；与年龄不相称的组织结构和生理功能的衰退状态。

以WHO"四位一体"的健康新概念为依据，亚健康可划分为四种：①躯体亚健康，表现为不明原因或排除疾病原因的体力疲劳、虚弱、周身不适、性功能下降或月经周期紊乱等；②心理亚健康，表现为不明原因的脑力疲劳、情感障碍、思维紊乱、恐慌、焦虑、自卑以及神经质、冷漠、孤独、轻率，甚至产生自杀念头等；③社会适应亚健康，表现为对工作、生活、学习等环境难以适应，对人际关系难以协调；④道德亚健康，表现为世界观、人生观和价值观上存在着明显的损人害己的偏差。

调查显示，我国亚健康人群发生率在45%~70%，发生年龄主要在35~60岁之间。人群分布特点为：中年知识分子和以从事脑力劳动为主的白领人士、领导干部、企业家、影视明星是亚健康高发人群，大学生亚健康问题也令人担忧，老年人亚健康问题复杂多变，特殊职业人员亚健康问题突出。

导致亚健康的原因：第一，长期饮食不规律、膳食结构不合理。很多人由于工作节奏比较快，生活方式不健康，导致一日三餐长期不规律，饥一顿饱一顿，或者长期忽视早餐，饱食晚餐，膳食结构不合理，随心所欲，长此以往都会导致体内营养失衡，直接影响身心健康。第二，生活长期无规律，作息不正常，睡眠不足，也会使人体生物钟处于失调状态，使人体免疫力低下，白天头昏脑胀，浑身乏力，工作效率低下。第三，工作紧张压力大，特别是单位的领导、业务骨干、业界精英等，精神长期高度紧张，体力透支，身心疲惫。第四，不良精神、心理因素刺激。第五，个性原因，对自己期望值过高，争强好胜，追求完美，过于认真、较真等个性特点也是亚健康的重要原因。

预防或减轻亚健康：第一，"平"，即平衡心理、平和心态、平稳情绪。面对客观现实，自己可以从主观上正确面对，积极调控自己的心态，以不变应万变。第二，"减"，即适时、适当、适度通过合理渠道和方法缓解过度的紧张和压力，减轻工作负担，不一定要事事亲为，提高工作效率。第三，"顺"，即顺应生物钟，不要违反自然规律，调整好休息、睡眠与工作的关系，有张有弛，劳逸结合。第四，"增"，即积极参加健身等适合自己的户外运动，通过有氧代谢运动等增强自身免疫力，增强身体素质。第五，"改"，即改变不良生活方式和习惯，科学养生，关爱自己，从源头上避免亚健康状态的发生。

（三）关于心理健康的标准

关于心理健康的标准，目前国内外也没有统一的认识。由于研究者各自的角度不同，心理健康的标准也各不相同，于是出现了经验性标准、社会规范标准、临床诊断标准、统计学标准和心理学标准，其中心理学标准就有很多种观点。

（1）美国学者坎布斯提出的心理健康标准：①积极的自我观；②恰当地认同他人；③面对和接受现实；④主观经验丰富，可供取用。

（2）美国心理学家马斯洛和密特尔曼提出了心理健康的十条标准：①是否有充分的安全感；②是否对自己有较充分的了解，并能恰当地评价自己的能力；③自己的生活和理想是否切合实际；④能否与周围环境保持良好的接触；⑤能否保持自身人格的完整与和谐；

⑥是否具备从经验中学习的能力；⑦能否保持适当和良好的人际关系；⑧能否适度地表达与控制自己的情绪；⑨能否在集体允许的前提下，有限度地发挥自己的个性；⑩能否在社会规范的范围内，适度地满足个人的基本需求。

（3）第三届国际心理卫生大会提出的心理健康标准：①身体、智力、情绪十分协调；②适应环境，人际关系良好，有幸福感；③在生活、工作中，能充分发挥自己的能力，有效率感。

（4）我国心理学学者俞国良提出的心理健康标准：①智力正常；②人际关系和谐；③心理与行为符合年龄特征；④了解自我，悦纳自我；⑤面对和接受现实；⑥能协调和控制情绪；⑦人格完整独立；⑧热爱生活，乐于工作。

一般而言，一个人只要能够在社会生活中正常有效地工作、学习、交往，就能达到心理健康的基本标准。但是，心理健康状态不是固定不变的，它会随着每个人不同的生活、学习、工作情况而发生改变，每个人不仅要努力达到心理健康的基本要求，更应该追求心理发展的更高层次，提高自己的幸福指数和生命质量。

（四）我国大学生心理健康的标准

根据对国内外有关心理健康一般标准的认识，结合我国大学生心理健康实际情况，大学生心理健康的标准可以概括为以下几个方面：

（1）有良好的智力水平。智力是指人认识、理解客观事物并运用知识经验去解决问题的能力。正常的智力是大学生学习、生活与工作的前提，也是适应周围环境变化的保证。相比较而言，大学生群体智力总体水平偏高。衡量大学生的智力水平，主要看大学生的智力是否能正常、充分地发挥其效能，是否有强烈的求知欲，是否乐于学习，能否积极参与学习活动。

（2）有积极稳定的心态。通常情况下，一个人的心理健康状况往往会直接从情绪上表现出来。由于大学生正处在人生的黄金时期，而大学校园是莘莘学子特有的舞台，朝气蓬勃，积极进取，乐观向上，认真学习，努力提升自己各方面的能力，为人生的发展积蓄力量，这是大学生活的主旋律。从总体来看，大学生情绪稳定，乐观积极向上，但由于处在人生的特殊阶段，无论年龄、心理发展、生活境遇、人生节点，都会使处在人生关键阶段的大学生的情绪处在动荡不安之中，他们会为学习、生活、交友、恋爱、就业等各种事情所困扰，从而引起自身的情绪波动。但必须指出，心理是否健康的表现并不是有没有消极情绪，而是这种消极情绪持续时间的长短或对学习生活影响的程度。心理健康的人总体情绪较稳定，且积极情绪常多于消极情绪，能保持乐观积极向上的心态，富有朝气，对生活充满希望，善于控制与调节自己的情绪，既能克制又能合理宣泄，情绪反应与环境相适应。心理不健康的人却容易陷入消极情绪中不能自拔，持续时间很长，甚至严重影响到自己的生活。

（3）有正确的自我认识。心理健康的大学生能够正确地认识自己，客观、全面地评价自己，对自己的生活目标和理想也能定得切合实际，能把理想的我和现实的我进行统一。对自己的优点和不足有清醒、正确的认识，能够悦纳自我，扬长避短，接受不完美的自己，并做到自尊、自爱、自强。

（4）有坚强的意志品质。大学阶段虽然没有了高考的压力，但学业的压力、恋爱交友的压力、能力提升的压力、就业的压力等如影随形，都在不同程度地考验着每个人，而且在很大程度上这些压力并非来自教师、家长，而是大学生在自我加压。大学生要想顺利完成学业，提高自己各方面的能力，为将来走向社会打下良好的基础，就必须在大学期间克服种种困难，付出艰苦的努力，用自己良好的意志品质战胜各种困难和诱惑，排除各种干扰，使大学成为历练自己的舞台。

（5）有健全统一的人格。人格完整就是指有健全统一的人格，即一个人的所想、所说、所做都是协调一致的，人格结构的各要素，包括气质、性格、能力、需要、兴趣、爱好、信念等是完整统一的，形成自我同一性，以积极进取的态度把自己的兴趣、需要、目标和行动统一起来。

（6）有和谐的人际关系。心理健康的大学生乐于与他人交往，虽然在学习生活中也会与周围人出现矛盾或摩擦，但能积极寻求解决问题的方法，不会给自己的生活带来太大的负面影响。能以尊重、信任、理解、宽容、友善的态度与人相处，能分享、接受、给予爱和友谊，有稳定的人际关系，拥有可信赖的朋友，社会支持系统强而有力。心理不健康的大学生不善于与别人相处，人际关系经常处于紧张状态，对别人充满敌意、孤僻、不合群，由于难以处理好人际关系而经常使自己处在内心痛苦挣扎的状态。

（7）有良好的适应能力。进入大学阶段，学习、生活、人际关系等方面都发生了重大的变化，要想顺利适应大学生活，必须要求大学生有良好的适应能力。大学生的适应主要表现在社会适应、学习适应、生活适应三个方面。社会适应主要是指能和集体保持良好的关系，能够与集体步调一致，当个人的需要和愿望与社会的要求、集体的利益发生冲突时，能够迅速地进行自我调节，达到与社会要求协调一致的目标。学习适应主要指学会学习，掌握科学的学习方法和策略，能够优化自己的学习过程，能够调节自己的学习状态，不断地开发自身的潜能。生活适应主要指能够解决生活中遇到的各种问题，掌握排解心理困扰、减轻心理压力的方法。

（8）有与自己年龄一致的心理行为表现，在人生命发展的不同年龄阶段，都有相对应的、不同的心理行为表现，从而形成不同年龄阶段的心理行为模式。大学生正处在青春飞扬的时期，心理健康的大学生精力充沛、思维敏捷、情感活跃、热情洋溢、勇于探索、勤学好问。如果出现长时间萎靡不振、不思进取、喜怒无常，或过于幼稚、过于依赖等现象，这些都是心理不健康的表现。

根据以上大学生心理健康的诸项标准，要想正确理解和把握大学生的心理健康标准，应该注意以下三个方面的问题：

首先，心理健康状态具有相对稳定性。一个人在相当一段时间范围内，他的心理状态是比较稳定的。一个心理健康的人也会由于生活中的一些负性事件出现抑郁、烦躁、焦虑、偏激等心理不健康的状态，但不能因此就判断他出现了心理疾病，随着负性事件消失，负面情绪会自然缓解，因为心理不健康是指一种持续的不良状态。事实上，心理健康与不健康、正常与异常、常态与变态之间并没有绝对的界限，只是程度上的不同。从心理健康的诸项标准来看，很多大学生在其中的一个或几个方面出现了偏差，但其他方面都比较正常，这是比较常见的。按照我国学者的观点，如果将人的精神正常比作白色，精神不正常比作黑色，在白色和黑色之间有一个很大的过渡带——灰色带，事实上我们很多人都会在生活的某个阶段处在灰色带。也就是说，在一个人的一生当中，经常会因为生活工作中的某些事件导致自己心理上出现这样或那样的问题，这是很正常的现象。出现问题如何正确对待、如何调节，使自己从低谷中走出来，才是最重要的。

其次，心理健康状态具有发展变化性。大学生在学习生活中经常会遇到这样或那样的问题，导致情绪的波动，甚至出现比较严重的心理问题，这也是正常状态，很多大学生都能够通过自身的心态调整，或者随着时间的推移，或者通过他人的帮助，走出困境，走出低谷，重新回到学习或生活的正常轨道上来。

最后，心理健康状态具有整体协调性。从心理过程的发展来看，心理健康的人的心理活动是一个完整的、统一的、协调的整体，认知是心理健康的基础，意志是心理健康的支点，情感是认知与意志的中介。如果心理过程的这三个方面失衡，个体就会出现心理问题，甚至是心理疾病。

第三节　大学生的心理健康教育

一、大学生心理健康现状及常见的心理问题

（一）大学生心理健康现状

在我国社会发展的历史进程中，随着经济的快速发展，利益格局差距日益加深，急剧的社会变迁所引发的心理问题也逐渐增多。随着中国教育的不断发展，越来越多的适龄青年都有机会进入大学，接受高等教育。同时，大学生也渐渐走出了"天之骄子"和"栋梁之材"的神话，回归到现实生活中。大学生活将承载着更多理想与现实的冲突。

因此，大学生心理健康问题必须引起全社会关注，然而我们发现，当前我国高校大学生的心理健康状况不容乐观，提升大学生心理素质迫在眉睫。

（二）大学生常见的心理问题

1. 环境不适应

环境不适应在大学新生中较为普遍。尤其是初次离家过集体生活的学生都需要经历一个从不适应到逐步适应的过程。在这一过程中，从小受溺爱或过度保护的人，性格孤僻、内向或暴戾的人不易合群，难以适应生活的变化，在孤独感、无助感的折磨下，个别人容易抑郁。

2. 学习的压力

近年来，青年学生因学习压力加大而轻生的事例也较为常见。大多是进入大学后由于学习目标不明确，学习方法不适应或所学专业与自己的学习兴趣、思维方式相左，部分学生的学习成绩出现明显滞后现象，甚至面临留级、休学等问题的原因造成的。

3. 情感的挫折

在大学生活中，大学生既有对友情、爱情的追寻和渴望，也有情感上的困惑和失落，稍微处理不当，就会受到压抑、抑郁等情绪的困扰。当今的大学生相当一部分为独生子女，在家里受到家长们无微不至的关心和照顾，享受到家庭的温暖和父母无私的爱。进入大学后，由于离开家乡和父母，一些学生感到难以适应大学生活，不能及时进入大学的学习状态，产生情绪波动；渴望关爱和友情、苦闷、孤寂、烦恼等情绪会袭扰学生的内心。

4. 人际关系问题

大学生的感情世界丰富而敏感，他们渴望与人交往，获得友谊、尊重和理解。因不同的地域、不同的生活习惯、不同的兴趣爱好等造成的差异使得一些学生对人际交往产生了心理戒备，甚至形成封闭心理。这种渴望交往与心理封闭的矛盾，在心理上形成一个悖论，即一方面渴望与人真诚、平等地进行交往；但另一方面，在与人交往的过程中，却怀有多疑、戒备、封闭的心理。对人际交往的期望值越高，在人际交往过程中的猜忌、戒备心理也越强，自我封闭的状态也就日益严重。反过来，自我封闭越严重，内心的孤独感也就越强，因而更加渴望与人交往，更加渴望真情和理解。封闭与交往的冲突，也是当前一些学生产生失落和自卑心理的重要原因之一。

21世纪对人才的要求更高，除了要有好的身体、一定的文化知识和技能，还要有良好的心理素质、健全的人格。作为一名大学生，要妥善地处理自身问题。当然，大学生心理健康教育的目的也是帮助大学生追求一种更积极的人生境界，从而得到更全面的发展。

5. 就业的困扰

很多大学生对未来和前途充满困惑。经济的转型和波动，无疑使就业形势难上加难。如何在就业困难的环境中实现自我发展，已成为当代大学生必须面对的问题。

二、加强大学生心理健康教育的方法

加强大学生心理健康教育是高等教育的内在要求。当前，社会、学校和家庭都认识到了大学生心理健康教育的重要性。高校也从自身特点出发对学生进行心理健康教育。加强大学生心理健康教育的方法有多种，从目前各高校的做法看，主要有以下五种：

（一）积极优化校园环境，创造良好的心理社会环境

心理学家发现，环境对人的心理影响很大，由此可见，营造文明健康的校园文化氛围成为保证大学生心理健康的重要内容之一。学校应通过心理健康案例分析、心理科普宣传等方式，普及心理健康知识、传播心理健康理念，教会学生关注自身心理健康，积极预防心理问题的产生。社会各界应利用各种传播媒介促进大学生心理健康，普及心理健康知识，以引起大学生对提高心理健康水平的自觉要求。

（二）开设心理健康教育课，定期举办相关讲座

大学生心理健康教育的最终目标是培养大学生良好的心理素质，学生心理素质的提高离不开对心理学知识的了解，学校应开设心理健康教育课，让学生系统地学习心理健康知识。另外，学校定期举办相关讲座也是十分必要的，这对于普及心理健康知识、提高大学生对心理健康教育的认识具有重要意义。

（三）设立心理教育和咨询机构，积极开展学校心理咨询服务

通过开展心理咨询服务，防治大学生心理疾病，保证大学生心理健康。高校的心理咨询工作主要以预防为主，采取灵活多样的形式，如个体咨询、电话网络咨询、小组咨询、挫折考验训练等帮助学生解除心理困惑；建立大学生心理档案，进行跟踪了解。

将心理健康教育与德、智、体、美、劳的教育紧密结合起来，从心理学角度入手，运用心理的手段消除学生的心理障碍，辅之以其他方面教育的引导，使大学生克服不健康的心理和偏激的观点，进而取得最佳的整体效应，实现全面发展。

（四）鼓励大学生建立心理健康教育社团

大学生组建自己的心理社团可以说是实现大学生心理健康教育较为有效的方式之一。通过大学生的自发组织，可以强化其自我教育意识，使追求心理健康成为一种自觉行为。例如，某高院的一些学生就成立了一个心理健康协会，并将该协会发展成该学院最大的学生社团，每一位会员都会为传播大学生心理健康知识贡献出自己的一份力量。

三、加强大学生心理健康教育的意义

心理健康的特殊性决定了心理健康教育的重要性，因而加强大学生心理健康教育有其内在的重要意义。

（一）心理健康教育可以起到保证身体健康的作用

人的心理健康和身体健康是相互依存、密不可分的。生理健康是心理健康的基础，心理健康反过来又能促进生理健康。当身体有疾病时，会情绪低落、焦躁易怒；当面临压力时，会头痛失眠、食欲不振。因此，加强对大学生的心理健康教育有助于达成大学生心理健康和身体健康的和谐。

（二）心理健康教育可以预防精神疾病的发生，提高心理素质

大学生是民族的希望。其身心健康状况不仅影响自己、家庭、学校，更重要的是关系到我国现代化事业的兴衰成败。在高校开展心理健康教育，既可以预防心理问题的产生，又可以使暴露出来的某些心理健康问题被及时地被解决在萌芽状态，这对大学生的健康成长无疑会起到积极作用。

（三）心理健康教育是塑造大学生良好个性和优良思想品德的先决条件

性格健康是心理健康的必备条件。一个人的性格具体地标志着一个人的品德和世界观，即人的性格特征和人的思想品质是紧密地联系在一起的，没有健康的性格就谈不上优良思想品德的形成。也就是说，培养健康的性格和优良的思想品德是同一教育过程中的两个不同的侧面。可见，心理健康教育对大学生个性的形成及思想和品德的训练均起到了积极的促进作用。

（四）心理健康教育是促进大学生智力发展、心理素质提高的基础

在日常学习过程中,若一个大学生朝气蓬勃、心情愉快,就会调动其智力活动的积极性,易于在大脑皮层形成优势兴奋中心,形成新的暂时神经联系和使原有的暂时神经联系复活,进而促进智力的发展。反之,若是在烦恼、焦躁、担心、忧虑、惧怕等情绪状态下学习,则会压抑智力活动的积极性和主动性,使感知、记忆、思维、想象等认知机能受到压抑和阻碍。那些被感情等问题搞得忧心忡忡致使成绩一落千丈、因控制不住自己的情绪冲动而违法违纪、因缺乏学习动机而厌学的大学生,其归因都表明了心理是人的一切活动的根本。

（五）心理健康教育对于建设社会主义精神文明有着重要的意义

心理健康教育不仅对个体有意义，而且对群体也有不可忽视的作用。加强大学生心理健康教育有助于帮助大学生克服其消极心理状态，缓解人际冲突，改善交往环境；有助于其塑造良好的形象，发展健全的品格，提高大学生的道德水平；有助于提高大学生的积极性和创造力，从而有助于更好地投身社会主义现代化建设。可见，心理健康教育是社会主义精神文明建设的重要组成部分。

第四节　大学生心理健康教育的意义与途径

一、大学生开展心理健康教育的意义

（一）社会发展的需要

21 世纪对人才的心理素质提出了更高的要求，要想在 21 世纪取得成功，不仅要有良好的思想道德素质和科学文化素质，更要有创新的精神、进取的态度、竞争的意识、应变的能力、沟通的技巧、充分的自信、积极的思维、乐观的态度、健康的情绪、成熟的人格。因此，如果人们要想在未来的社会中生存和发展，没有良好的心理素质做保证是不行的。

大学生是承载着社会、家庭、自身高期望值的一个特殊的群体，他们的素质如何，将直接影响到社会的发展和进步。高校是为社会培养符合社会发展需要的高素质专门人才的场所，社会需要更多具有良好的思想道德素质、科学文化素质、专业技能素质、身体素质、心理素质的人才。高校责无旁贷地要为社会培养这样的人才。

（二）适应全面推进素质教育的需要

全面推进素质教育是党中央、国务院从我国社会主义事业兴旺发达和中华民族伟大复兴的大局出发做出的重大决策，高等学校作为培养社会主义建设者和接班人的重要阵地，全面推进素质教育是其必然的工作目标。

所谓素质教育是依据人的发展和社会发展的实际需要，以全面提高全体学生的基本素质为根本目的，以尊重学生主体和主动精神、注重开发人的智慧潜能、注重形成人的健全人格为根本特性的教育。

"素质"是从心理学界定的一个概念。心理学认为，素质是指人的身体和心理发展的客观基础。人的发展，是从量的积累到质的变化连续不断的过程。每一个阶段新"质"的出现，都为下一个阶段的发展奠定一定的基础，进而促成其在新的水平上生长。人的可教育性，就是在不断提高基础水平的变化中体现出来的。素质是一个人身上处在发展中的"基础条件"。

个体的素质结构，主要包括生理、心理两大基本要素，无论是古希腊时期的"身心既美且善"，还是现代社会提出的"个体和谐发展"，无一不认为个体素质结构包含身、心两个基本方面。生理素质主要指人的身体发育、机能成熟和体质体力的增强。心理素质则指人的认识、情感、意志及人格的发展与完善。

素质教育可相应地分为身体素质教育和心理素质教育。心理素质教育指有目的、有计划地对受教育者的心理施加影响，使其提高心理健康水平，全面发展自身人格，注重学生潜能的开发和各种优秀心理品质的培养和发展，同时预防其各种异常心理和心理问题的产生。

近年来，我国大学生心理健康教育工作得到较大的推进和加强，在推进大学生素质教育中发挥了重大作用。但是，还应该看到，我国大学生心理健康教育工作还远远不能适应新形势的发展，特别是还不能满足全面推进素质教育的需要，还存在着在新形势下对大学生心理健康教育的任务、对象、特点和规律认识不高、研究不深的问题，尤其还存在着对心理健康认识上的不到位的情况，还远远没有把这项工作放到其应有的位置上。因此，我们要通过对大学生开展心理健康教育活动，引导和帮助大学生提高对心理素质在人的整体素质中的作用的认识，引导和帮助大学生正确处理好心理素质与其他素质的关系，引导和帮助大学生了解和掌握心理健康的必要知识，引导和帮助大学生优化人格品质、增强心理调适能力和社会适应能力，为大学生全面发展创造相应的条件。

（三）自我发展的需要

开展心理健康教育是大学生自我发展的需要，大学生要想成为出类拔萃的人才，不仅要有良好的身体，还要有健康的心理，并且两者还要有机地结合在一起。

大学生正处在迅速走向成熟但又未完全成熟的过渡时期，在这一时期，各种心理活动异常活跃，同时也充满了矛盾与困惑。在这一年龄阶段，自我调节能力还不完善，当面临新的环境、学习压力、人际关系等一系列问题的时候，常常会因为遇到挫折、困扰而引起自身情绪波动，心烦意乱。大多数学生在面临这些问题或冲突时，通过朋友的帮助、书籍的影响、老师的指导、家长的协助等能及时地进行自我调整而保持健康的心理状态，能愉快地进行生活、学习、交往。但是，也有一少部分学生无法依靠自己的力量调节和改善这种状况，久而久之，就会发展为程度不同的心理困惑或心理疾病，以致影响正常的学习和生活。开展心理健康教育，可以使那些心理比较健康的学生尽快地缩短适应期，提高学习、生活的效率和质量；也可以使有心理障碍的学生及时得到矫治，尽快恢复到健康的心理状态。

二、大学生心理健康教育的具体途径

（一）努力学习科学理论，树立科学的人生观和世界观

努力学习科学理论，牢固树立科学的世界观是开展大学生心理健康教育的核心内容。从社会心理学角度看，人生观是人们心理现象的最高层次，人生观对心理结构具有优化作用。人生观作是一种观念形态，它一经形成，就对人的思想起着巨大的反作用，对人的需要、动机、理想、信念及其对待现实的态度都将产生重大的影响和制约。如果有了正确的人生观和世界观，那么这个人就能对社会、对人生、对世界上的事物有正确的认识和了解，并能采取适当的态度和行为反应；就能使人站得高、看得远，并正确地体察和分析客观事物，冷静而稳妥地处理事情；同时也能做到胸怀开阔，保持乐观主义精神，提高对心理冲突和挫折的耐受能力，从而防止心理障碍发生，有利于保持自身心理健康。

（二）积极提高文化素质，塑造完美人格

对于大学生来说，提高综合文化素质，不仅是帮助大学生形成良好思想道德和专业素质的重要基础，也是帮助大学生开阔视野、活跃思维、升华人格、陶冶情操的必要条件。大学生通过综合文化素质的提高，可形成正确的自我意识，有效地克服自卑或自傲的偏执心理，保持一种豁达、大度的心理状态，形成健康的自尊、自信的心理品质和自律、自强、自立的良好人格。

提高大学生的综合文化素质应以教育为前提，首要是要加强对大学生的文化素质教育，把加强文化素质教育贯穿于大学教育的整个过程，实现教育的整体优化，最终达到教书育人、提高素质的目的。要切实抓好课程教育，开好提高文化素质的必修课和选修课。对理工科学生来说，应重点开好文学、历史、哲学、艺术等人文社会科学的课程；对文科学生来说，应适当开设自然科学课程。所开设课程要在传授知识的基础上更加注重大学生人文素质和科学素质的养成和提高。

还应该帮助、组织大学生开展各种形式的社会实践活动，有计划地组织大学生去参观、访谈、做社会调查、参与社会服务工作等，引导学生投身社会、投身实践，在实践中提高自身的修养。

（三）不断优化校园环境，营造健康氛围

加强校园文化建设，通过各种课外活动以及可以利用的手段，营造积极、健康、高雅的氛围，使大学生从中受到熏陶和感染，进而促进个体的和谐发展。共青团、学生会等组织可开展如演讲、辩论、知识竞赛、体育比赛等活动，使学生的思维能力、语言表达能力、合作意识、意志品质等心理素质得到相应的提高和发展。通过"525"大学生心理健康宣传日、

学校广播、电视、网络、校刊、校报、橱窗、板报等广泛宣传、普及心理健康知识，使学生能够时常接触到心理健康教育，积极、主动、自觉地提高心理健康水平。

（四）积极创造有利条件，健全教育网络

大学生心理健康教育工作是一项系统工程。要积极创造条件，建立以课堂教学与课外教育指导为主要渠道和基本环节，课内与课外、教育与指导、咨询与自助紧密结合的心理健康教育网络体系，确保大学生受到系统的心理健康方面的教育和指导。

1. 建好心理健康教育咨询中心

学校要成立大学生心理健康教育咨询中心，负责大学生心理健康教育工作的整体规划、组织协调和运行工作；负责全校学生心理健康教育和相关的心理学科公共选修课教学大纲的制订，负责教学计划、授课任务以及各种规章制度的制订；开展心理普查活动，建立心理档案，进行团体训练、个体咨询、心理危机干预等工作。

2. 开好心理健康教育系列课程

构建合理的心理健康教育体系，充分发挥课堂教学在大学生心理健康教育工作中的主渠道作用，通过课堂教学向广大学生传授心理健康知识和心理调适方法，帮助学生提高适应社会生活的能力并养成良好的人格品质。在此基础上，开设着重于帮助大学生培养优良心理品质、提高心理调适能力和社会适应能力、培养综合素质方面的如社会心理学、交往心理、学习心理、成功心理等公共选修课。针对不同年级学生中带有普遍性的一些问题，开设系列专题讲座和报告。

3. 建设专兼结合的师资队伍

大学生心理健康教育工作是一项专业性很强的工作，对工作人员的专业素质要求较高，因此，培养一支专业化骨干教师队伍是做好大学生心理健康教育工作的关键。高校要按学生比例配备专职及兼职教师，并要加强培训，保证专职和兼职教师每年接受不低于40学时的专业培训，或参加至少2次省级以上主管部门及二级以上心理专业学术团体召开的学术会议，适时安排从事心理咨询行业的教师接受专业督导，使他们不断提高理论水平，丰富专业知识，积累教育经验。

4. 建立大学生心理健康教育工作网络

大学生的心理问题具有不同的层次，从一般的适应问题到严重的心理障碍或精神疾病都可能存在，因此，帮助大学生解决心理问题要建立一个分层次的工作网络。

第一级工作网络：在每一个教学班选一名对心理学感兴趣、有热情、愿意帮助同学的学生作为心理委员，通过培训，使他们对心理健康知识有基本的了解，掌握一定的心理辅导方法和技能。学生心理委员来自不同系别，共同的生活与情感使他们易于与同学沟通，并容易发现同学中的各种问题，特别是危急事件。他们发现问题后可及时向学生工作干部报告。

第二级工作网络：重视发挥学生工作干部在心理健康教育工作中的作用。学生工作干部是与学生打交道最频繁的，他们对学生的人格特点、家庭状况、学习情况和人际关系状况等都比较清楚，因此，在大学生心理健康教育工作中担任着重要角色。他们经过一定的心理咨询培训，再根据自身丰富的思想教育工作经验，对于学生面临的一般性心理问题和发展性问题，在日常思想教育过程中就能予以全部或部分解决。对于有较为严重的心理问题的学生，他们将其介绍到心理健康教育咨询中心，再由心理咨询专业人员来处理。

第三级工作网络：发挥心理健康教育咨询中心专业人员的专业优势，解决学生中存在的较为严重的心理问题。

学生心理委员、学生工作干部和心理健康教育咨询中心专业人员三级工作网络的建立，为更好地落实大学生心理健康教育工作提供了有力保障。

5. 进一步做好大学生心理普查工作

通过科学的方法和手段，有效地将大学生中可能存在心理问题的学生筛查出来，并根据其严重程度进行分类，对问题较为严重的学生进行跟踪、控制和帮助，实现对大学生心理问题的及时发现、早期干预和有效控制的目的，从而提高大学生心理健康教育工作的科学性和针对性。通过开展大规模的心理普查，有效地扩大大学生心理健康教育工作在学生中的影响，同时为制订大学生心理健康教育计划和建立大学生心理档案提供有力支持，形成筛查、干预、跟踪、控制一体化的工作机制，切实做好筛查出的可能有心理问题学生的后期支持工作。

6. 开展有效的心理辅导和心理咨询工作

心理辅导和心理咨询是大学生心理健康教育中必不可少的辅助性工作。心理素质教育面向全体学生，而心理辅导和心理咨询则是有重点地对少数有心理困惑或心理问题的学生进行帮助的一项工作。心理健康教育工作者可充分利用咨询室、心理信箱、心理热线、网络等进行心理辅导和心理咨询，及时解决学生的心理困惑和心理问题。

7. 心理健康教育要全面渗透整个学校教育过程

把心理健康教育与学校的德育工作、教学及日常管理工作有机结合起来，通过各项工作去渗透心理健康教育。辅导员、班主任、两课教师和党政工团干部要有加强学生心理健康教育的明确意识，能够基本掌握有关心理辅导的理论和方法，在日常思想政治教育工作及日常的教育和管理工作中，能将学生的心理问题与思想问题区分开，及时、主动地与学校从事心理健康教育工作的教师合作，以给予学生及时的辅导和帮助。学校医疗保健机构应与学校心理健康机构相结合，为学生开展心理健康教育和咨询服务。共青团、学生会和其他学生社团还可举办丰富多彩的活动，以便更好地提高学生心理健康水平。

第五节　大学生常见的心理问题及应对策略

一、大学生常见的心理问题

大学生处于青年期，其心理发展水平正处在迅速走向成熟而尚未完全成熟的过渡阶段。他们一般还保留着明显的少年时期的心理特征，诸如独立性不够，对家长有较强的依赖心理；对社会了解有限，过于理想化；对自我认识不清而难以定位；遇到生活环境的变化、交际圈的更新、学习内容和方式的改变时，往往容易出现一系列冲突，这些冲突如果得不到及时调整，则可能引发一些心理问题。大学生中最常见的心理问题来自以下八个方面：

（一）入学适应问题

大学新生入学以后，离开原先所熟悉的环境，来到一个陌生的校园，新的生活环境、生活方式、学习内容、人际交往形式等都与之前有很大不同。在这种情况下，一些大学生会产生强烈的内心冲突，若不能从心理上很好地适应，则会表现出不安、情绪紧张等心理问题。个别独立性差、自理能力缺乏的学生，心理反应更加明显。

（二）人际交往问题

大学的人际交往更为复杂，独立性更强，更具有社会性。大学生需要尝试这种人际交往，并学会建立良好的人际关系。然而一些大学生社会适应能力较差，缺乏妥善处理人际关系的基本能力，在人际交往中总感到不适应、不自然，表现为或十分被动、或无所适从。个别大学生习惯以自我为中心，不考虑别人的感受，对生活、学习行为和方式不愿因集体的需要而有所改变；有的在人际交往中功利性过强，总想在群体中获取利益、得到好处；有的对他人的一些个性行为"看不惯"，不愿与其交往，彼此之间便发生矛盾，很容易导致冲突、引发事端；还有的整日沉溺于网络虚拟世界，宁愿每天面对电脑，也不想与人打交道，心理和行为越来越孤僻。

（三）学习问题

对于大学新生而言，学习不适应的现象较为普遍。大学的学习与高等教育前的学习有很大不同，教学内容由少而浅变为多而深，学习方法由监督学习变为自主学习，授课方式由多讲解到少讲解、多讨论，学习任务由考大学到掌握技能。面对这种种变化，有些学生感到无所适从，方法不对且动力不足，学习目标迷失，于是，不知为何而学成为普遍现象，这些都可能导致他们的学习成绩严重下滑，而对学习上的挫折不能很好地去面对，最终也就容易产生心理问题。

大学生正处于青年期的中期，生理慢慢趋于成熟，心智有了一定的发展，对情感生活有所向往和追求。如果处理不好，他们就容易受到极大伤害而造成心理失调、萎靡不振，甚至精神崩溃，在短期内还会出现一些极端行为。

（四）自我意识问题

进入大学，学生会认为自己已经长大了，他们开始注重自我探索，希望了解自己是一个什么样的人，毕业后想做什么、能做什么等，这种思索就是自我意识。在大学里，每个学生都希望能尽快掌握一技之长，以适应社会。由于大学生还是以学习间接经验为主，所处的环境还是理想色彩较浓的校园，他们缺乏实践，阅历较浅，他们现实所具备的能力与他们期待的水平有一定的差距，就会产生多种冲突。

（五）压力问题

现在大学生就业竞争越来越激烈，部分学生可能从大一就开始思考自己未来的发展问题，这使大学生学习压力越来越大。在面临压力的时候，有的学生不懂得如何求助和减压，反而用一些增加压力的方式来解决问题，这样反而使他们的压力越来越大。

（六）情绪障碍问题

一个人如果长期处于消极或激烈的情绪状态下，如烦恼、冷漠、焦虑、抑郁、暴躁等，就会造成情绪障碍。在这种情况下，正常的心理和生理活动都会受到影响，出现很多异常的心理和行为，若不及时采取各种调节措施，可能会导致严重后果。

（七）职业生涯规划与就业问题

社会的发展和就业压力增大使所有面临毕业的大学生都要接受社会的选择。就业岗位要求和标准日益提高，相当数量的大学生缺乏足够且必要的就业心理准备。有的学生缺少必要的职业生涯规划，在学校学习过程中缺少目标、没有方向、感觉迷茫，甚至未毕业时就出现了严重的就业心理压力，表现为无法有序地进行大学后期的学习，整日忧心忡忡、情绪低落，出现严重的心理焦虑和身体不适与障碍，心理承受能力越发脆弱。如不及时排解、调适，则往往会心理崩溃，造成消极、负面的后果。

二、大学生出现心理问题的原因

（一）社会大环境的影响

社会大环境是导致大学生出现心理问题的首要原因。当前社会经济制度发生巨大变革，也给大学生带来巨大的心理压力。对大学生来说，社会、家庭寄予了他们很高的期望，同时这种高期望给他们带来的压力也是巨大的。所有这些都会让他们感到压抑、苦闷、茫然。

（二）不良的家庭、学校环境的影响

我们的家庭教育中仍存在着诸多不利于孩子健康成长的因素。其一，应试教育使"望子成龙"或"望女成凤"成为许多中国家长期望值的代名词。家长的期望值过高或过低，对孩子的健康成长都是不利的。其二，家庭的贫困、变故，家庭关系的不和谐与家庭的不完整等因素，都会一定程度地影响大学生健康心理的形成。大学学习生活的紧张、单调，也易使他们产生压抑感，从而缺乏生活乐趣，而学校如果在这方面对他们缺乏有效的指导，就会引发大学生心理问题。此外，大学里一些不健康的校园文化，尤其是网络文化的表面化、庸俗化、虚拟化，也对大学生的心理产生了一些不良影响。

（三）个体因素的影响

不良的个性是个体产生心理问题的根本原因。个性在很大程度上决定了个体的心理承受能力，也决定着个体为人处世的方式，即决定了个体的思维与行为的方式。因此，它影响着个体的心理健康。某些大学生不能进行正确的自我评价，也未能合理地进行自我选择，甚至无法正常地与他人进行交往，因而产生了这样或那样的心理问题。概括而言，引发大学生心理问题的个体因素主要包括遗传、身体健康状况、先天神经系统、人格和心理素质等。

三、大学生心理问题的应对策略

大学生处于最美好的青春年华，有着得天独厚的优越条件，大学生活应是人生中最绚丽的一章。然而，大学时代也是各种心理问题和心理疾病的高发期。那么，大学生该如何有效应对和及时排解心理问题？

（一）进行有效的自我调节

1. 学会建立积极心态

在遇到心理问题时，第一个求助对象永远是自己，自我调节也是应付心理问题的基本方式。在进行自我调节时，最重要的是学会建立积极的心态。积极的心态会带来积极的结果。保持积极的心态，就可以控制环境，反之环境将会控制你。

要想拥有积极的心态，就要学会积极地思考问题。人的视觉和思维都是有盲点的，看见消极的一面就看不见积极的一面，我们要像调电台的旋钮一样把它调到积极的位置。比如：你不能决定生命的长度，但你可以控制它的宽度；你不能左右天气，但你可以改变心情；你不能改变容貌，但你可以展现笑容；你不能控制他人，但你可以掌握自己；你不能预知明天，但你可以利用今天；你不能样样顺利，但你可以事事尽力。

2. 发展良好的兴趣和爱好

有人说，兴趣是最好的老师；也有人说，只要是爱好的事，做一天好像才过了一个小时，不感兴趣的事，做一个小时像过了一天。这话一点儿也不假。爱好，可以帮我们调节紧张情绪，缓解各种压力，增添几多欢乐，甚至可以助我们陶冶性情、脱离低俗、提升修养。

大学有丰富的资源，比如各种社团活动和兴趣爱好小组，大学生也有足够的自由安排自己的课余时间，这些都为学生发展各种兴趣爱好提供了充分而便利的条件。在课余时间，可以走进大自然感受自然的壮丽与宏伟；可以笑傲运动场，在竞技中尽情挥洒汗水；可以投身书海，在淡泊人生中诗意栖居；还可以寄情音乐，享受天籁之音带来的美好等。

3. 调整自己的抱负水平

每个人都在追求一定的目标，否则就会失去前进的动力，这种对自己所要达到目标而规定的标准，就是抱负。自我抱负水平是自定的标准，可高可低，仅仅是个人愿望，与个人的实际成就不一定会相符合。一般来说，自我抱负水平直接影响个人的学习和生活。一个抱负水平较高的人，往往对自己的要求也较高，因而其学习、工作的效率也就较高；一个抱负水平低的人，对自己的要求也就低，自身缺乏积极性、主动性，因而其学习、工作的效果也就较差。但是，如果一个人的自我抱负水平总是高于自己的实际能力，那就很难达到预期的目标，很容易遭受挫折。因此，个人的自我抱负水平必须建立在对自己实际能力正确认知的基础之上。

（二）发展良好的人际关系

古往今来，友谊一直是人们津津乐道的话题之一。可见真诚的友谊，不仅会使人们的生活得到欢乐，且能增强战胜困难的勇气，获得蓬勃向上的力量。因此人们由衷地祝福：愿友谊地久天长！

人类的心理适应最主要的就是对人际关系的适应。所以，人类的心理病态主要是由人际关系的失调而来的。这句话对大学生来说再贴切不过了。大学生渴望友谊，希望通过人际交往来丰富人生知识、了解生活、交流情感、学会处世、确立自我，从而获得自尊、自信和心理安全感。因此，良好的人际关系能使人获得安全感和归属感，得到理解和支持，给人精神上的愉悦和满足，促进自身身心健康发展。

（三）寻求心理咨询帮助

通常来说，自我调节只适用于程度并不严重的心理问题，若心理困扰不能通过自身和朋友间的倾诉进行调节，那就需要寻求专业的心理咨询的帮助了。心理咨询作为一种新生事物已经开始逐渐被大众认可和接受，它是针对健康人群的一种咨询与辅导，它不同于传统意义上的思想政治工作、说教、劝导、指导等，它是一种专业的、正式的、效果更为良好的助人方式。

四、心理问题的各种误区

（一）有心理障碍即自己在生活中犯了错

心理障碍往往是生理、社会、心理等因素共同作用的结果，与个人日常生活中的应对方式、情绪管理水平以及心理调节意识等有关，而与个人的道德品质无关。有时候心理障碍还是个人无意识的自我保护，是对生活压力的一种适应，只不过是一种不健康的适应方式而已。有了心理障碍之后不能自怨自艾，要开展自我调节，学习健康的应对方式，必要时还可寻求专业的帮助，提升自身心理健康水平。心理咨询工作从不认为是当事人犯了错，也不对当事人进行批评教育，更不做道德上的评判。

（二）求助于心理咨询很丢人

认为心理咨询很丢人、不体面，这些往往是因为我们缺乏心理健康知识，缺乏对心理咨询的正确认识，缺乏正确的求助意识。有人以为只有严重的精神疾病才需要求助于心理咨询。事实上，重性精神疾病只占心理咨询求助人数中的一小部分，而且通常他们更适合药物治疗，而不适合心理咨询。心理咨询更多的是面向有社会适应困难、心理调节困难的，处于亚健康状态下的正常人。如果生活应对问题、适应方式问题及其他心理调节问题没有及时解决，时间一长反而容易积郁成疾，演变为程度更重、治疗更为困难的精神疾病。

（三）家人不支持自己去心理咨询

当事人有心理问题时，家人非但不能理解和支持他去自我求助，有时甚至会埋怨说是没事找事，无事生非，或者说是为了偷懒或逃避现实，这会使当事人受到更大的伤害。这也是因为家人不具备心理卫生知识，缺乏心理健康意识，也可能是因为家庭内部形成了稳定的互动模式，导致了当事人出现问题，当事人的求助和改变，往往会打破家庭已经形成互动模式，因而遭到家人的阻抗。无论哪一种情况都需要耐心沟通，直面问题、解决问题是当务之急。

（四）心理咨询会透漏个人的隐私

心理咨询不可避免地会涉及个人的经历、感受，这些都是个人的隐私话题，也可能正是我们的问题所在。事实上，就心理问题求助于心理咨询医生并不意味着有什么不正常或见不得人，相反，这表明了个人具有较高的生活目标，希望通过心理咨询可以更好地完善自我，而不是回避和否认问题。专业的心理咨询往往具有安全的氛围，当事人可以卸下生活中沉重的面具，坦诚地面对自己的内心，这其实就是咨询和治疗的一部分。在求助过程中，个人把自己包裹得越严实，从中的收益就越少。一方面，专业的咨询师会与当事人共同营造安全氛围，更会为当事人的言行保密；另一方面，寻求帮助的当事人自己可以掌控讨论的节奏和进度，如果你觉得没有准备好，或者觉得与目前情况无关，可以拒绝讨论相关话题，心理咨询尊重人的选择。

（五）求助于心理咨询的都是弱者

现实生活中自我感觉良好或者自我效能感强的人，在遇到心理问题时很少会选择向他人求助。但是我们更认同这样的理念：能够意识到自己的局限，积极向外界学习的人，才能适应现代社会的竞争。一方面，前来求助的人并非弱者，恰恰相反，他们是意识到自己的局限，愿意借另外一面镜子照自己，希望用求助的方式提高自己的生活质量；另一方面，即使是强者，如果遭遇了心理问题，也需要向外求助解决问题。强者应该是善于利用各种资源，包括可以求助的资源，帮助自己解决问题，而不是自大自欺，故步自封。否则当自己真的需要时，反而因为自己一向不去求助，觉得没有人可以帮得了自己，而产生较强的无助感、无望感。

（六）心理咨询就是聊天

心理咨询主要是言语交流的过程，和一般聊天不同，和常见的声讯台、信息台、电台的谈心节目也不同。虽然这些聊天方式也能给人以帮助，但它们的性质与方法皆不同。心理咨询是运用心理学的方法，还有社会学、医学等方面的知识，有严格科学的理论体系和操作规程，从而达到解决心理问题的目的，促进人格的发展。这完全不同于普通朋友的聊天、亲友带有立场的劝解安慰，以及其他说服、劝导、激励、教育工作等。

（七）心理咨询应该立竿见影

很多人希望心理咨询能够做到药到病除，立竿见影，一次咨询就能解除自己的心理障碍。这种情况不是不可能发生，只不过容易受到太多的因素影响，比如当事人问题的性质和程度、对咨询的期望、自己的领悟能力以及咨询师的水平等。有时不是因为咨询师做了什么，而是在特定的环境下，当事人从咨询师这面镜子里突然领悟到什么，直接导致问题的解决。通常情况下，咨询需要一个较长的过程。即使是短程的心理治疗也需要数次或十数次。这是由心理咨询与治疗的方法和性质决定的。

（八）心理咨询师应该帮我做出决定

当事人有时强烈地希望咨询师帮助自己或者代替自己做出生活中的各种决定，这恰恰是专业的心理咨询所应该避免的。因为生活方式的自主选择权只属于当事人自己，咨询师不可以剥夺这种权力，哪怕是当事人授意的。心理咨询应帮助当事人发现自己身上的潜力，自主应对生活压力，自己独自做出决定；专业的咨询师可能会视情况的不同提供支持性或者生活指导性的建议，但不会提供生活选择性的、个人倾向性的建议，更不会替你做出决定。通常情况下，当事人也无须这样的决定。

（九）我想去但找不到合适的咨询师

个人而言，找到一个适合自己的心理咨询师不是一件容易的事。如果你觉得咨询师不适合自己，可以选择一个问题与他进行讨论。有时候是我们自己对咨询的认识存在局限，导致对心理咨询的期望过高，超出心理咨询的范畴。若是咨询师本身的局限，则可以提出中止或转介。如果自己遭遇心理障碍，只要不放弃，就一定能够找到适合自己的办法，以及能够帮助自己的人。

（十）心理障碍的药物治疗容易形成依赖或产生副作用

心理障碍的药物治疗由精神专科医院或综合性医院精神科医生进行。不同病症适合采用不同的药物进行治疗，药物维持治疗的时间长短不同；不同时段药物剂量不同，因个人体质差异，药物的作用和效果也不同。个别人可能对药物敏感，容易出现不同程度的肠胃反应或嗜睡现象，一般情况下身体会较快适应。由此担心药物的副作用，形成药物依赖，其实没有必要，相比心理障碍对个体的生活质量及生命安全的影响与威胁而言，药物的副作用微不足道。在心理障碍需要药物治疗的时候应该坚持就医，遵医嘱服药，切不可擅自停药。尤其是重度抑郁症、躁郁症、精神分裂症等病症的治疗，药物治疗是主要的，而且发现得越早，治疗的效果越好。

（十一）心理疾病不需要住院治疗

我国在心理卫生知识方面的普及程度远远不够，社会大众对精神卫生知识特别是精神疾病的防治存在各种错误的认识。不少人对精神心理疾病的住院治疗缺乏理解和了解，常以疯人院称呼精神病院。一般情况下，大多数心理障碍的治疗并不需要住院，单纯的心理咨询与治疗或者配合一定的门诊药物治疗即可有较好的效果。

第二章 大学生心理健康教育的主要内容

第一节 大学生心理健康教育的覆盖内容

一、网络环境下的大学生心理健康教育

21 世纪，互联网技术突飞猛进，网络技术已经广泛应用到各个领域，网络给我们带来前所未有的便利，如网上购物、阅读新闻、网上办公、视频聊天等。网络已经成为我们日常生活的重要组成部分。但任何事物都有双面性，网络技术也不例外，其中不良信息也在不知不觉中影响着网民。高校大学生是网民的主要群体，由于大学生社会经验和生活经历欠缺，很难辨别出网络中的不良信息，且容易受其影响，而这一阶段也是他们心理发育走向成熟的阶段，所以加强网络环境下大学生心理健康教育尤为重要。目前，高校已经充分认识到网络环境对大学生心理健康的影响，如何引导大学生正确使用网络，如何辨识不良信息已经成为大学生心理教育的重要研究课题，进而探索出一套完整的网络环境下大学生心理健康教育体系，提高大学生心理健康素质。

（一）网络环境下大学生心理健康现状

网络是大学生进行学习、科研、娱乐和社交的主要途径之一，大学阶段正是大学生世界观、人生观和价值观形成的重要阶段，大学生的心理容易受到网络中各种复杂信息的影响。通过实际调查发现，大学生的心理状况主要表现在如下几个方面。

1. 盲目好奇

大学生处在心理素质形成的重要阶段，而他们有了解外面世界的强烈愿望，但是由于他们缺乏经验和阅历，所以他们很容易受到周围环境的影响。网络技术的迅速发展，网络包含的信息量越来越大，现在已经成为大学生了解外部世界的重要方式。他们怀着强烈的好奇心在复杂的网络环境中获取新的信息，而有些信息中却充斥着大量的不良内容，而大学生还没有形成辨别复杂信息的能力，所以在接受新鲜事物的过程中极易受到不良信息的影响，例如网络诈骗等。

2.感情空虚

随着社会生活节奏的加快，人与人之间的交流和沟通越来越少。大学生从父母身边来到一个陌生的环境，部分人因为过分依赖父母，人际交往能力差而导致内心变得空虚无助。网络作为一个虚拟的世界，便成为他们释放自我、寻找情感慰藉的平台，他们将现实生活中渴望得到的情感通过网络世界得到满足。久而久之，许多大学生沉迷于网络而不能自拔。

3.自卑心理

大学生的家庭条件不尽相同，许多来自贫困家庭的大学生在学习和生活中会产生自卑心理，不愿和他人交流，压抑自己的感情，喜欢一个人独处。网络对他们来说是一个陌生的世界，在这里没有嘲笑和自卑，他们可以肆意地放纵自己，从而获得心灵的解脱。

4.冒险心理

近些年网络游戏发展迅速，但监管不力导致一些充满暴力、赌博和色情内容的游戏得以发展，许多大学生想在虚拟世界中寻求刺激，从而沉迷于这些不良游戏中，严重影响大学生的学习和生活。

5.浮躁心理

现在社会存在一些浮躁的现象，许多人想一夜暴富或一夜成名，而现在流行的"网红"就是一个鲜活的案例。许多大学生受到这些信息的影响，只想更容易、更快地赚到钱去享受生活，但是现实生活中没有不劳而获，每个成功人士的背后都有一段令人敬佩的努力过程。

（二）加强大学生网络心理素质的培养

大学生沉溺网络是心理原因所致，对大学生在网络中所产生的心理负面效应当采用指导、疏通的方法。

1.加强网络认知教育

许多大学生最初上网缘于好奇和发展自我的愿望，但对网络没有一个全面的认识，不能有效识别网络良莠不齐的海量信息，加之一些大学生意志力薄弱、自我约束力较差，便会在不知不觉中陷入网络的"大网"。基于此，要在认知层面引导他们正确认识网络的本质的同时，指导大学生恰当地利用网络资源，从而正确地辨别网络信息，自觉抵制各种不良信息的侵蚀，增强自己的自我约束能力，遵守网络规范，做遵纪守法的文明网民，从而有效增强认知驱动力。

2.培养网络自我教育的能力

随着网络时代的到来，现代教育已经不是过去那种无选择或很少选择的消极灌输，而是以积极摄取、自主选择为特征的主动接受。互联网信息成分庞杂，虚假信息充斥其间，而网络信息传播的开放性、自由性、多元性更需要大学生有较高的鉴别能力和自控能力。面对教育模式的改变和纷繁复杂的信息选择，大学生的自我教育能力有待提高。一方面，我们要相信现代大学生的思想觉悟和自我选择、自我判断及自我约束的能力；另一方面，自我教育不是自由教育，教育工作者应积极介入到网络，在学生自我教育中发挥积极的引导和指导作用。值得注意的是，大学生年级的高低与上网率成反比例关系，即一、二年级大学生上网比例最高，而毕业阶段的大学生则比例非常低。这主要是因为低年级的大部分学生由于刚接触网络，对网络世界正处于新鲜、好奇和狂热期，加之不成熟的心理及离家在外的孤独感，使他们时常与网络为伴；而高年级的学生由于网络新鲜感的消失，心理日趋成熟及学业、求职的压力较大，对网络失去了低年级学生的那种狂热。可以得出，大学生网络自我教育的开展应把握住一、二年级的关键时期，防患于未然。

3. 重视网络时代大学生闲暇生活教育

如果把人的生活放在时间维度上予以考察，大致可分为三部分：生理时间、学习工作时间和闲暇时间。闲暇时间是个人身心放松、陶冶情致、开阔视野、丰富生活，按自己意愿支配的自由时间。闲暇生活是每个人生活中的重要组成部分，是促进个人身心健康、提高生活质量必不可缺的重要因素。学生上网的主要活动是聊天、游戏和收发邮件，下载软件和学习知识只占很少的比例，这说明在大学生网民中，大部分并不是因为学习的需要而接触网络，网络是当代大学生课余闲暇时间中的一种主要的娱乐休闲方式。大学生沉溺网络，一方面是网络本身的诱惑与吸引，另一方面与其闲暇时间没有充实而丰富的活动安排相关。一些大学生网络行为失控的根本原因在于其个人发展空间的狭小。如果大学生不能在学业中得到自我肯定，就应当倾向于从体育、文艺、社会活动、业余文化等闲暇活动中寻求充实和愉快，不然，就会沉醉于虚拟空间的成功、自信、尊重、满足而不能自拔。积极的闲暇生活给大学生带来的不仅是当时的感官享受和精神享受，而且能在劳逸结合、张弛有度、身心愉悦中为他们的未来发展打下坚实基础。而消极无序的闲暇生活会影响个人身心健康发展，甚至导致个人的消沉、堕落甚至犯罪。随着大学生自主性的增强，自由空间的增多，网络时代大学生闲暇生活教育是促进大学生健康成长不容忽视的重要环节。

二、大学生生命教育探究

（一）对大学生生命教育的思考

20 世纪中叶，生命教育开始在世界范围内流传且日益彰显出其重要的作用。随着科技生产力的高速发展，人类社会在不断前进，我们的物质和精神生活水平都有了显著提高，征服自然的能力也明显改善。与之而来的却是，人类也面临着各种挑战，环境问题日益凸显、自然灾害频发、资源短缺、人口急剧增多、地球不堪重负等等。另外，有的地方一直处于贫困线以下，疾病高发，人们忍饥挨饿。这些都直接或间接地威胁着人类的生命。让很多人对未来的世界感到无所适从，迷茫感油然而生。于是，生命教育的重要性越来越多地被有识之士提及，以期唤醒人类对生命的正确认识，尊重生命存在的价值和意义。生命教育逐渐成为社会发展的必然趋势，这也可看成是人类在面临生命威胁和销蚀时的一种深刻反思。

20世纪末期，我国开始在学校教育中推广生命教育。我国大学生生命教育研究自21世纪以来才得到人们的重视和肯定。大学生生命教育的提出有其深刻的时代背景。近年来，随着我国科技的进步、经济的发展、社会体制的转型、改革开放的不断深入，大学生面临着前所未有的发展机遇的同时，也陷入了前所未有的竞争、压力、冲突、困惑、迷茫等生命困境。现代科技的迅猛发展带来了经济的繁荣和物质的昌盛，但也带来了环境的破坏、资源的枯竭、人们生存危机的加重和生命尊严的销蚀，人们在追求生命存在意义的历程中越来越忽略生命本身。从社会体制转型来看，大学生面对社会价值观念的多元化、人们思想观念的转变、入学求职竞争激烈、传统生活方式的改变，大学生承受的身心压力在不断增大，一些大学生既无法适应社会发展的新变化，也无法从以往观念文化中找到行为的方向和准则，而正在全世界泛滥的后现代文化又提出要消解一切事物的本质、规则与意义。这让一些大学生陷入空前的迷茫、焦虑、压力和困惑中，不少大学生彷徨、无奈、消沉，感到"活得艰难、没意思"。

（二）生命在意义中安居

1. 对生命意义的关注源于大学生意义缺失的现实

大一学生为"现实中的大学与想象中的象牙塔不一样"而郁闷，大二学生为"敏感的校园人际关系"以及"校园内部贫富差距显露的社会不公"而郁闷，大三和大四学生则开始因为"考研、就业与恋爱带来的一系列问题"而郁闷。

部分大学生的郁闷感受其实是生活无意义、内心空虚的表现。现代生活的变化、竞争和压力使许多大学生普遍具有一种想要努力把握，却又把握不住自己、把握不住生活的感觉。所以他们常常陷入一种空虚、无聊、困惑、迷茫、浮躁的情绪状态。心有渴望，又不知渴望什么；感觉很忙，又不知忙些什么；内心空虚，却又不知道如何去充实，觉得干什么都没有意思，感到生活没有意义。这实际上就是对生活的否定，发展到极端就会产生对生命的否定。

2. 人类生命的三重维度

生命是一个有机联系的复合体，对于"万物之灵"的人来说，人类生命有物质生命、精神生命和社会生命三重维度。

物质生命：生命首先是一个自然赋予的物质存在，即自然的生理性的肉体生命。尽管物质生命的存在是人与动物所共有的，但物质生命仍然是人类得以存在和发展的首要物质前提和基础，脱离了物质生命，人类就失去了生命得以存在发展的物质载体。当代社会，部分人表现出对物质享受的过度追求与摄取行为，其实也是人之物质生命的极端表现。

社会生命：人总是处于一定的社会关系中，并承担一定的社会角色和责任。"人的本质并不是单个人所固有的抽象物，在其现实性上他是一切社会关系的总和。"人的社会生命意味着人有对社会权势的渴望、对社会地位的关注、对社会关系的重视、对社会期望的回应；也意味着人所必然承担的社会责任、社会义务、社会道德、社会规范、社会良心。社会生命对人的物质生命和精神生命具有某种决定和制约作用，它决定人们生物本能的冲动和释放，制约着人们精神生命的自由和有序。

精神生命：人"是有意识的存在物"，具有精神生命。"有意识的生命活动把人同动物的生命活动直接区别开来。"精神生命的存在使人超越了动物的本能，而获得人性的自由和尊严。对个体的精神表现，"'精神'在常识上可以这样讲：是由做出或遇到各种不同事情的人们身上表现出来的。从认识或知觉方面讲，他们有知觉、回忆、想象、抽象和推理的活动；从心理情绪方面讲，他们有快乐的感觉和痛苦的感觉，他们还有情意和欲望；从意愿方面讲，他们可照自己的意愿去做一件事情或不做一件事。所有这些表象都可以划入'精神'的事件范围之内。"可见，人的精神生命是一个相对于物质生命和社会生命而言，表现于主观意识层面的理性的认知、丰富的情感及坚决的意志追求。正因为精神生命的存在，人们才会超越尘世的繁杂而执着于有关生命意义的思考和追问，才能在精神富足、对生命自由的向往追求中感受快乐和满足，才能在精神守望与理想追寻中固守坚韧与恒久。人的精神世界发展如何，是人的发展水平高低的主要标志。人与人之间存在差别，主要是由于精神发展不等。作为精神生命的存在，人的存在总是为了值得存在的理由。而且，人能够超越当下的存在而追求更理想的存在，如对美好未来的憧憬、对个人发展的向往、对人生磨难的抗拒、对生命意义的追寻。人总是要有精神的。这实际上就是对人类精神追求、理想信仰、道德操守的肯定与张扬。人是精神的存在，人性区别于动物的高贵就在于人的生命具有高于生命的意义和目的。如果一个人沉迷于欲望太多，失去了对个人理想的追求和守望，必将感到存在的虚空和精神的萎靡。从个人生存来讲，没有必要的物质条件不行，没有精神层次的理想、追求和信念也不行。只有当一个不断朝向精神生命的存在使人超越了动物的本能而获得人性的自由和尊严，才可能获得真正的快乐、幸福与满足。

3. 生命在意义中安居何以可能

"生命意义是什么？"和"生命的存在对我有什么意义？"是两个十分相似却又有着截然不同意蕴的问题。前者是一个根本性问题，即生命本身就是意义，活着就是意义；后者则是一个具有价值指向性的相对性问题，生命之于人类而言，并非仅仅意味着生存、活着，意味着吃饱穿暖、代际延续，而且意味着人对物质生命的超越，意味着社会生命的发展，意味着对精神生命的诉求，意味着自我价值的实现及生命独特个性的彰显。

"人不仅仅为了面包而活着"，它要讲究活着的意义和价值。对此，很多人存在一个误区，以为只有做出具体而显赫的物质和精神产品贡献才是生命意义的体现。其实，每个人可以向世界提供的有价值的东西是非常多的，对万物生命的尊重、对亲人朋友的关爱、对生活目标的执着、对艰苦环境的超越；或者一个农民生产出粮食、一个工人生产出机件、一个科学家做出发明、一个教师桃李满天下的幸福、一个学生乐观向上的精神，在本质上都是一样的，都为自己的生命赋予了崇高的意义。人除了通过发挥其力量，进行生产性生活而赋予生命意义外，生命就没有意义了吗？生命意义是关于生命的积极思考和追求。对每一个个体而言，生命意义可从两个方面去理解：一是对生命存在的敬畏；二是对生命价值的追求，既包括对社会生命所赋予责任与义务的遵从，也包括精神生命所蕴含的对个体自由与价值实现的瞩目。

而安居自然是一种生存状态，透射着一种舒适与自在、轻松与安享的感觉。对于追求精神幸福与心灵自由的人来说，安居并非只是简单占有一个住处，它更是一种精神层面的栖居与安宁，其本质应是生活的和谐与精神的自由。安居是一种能够感受个体价值存在的幸福体验；安居蕴含着生命三维的协调相融，指向人与自然、人与社会、人与自身的共在与相融；安居是指属于人性彰显与本质需要的精神自由与心灵惬意的自在存在。人是寻求意义的动物，无法忍受无意义的生活。弗兰克尔指出，人们对生命意义的探寻是生活的基本动力。人生是有意义的，健康的人便生活在对生命意义的追寻和实现生命意义对心理健康的积极影响之中。对生命意义的探索和情绪健康有正相关关系：对生命意义的认识能够减缓消极生活事件对个体的影响，而缺乏对生命意义的理解与心理问题则正相关。弗兰克尔坚信，人有寻求意义的需要，无论生活在多么恶劣的环境中，即使在像集中营那样极端悲剧性的环境中，人都能为自己的存在寻找出意义。而人一旦具有生存的意义，就能健康地生活。为了应对生存挫折，人们必须为自己的生活发现意义与价值。人在苦难中需要意义以求生存，人在优越的生活环境中同样需要意义以求生存和发展，否则就都有可能被不同程度的心理问题所困扰。而当代大学生中流行的"郁闷"感觉可以说就是对存在空虚感的形象概括。

对意义的追寻是人类存在的根本拷问，"人类参与社会生活的最终根源，是对意义和尊严的渴望，而非表面上所看到的游戏带来的利益"。只有解答出生命的意义问题才能使我们的生存超越罪恶、混乱、虚夸、躁动，才能在纷乱的世界中实现诗意的安居。意义是因人而异的，对一些人有重要意义并且孜孜以求的事情对另一些人而言也许毫无价值。对人生意义理解不同实质是人们价值观念的不同展现。笼统地说，意义可分为一般社会标准的生存意义和自我生活意义，每个人在追寻和确立自己的人生意义时总是以外在社会标准为依据，更以内在价值认可为准绳。如果二者达至相对统一就会使人目标明确、主动积极、内心充实；如果人违背自己内心意愿，被外界驱使去实现所谓人生的意义，那么他一定会从另一个方面否定或回避这一意义，并陷入迷茫、混乱、郁闷、空虚、烦躁和无所适从的低潮状态。因为这不符合人存在的事实，对意义的追求更是精神层面上的主动选择。在当前市场经济建设的社会转型时期，人们生存意义日趋多元化，多元化的意义取向使许多人产生严重的心理失衡，一方面希望坚持自己认可的人生价值导向，另一方面又不自主地为外在标准所左右。在这种矛盾挣扎中，如果缺乏一定的自我调控、自我肯定和自我认同能力，自我生活意义将被外在意义所否定，而对自己生活意义的否定必将导致对自己当前生存状态的否定，甚至对自己生命的否定。许多人寻求心理咨询，也许并不是出于某一明显的身心病症，而是出于对人生的绝望和自我存在意义的混乱和受挫。这种混乱和受挫必将导致人的存在的虚空。

三、大学生职业生涯规划心理健康教育

大学生职业生涯规划指导是伴随我国高校就业体制改革而开展的教育新内容。职业生涯规划理论传入我国较晚，在大学生职业生涯规划实践中存在诸多现实困难与心理误区，开展大学生职业生涯规划指导活动是我国大学生心理健康教育走向生活的新发展。

（一）开展大学生职业生涯规划指导的必要性

大学生职业生涯规划指导起源于 20 世纪初发达国家的职业指导运动。而纵观学校心理健康教育的发展历程，20 世纪初发达国家的职业指导运动也恰是学校心理健康教育的萌芽与源起。帕森斯作为"职业指导之父"的同时，亦被誉为"心理辅导之父"。大学生职业生涯规划与指导是当今发达国家学校心理健康教育的重要内容，也将逐渐成为我国大学生心理健康教育的重要方面。

1.大学生职业生涯规划现状诉求

因职业生涯规划理论传入我国较晚，对大学生职业生涯规划的推进与研究还缺乏有力的理论及实践经验的指导与支持，当前大学生职业生涯规划开展仍然存在许多问题。

首先，大学生的职业规划意识淡薄，求职缺乏理性的职业规划。

其次，大学生在职业生涯规划中存在诸多心理误区。一方面表现为大学毕业生在择业过程中的过度焦虑、自负、自卑、依赖、怯懦、攀比、冷漠等不良心理状态，另一方面表现为当前大学生对职业生涯理解不足、职业自我意识认识不够、职业方向与需求模糊、职业期望过高、职业规划制订得急功近利等方面。

再次，大学生对自身职业生涯规划与指导存在很强的渴望的同时，对它也感到陌生；职业生涯方面的知识来源途径少，并无专门的职业生涯规划咨询机构。大学生对职业生涯规划方面的知识和服务的需求，对学校教学和管理部门提出了较高的要求，然而这种需求与高校目前的有限供给或低层次供给形成了矛盾。

最后，大学生职业生涯规划指导工作有待加强。我国大学生职业生涯规划指导主要表现为学校就业指导中心的就业指导工作，目前我国高校的就业指导工作主要是负责毕业生落实工作单位，包括为毕业生收集需求信息、联系用人单位、组织校园招聘、推荐学生就业，进行就业管理，工作对象多为毕业班学生。这与职业生涯规划的本质与主旨有着一定差距。

2.职业生涯规划有利于大学生身心健康和最优发展

大学阶段是迈向成人的关键时期，这一时期，大学生面临着许多关乎未来发展的重大抉择，如学业、交友、择业、就业、婚姻、人生价值等问题，对这些问题的选择与态度是影响大学生身心健康的重要因素。从大学生的年龄与心理发展特征看，其正处于心理变化最为激烈的时期，是从幼稚向成熟发展的时期。这一时期的大学生往往情绪多变、敏感脆弱、渴求发展又易脱离现实，在面临一些问题时因缺乏经验及相应的处理能力而易表现出困惑、焦虑、急躁、愤怒等不良情绪，引发许多心理矛盾的产生。一些大学生的心理问题恰恰就缘于自我定位不足、决策能力不够、奋斗目标模糊、生活感受空虚、职业选择冲突、未来发展迷茫等发展规划不足等问题，良好的职业生涯规划有利于帮助大学生克服这些心理弱点。根据美国学者舒伯的职业生涯发展理论，大学生正处于生涯探索期和生涯建立期的关键阶段。这一时期，大学生可以通过学校生活、社会实践开始对自我能力和角色、各种可能的职业选择及个人能力与职业的匹配等方面进行不断的探索与尝试。职业生涯规划的目的绝不只是协助大学生按照自己的资历条件找一份合适的工作，提高高校就业率和社会满意度，更重要的是通过生涯探索与建立的求索历程帮助大学生真正了解自己，了解职业性质，增长生涯认知，认清发展方向，明确发展目标，制订行动计划，更好地规划学习、生活与未来，有利于大学生在思维模式、情感方式、主体意识、规划能力、发展观念、职业生涯意识等方面从传统的文化心理素质向现代社会的文化心理素质转变，促进大学生身心健康发展。

职业是自我价值的延伸，是一个人寻求自我发展与自我实现的基本途径。大学生的职业生涯规划得完整与否，不仅影响个体的心理健康，也关系其一生的发展。一个人所从事的工作如果与其职业兴趣相吻合，能发挥其全部才能的80%~90%，并能长时间地保持高效率的工作而不疲劳；反之就只能发挥全部才能的20%~30%，精神和身体还容易感到厌倦和疲劳。大学生正处在个人职业生涯的探索阶段。这个阶段，大学生对自己的兴趣、爱好、能力、特点及客观环境的综合分析与权衡，对各种职业角色的了解和尝试，有利于大学生充分认识自己，实现合理的职业匹配，积极发挥自身优势；有利于大学生树立务实可行的职业发展目标与职业理想，合理利用学习时间和学习资源，不断地进行自我增值、自我提高。与此同时，通过合理的职业规划，个人与职业的契合度越高，大学生未来的职业生涯就越有可能获得广阔的前景，从而实现个体的全面最优发展。

3.心理特征与个体职业的双向选择

不同的个体依据个性特征的不同，有最适合的职业，同时提出了现实型、研究型、艺术型、社交型、创新型和传统型六种职业个性的类型。在大学生个性心理的发展过程中，个体的兴趣、能力、气质、性格、价值观等个性心理特征都在很大程度上影响大学生职业方向和类型的选择与匹配。兴趣是大学生进行职业生涯选择的依据，不同的兴趣适合不同的职业类型，从事适合兴趣的职业能有效提高大学生的工作效率。它是大学生职业生涯发展过程的精神动力，以此推动大学生锲而不舍地追求某一职业目标，并保持职业生涯规划过程中的稳定性和连贯性。能力是个体能够胜任某项工作的主观条件，是职业规划的重要依据。我国近代职业教育的倡导者黄炎培先生用通俗的语言概述了职业与能力的适合的重要关系："一个人职业和才能相不相当，相差很大，用经济眼光看起来，不晓得有多少快乐，不相当，不晓得有多少怨苦。"而不同的气质类型也在显著地影响着大学生的职业类型。一般来说，胆汁质的大学生适合从事开拓性的职业，多血质的大学生更喜欢灵活性较大的工作，而黏液质的大学生适合从事稳定、细致、持久性的活动，抑郁质的大学生则适合精细、敏锐的工作类型。价值观是一种内心尺度，其在人们的职业生涯发展中起着极其重要甚至是决定性的作用。由于个人的身心条件、兴趣爱好、教育背景、社会阅历等方面的不同，人们在职业选择中目标和要求也是不相同的。在职业定向与选择过程中，对自己的职业价值观有深入了解的大学生更能为自己选择理想的职业导向，能从职业生涯中获得内心的愉悦与充实。

（二）大学生职业生涯规划指导的内容选择

大学生职业生涯规划指导是以大学生职业心理发展特点为依据，以大学生职业生涯规划内容为基础，以大学生职业能力开发、自我潜能展现及职业生涯发展为着眼点的教育活动。从心理健康教育的视角来衡量大学生职业生涯规划指导的内容，可做以下分析：

1.结合大学生心理发展特点开展职业生涯规划指导

发展心理学认为，每个个体的任何一个发展阶段都受其年龄、心理的影响。

人在不同的职业发展阶段中，对职业的需要以及追求发展的方向和采取的行为方式也存在着较大的差异。个体的职业心理发展划分为幻想期、尝试期和现实期三个阶段，揭示了个体早期职业心理的发展对其未来职业选择的影响。大学生正处于职业生涯发展的探索阶段，他们兴趣广泛、思维活跃、勇于尝试、渴求发展，对未来充满期望，但同时容易出现自我评价不足、社会认识不够、情绪变化较快、面对挫折承受能力不强等现象。同时，在不同的年级发展阶段，大学生的思想观念、行为方式、生活内容、职业职向、价值目标也会发生相应变化。因此，在大学生职业生涯规划指导中要充分考虑他们的心理发展特点及不同年级大学生的学习任务及心理发展的不同，增强大学生职业生涯规划意识。在不同年级都要开展侧重点不同的职业生涯规划指导工作，而不只是在毕业学年才去做。

2.积极开展职业心理咨询，缓解大学生职业心理困惑

在大学这一职业生涯发展的探索阶段，因部分大学生对职业生涯规划了解不足，职业生涯规划能力还尚待提高，再加上大学生特定的心理特点及种种的不确定性，大学生在职业生涯规划以及求职就业过程中会产生心理困惑和误区。这就要求我们在进行全面职业生涯规划教育的过程中，积极开展大学生职业心理咨询工作，运用专业心理咨询的方法和手段帮助大学生缓解和消除在职业探索过程中的心理困惑与问题，促使其职业心理的成长及职业规划能力的提高，协助大学生职业生涯规划顺利开展。职业心理咨询可以采用个别咨询和团体咨询两种模式。个别咨询问题主要针对来访大学生个体职业生涯探索过程中产生

的困惑与问题进行直接的心理帮助；团体咨询主要以分组的形式，针对生涯探索过程中某一类问题进行指导与帮助，采取团体咨询辅导模式还可使大学生在专业设计的职业生涯规划团体活动中获得良好的实践锻炼和经验感受。

3. 科学开展职业心理测评工作，做好大学生职业定位辅导

职业定位是指要为职业目标与自己的潜能以及主客观条件谋求最佳匹配。良好的职业定位是以对自己的需要、兴趣、能力、气质、性格、价值观等个性心理特征准确把握为依据的。在职业定位过程中谋求个体专业、特长、能力等与职业的良好结合是大学生做职业生涯规划的必需。而对自我心理特征的充分了解必须借助于科学的职业心理测评，科学的职业心理测评可使大学生对自己有一个全面准确的认识，即有一个实事求是、恰如其分的评价，从而协助他们对自己的职业潜能倾向和职业适宜性能有一个清晰的了解。在大学生职业生涯规划指导工作中，职业心理测评不是目的而是一种过程，而是为了帮助大学生能够更好地自我探索与澄清，了解自己的职业兴趣、技能、价值观和人格特点，以便更好地针对个人职业生涯展开规划与设计。在对大学生开展职业心理测评工作时，要注意使用科学、合理、有效的测量工具与方式，以提高职业心理测评的科学性。

4. 以教育发展性为指导，开展持续动态的职业心理辅导

职业选择是一个动态过程，不是一次性完成的"选择"，它往往伴随着人们身心发展的历程而不断发展完善。在职业选择与定向的整个发展过程中，可以分为几个连续的阶段，每一阶段都有其特定的发展任务，如果前一阶段的任务没有很好地完成就会影响后一阶段的职业发展任务。从这个意义上来讲，大学生职业生涯指导所涉及对象的外延不仅是毕业生，而是全体大学生；教育内容则不仅限于职业心理困惑的指导，而是以教育的发展性为指导，在尊重个体和年级差异的基础上，开展持续动态的大学生职业心理指导工作。在这个动态的指导过程中，主要包括三个方面：一是大学生求职择业的心理准备，即大学生在就业前对求职择业目标的自我定位，对择业过程中可能出现的各种情况所做的估计与评价，以及为了解决这些问题而建立的思想观念和心理活动。大学生择业的心理准备是一个长期的过程，将贯穿于整个大学生活，如大学生竞争意识与能力的培养、良好的择业心态的养成、社会适应能力的提高、职业方向与理想目标的定位等。二是大学生求职择业中心理矛盾的指导与调适。因大学生具有特定的年龄心理特征、学校相对封闭的环境以及社会改革的深入，大学生在择业中常常会出现一些矛盾心理及误区，因自我认识不足而在择业过程中产生的盲目自卑心理，双向选择赋予大学生选择机会的增多而产生的"鱼和熊掌"兼得的欲望心理，等等。这些矛盾心理与心理困惑是大学生职业心理指导中需要及时调节与指导的重要内容，如果不能及时疏导宣泄，可能会发展成为影响大学生整个职业生涯规划的心理障碍。三是社会适应期心理指导与调适。其主要是针对毕业大学生的心理辅导，即大学生走向社会，在具体的职业岗位上对社会环境适应的心理调适指导。如指导学生形成适应未来工作环境的积极的心理倾向，强化学生面对社会现实保持积极乐观的心态并培养出良好

的职业道德意识等。大学生走向社会的适应期长短因人而异，实践证明，谁能较快地适应社会谁就能较快地取得成才的主动性。良好的社会适应是大学生在新的工作环境及社会生活中取得进一步发展的重要基础，也是大学生整个职业生涯规划得以持续发展的必经阶段。

第二节　大学生心理健康教育方式的发展

一、大学生心理咨询的发展

（一）心理咨询是大学生心理健康教育的重要内容和途径

心理咨询是指咨询者运用心理咨询的相关理论与方法，通过特定的人际关系，帮助来访者解决心理困扰，增进心理健康，提高适应能力，促进个性发展与潜能发挥的帮助活动。心理咨询包括个性化心理咨询与团体心理咨询，就当前我国大学生心理咨询实践而言，以个性化心理咨询为主要形式。个性化心理咨询的一个重要特征，是一对一的咨询关系，前去咨询的主要是有一定困扰和心理问题的大学生，相对于整体大学生的数量而言，他们是少数群体。这一特征就决定了大学生心理咨询帮助对象的有限性，不可能使所有人受益，而教育理应是面向全体和大多数的，所以心理咨询有必要发展到更大的范围，即走向心理健康教育。尽管国际上一般不提心理健康教育，或者说把大学生心理健康教育称为大学生心理咨询，但心理健康教育不等于心理咨询。虽然大学生心理健康教育是从心理咨询发展而来，但心理健康教育的内涵要比心理咨询丰富得多。在学校生活中，心理健康教育除了要面向部分出现心理困扰、心理问题的学生，还要面向全体大学生；不仅要有特定心理咨询工作，还包括大量的课程教育、课外活动，甚至还要担负起向全社会宣传心理健康教育以及指导家庭、社区开展心理健康教育的任务。因此，大学生心理咨询应该被定位于大学生心理健康教育体系中必不可少的重要内容和主要途径，非大学生心理健康教育的全部。

（二）大学生心理咨询的发展性价值取向

从心理咨询的价值取向来看，主要包括障碍性心理咨询和发展性心理咨询两种发展取向。前者主要是为各种有障碍性心理问题的人提供援助、支持、矫正和治疗，其更符合心理治疗的范畴；后者旨在根据大学生的身心发展特点，帮助大学生妥善解决心理矛盾，更好地认识自己和社会，开发潜能，促进个性的全面发展和人格完善。根据我国高校的育人特点和主要目的，我们提倡在大学生心理咨询工作中坚持发展性价值取向。

心理咨询的对象不是全体学生，而是带有一定"心理问题"的来访大学生，由此，许多人认为心理咨询主要是以"心理问题"的消除和防治为主旨的障碍性心理咨询。在此，有必要对"心理问题"做简要分析："心理问题"有广义与狭义之分。广义的"心理问题"既包括心理疾病、心理障碍，又包括学习、生活、社交中产生的心理困惑与苦闷，是把心理问题泛化；狭义的"心理问题"只指心理障碍、心理疾病。部分研究为了强调心理健康教育的重要性，人为夸大学生"心理问题"的严重程度，动则冠之以"心理障碍""心理疾病""心理异常"等名称，将狭义的"心理问题"等同广义的"心理问题"，将"一般性的心理问题"与严重的心理问题相混淆，对此必须有清醒的认识。在高校确实也有部分同学存在着不同程度的心理障碍和人格缺陷，相对于大多数大学生来说，这些只是很少的一部分。事实上，真正有严重心理障碍的学生毕竟是少数，更多的大学生面临的是成长与成才、情感与事业，及其日常生活事件处理等成长性心理问题，这些问题并不是构成心理疾病的主要方面，但它们却直接影响着学生的心理健康与发展成长。因此，许多带有"心理问题"前来求询的大学生并非都是"异常学生"，而是寻求发展性问题帮助、渴望自身成长与发展的大学生。

坚持大学生心理咨询的发展性价值取向，并非鼓励全体大学生有事没事都去咨询，并非意味着所有大学生都需要咨询，其意在坚持一种发展性的咨询理念。通过这种咨询理念的坚持和倡导，一是激发和培养大学生的求助意识，避免许多寻求自我发展的大学生因心理咨询的"障碍性"关注而对高校心理咨询机构望而却步；二是倡导咨询老师对求助学生及其问题以帮助发展为旨，并非以消除症状、矫正治疗为取向，避免咨询中出现一些错误倾向。心理不健康与有不健康的心理和行为表现不能等同，心理不健康是指一种持续的长时间不健康状态，一个人偶然出现的某种异常行为和情感体验却往往是正常的应激反应，说明这个人的心理反应是正常的。很多心理测试量表题目反映的只是受测者接受测验前某一段时间的心理状态，如"最近一周我时常感到焦虑"，但在结果分析时却有人将其看作是持续的、特质的，泛化了异常心态的范畴。对于大学生这一群体来说，适度的应激状态是大学生应对应激事件的正常表现，如考前轻度的焦虑有利于大学生集中注意力，提高学习效率，这是一种特定情境下正常的应激反应，与那些有焦虑性人格特质的人相比，这在本质上是不同的；要避免将大学生成长问题理解为心理异常。成长问题是指在心理发展过程中必然会出现的暂时的具有一定年龄特征的异常现象，如青春期逆反现象。在咨询中，如果来访者的问题属于成长问题，则不要人为严重化，将其划为异常之例。事实上，大学生来咨询的许多问题往往会随着大学生年级的提高、年龄的增长而逐渐化解。

倡导发展性心理咨询取向并非对障碍性心理咨询的忽略和否定，结合目前我国大学生心理咨询现状，障碍性心理咨询的技术水平还十分欠缺，亟待提高，对少数出现严重障碍性心理疾病的大学生应及时转至专业卫生机构，以免延误。因此，我们提倡在有效提高高校心理咨询的专业水平的基础上，坚持发展性咨询取向，将发展性心理咨询贯穿于学生成长的始终。

（三）大学生心理咨询应坚持"价值参与"

在心理咨询领域中，"价值"问题是一个既敏感又棘手的问题，存在着"价值中立"与"价值参与"两派纷争。"价值中立"是人本主义心理咨询理论的指导原则和核心思想，强调在心理咨询中咨询人员应超然于双方价值观念的冲突，一切以来访者的价值体系为中心，对来访者的价值观念要无条件接受，咨询人员不能以个人和社会任何价值尺度对来访者经验做价值判断和影响。此原则一经提出即在心理咨询界产生很大反响，并在我国广为传播。随着实践的深入，人们逐渐发现，在咨询中，价值问题是无法回避的，完全的"价值中立"是不切实际的，也是难以真正做到的。"价值参与"相对于"价值中立"而言，是指在咨询时咨询员将一定的价值观念渗透于咨询过程中，引导来访大学生树立积极的价值观念，进行合理的价值评判，以避免内心产生冲突，做出合理选择和积极行为的过程。

大学生心理咨询如何进行"价值参与"？关于"价值参与"的实践探讨也有多种观点，如价值澄清、价值归因、价值评判、价值选择、价值认同、价值灌输等。大学生心理咨询中处理价值问题的关键不是对"价值中立"与"价值参与"的简单肯定或否定，在于对"价值参与"之"度"的把握。高校心理咨询中的"价值参与"应以价值尊重为前提，以价值澄清为基础，以价值引导为中心，避免两个极端。价值尊重是指咨询人员应理解和尊重来访者的价值观念，不排斥、不批评、不评价，并予以真切理解，为来访者创设一个安全、轻松的人际氛围，让他们可以自由地表达。当然，价值尊重并不等于顺从来访者不合理的价值观念和价值取向，理解是为了更好地"参与"，感同身受方能"助人自助"。价值澄清是在价值尊重的前提下，通过讨论、对比、实例等多种方式帮助来访者明确自己有什么样的价值观，自己真正向往什么样的价值取向，社会价值取向与自己所持价值取向是否存在矛盾，导致自己价值冲突的根源何在。价值澄清的本质就是协助来访者对自我内在冲突做理智的思考和客观的分析，为价值引导奠定基础。价值引导是"价值参与"的目的所在，即在价值尊重的前提下，在价值澄清的基础上，引导（而非替代）来访者进行适宜的价值选择。如前所述，我们应承认和尊重来访大学生的多元化价值取向，但这种承认和尊重并不是放纵和无度，当来访大学生所持价值取向的主流属于反社会或边缘性价值的时候，咨询人员有责任予以必要的价值引导和参与。在进行"价值参与"时要避免两个极端，即绝对价值中立和完全价值干预。完全否定大学生心理咨询中的价值参与，坚持绝对的价值中立不正确；但置来访大学生原有价值观于不顾，为来访者做出替代性价值选择也不足取，甚至适得其反。实际上，"价值中立"原则为科学的"价值参与"提供了一个实践参考坐标，使得价值参与在实践中避免走向价值干预的极端，由此在灌输和中立之间实现动态的平衡和协调。

二、大学生心理健康教育课程的发展

（一）大学生心理健康教育课程的定位

结合当前我国大学生心理健康教育实施现状，通过课程形式对大学生进行心理健康教育是学校心理健康教育的主要渠道。课程教育既可以避免心理咨询帮助对象的局限，又可以缓解我国学校现有心理辅导人员的不足，同时解决心理讲座的不系统，更能从预防和发展的角度对多数大学生进行心理健康教育，提高其心理素质。

作为一门新兴课程，因研究的滞后及师资方面的原因，学校对心理健康课的课程定位比较模糊，出现一些偏差，主要表现在：学科化倾向，单纯注重心理健康知识的传授；德育化倾向，模糊德育与心理健康教育的本质不同；娱乐化倾向，过度强调形式的活泼与多样。因此，对课程的适当定位将是心理健康教育课程保持长久生命活力、促进我国大学生心理健康教育顺利发展的必要条件。

首先，心理健康教育课程内涵的界定。目前比较一致的看法：心理健康教育课程不是特指某一种课，它是一类课的总称，是为实现心理健康教育的目标而组织的各种教育活动及各种教育性经验的总称，其中包括心理健康教育学科课程、心理健康教育活动课程、心理健康教育隐性课程。在此，其更倾向于对心理健康教育课程做狭义理解，即面向全体大学生，根据学生身心发展特点，有计划、有组织地开展的以培养学生良好心理素质、促进学生身心全面发展为目的，以心理知识传授、心理品质培养为内容的专门课程，主要包括心理健康教育学科课程和心理健康教育活动课程，即心理健康教育显性课程。

任何一门课程因受其专业限制，不可能面面俱到，只能完成自己的特定任务，心理健康教育课程也不例外。根据教育部、卫生部、共青团中央《关于进一步加强和改进大学生心理健康教育的意见》，大学生心理健康教育的主要任务是帮助大学生获得正确的心理健康知识，介绍增进心理健康的途径，解析心理异常现象，传授心理调适的方法。结合高校心理健康教育课程的特质，可做如下理解：

1.心理健康教育课程应重视心理健康意识的培养

教育部文件中将心理健康意识放在首位，这一定位极其准确。对大学生个体来说，自觉完善心理健康不仅仅是大学阶段的任务，且是终身学习的任务。心理健康教育的知识是丰富而发展的，增进心理健康的途径方法也是多样而变化的，不可能完全通过课堂教育获得，只有大学生真正具备了心理健康意识，才可能在今后的学习、工作、生活中不断丰富自身心理健康知识，自觉提升心理素质。

2.心理健康教育课程不仅在于理论知识的传授

心理健康教育课程不是单纯的知识传授的学科课程，其主要侧重于实际调适的综合应用课程。心理健康教育课程所承担的主要职责不是解决知与不知的矛盾，在一定"知"的基础上影响和干预学生的现实心理状态，使学生学会自我分析、自我调控，学会排除学习和生活中的实际问题，提高大学生整体心理健康水平。尽管心理健康教育课程内容不可避免地要涉及许多心理学及心理健康理论知识，并且只有在掌握一定"知"的前提下才能有更好的"行"，但心理健康教育课程的重点不在于理论知识的多少，而在于知识应用的能力。若过于注重大学生对理论知识掌握的准确与详尽，则有可能丧失心理健康教育的本质所求，有可能使学生对心理学理论、心理健康的提高望而生畏并失去兴趣，而且学生在面临现实的心理问题时，依然会束手无策，且不知所措。

3. 心理健康教育课程应立足于发展教育模式

心理健康教育课程面向的主体是健康的大学生，意在通过开课的形式普及心理健康知识、培养学生良好的心理品质、提高学生整体的心理健康水平，使之在各自现有的基础上均有所获益。由此可见，心理健康教育课程应立足于发展教育模式，矫治学生的各种异常心理和问题行为则主要由障碍性咨询和心理医院等来诊断和治疗。

4. 心理健康教育课程具有活动课程的性质

心理健康教育课程不仅具有学科课程的性质，也具有活动课程的性质；它可以以学科课程的形式进行，也可以以活动课程的形式出现，但这两种形式不是截然分开的，而是相互补充、相互融合的，甚至于同一课堂交织呈现，统一于心理健康教育课程总体目标与规划之中。

高校心理健康教育课程和其他课程一样是学校课程教育的有机组成部分，它和德育、智育、体育等课程相互联系、相互渗透，同时又有着自己的独立目标、内容和方法。

心理健康教育课程与其他课程密切联系。无论是学科课程形式还是活动课程形式，心理健康教育课程可以说都是一门跨学科的课程，其内容涉及心理学、教育学、社会学、生理学、伦理学等多个领域，是综合社会科学、自然科学以及技术科学等相关知识的一门综合性课程，在理论及实践层面与这些课程存在着相互渗透、相互促进、相互补充的密切联系。一方面，在这些学科课程内容中蕴含着丰富的心理健康教育资源。如社会心理学知识的学习，可以让学生个体社会心理的养成、个体与群体的关系处理等，从而帮助大学生增强适应社会发展变化的能力；自然科学学科课程的学习需要人们观察力、记忆力、注意力、想象力、思维力等认知能力的参与，这些能力的参与与提高本身就是个体心理品质的培养与完善的过程。另一方面，各学科的有效开展和运行需要以大学生健康的心理素质为基础。如德、智、体、美的全面发展是大学生综合素质的内在规定，即大学生所应具备的思想政治素质、科学文化素质、身体素质、心理素质。其中心理素质是人才素质的基础，渗透于思想政治素质、科学文化素质和身体素质之中。心理素质是大学生思想政治素质形成的基础，这也是大学生科学文化素质形成的必备前提，是大学生健康身体素质的重要保证。

（二）大学生心理健康教育课程目标定位与发展

心理健康教育课程目标是指一定时期内心理健康教育课程所要达到的预期结果。它是心理健康教育课程开展的出发点和归宿，规定着课程教学活动的方向，指导着课程教育的内容、方式、手段、评价的选择与运用。与其他传统课程相比，心理健康教育课程还处于起始阶段，并没有形成统一、系统的课程目标，存在许多分歧。如课程目标混乱，从高校间到高校内不同教师间等多个层面上均存在一些分歧；课程目标与心理健康教育目标界限不清，相互等同；课程目标缺乏可操作性，仍停留在一般目标的描述性层面等。课程教学是高校开展大学生心理健康教育的主要途径，课程目标的分歧与混乱对心理健康教育课程教学及其质量产生了不利影响，进而影响到大学生心理健康教育工作整体水平的提高。因此，对高校心理健康课程目标的定位及发展予以关注是大学生心理健康教育顺利发展的重要内容。

首先，心理健康教育课程目标与心理健康教育目标关系定位。心理健康教育课程目标与心理健康教育目标关系密切，却存在层次差异。心理健康教育目标是心理健康教育课程目标的上位概念，内涵较之后者而言更为丰富和宽泛；心理健康教育目标包含了心理健康教育课程目标；心理健康教育课程目标是心理健康教育目标在课程方面的具体表现，但它不能包括心理健康教育目标的所有内容。在实际运用时人们常常不自觉地将其混淆。

其次，心理健康教育课程目标体系的层次构建。课程目标的混乱及可操作性缺乏与课程目标体系的层次构建不足紧密相关。一般情况下，对心理健康教育课程目标的阐释主要表现为"提高心理健康水平、培养良好心理素质、开发心理潜能，增强心理健康意识、促进心理健康"等描述性概括层面，这些提法作为心理健康教育的一般目标或心理健康教育课程的总体目标无可厚非，但怎样予以理解，在实际教学中如何运用和展现却缺乏足够的具体性、操作性和层次性。心理健康教育课程目标是一个总概念，包括心理健康教育学科课程目标和活动课程目标以及隐性课程目标。心理健康教育课程目标的实现主要依赖于各种具体形式的课程目标的实现，各种课程目标的实现有赖于各个教学单元目标的实现，各个教学单元目标的实现又有赖于各个具体课时目标的实现。由此可见心理健康教育课程目标必然具有自身的层次结构。

值得注意的是，在当前心理健康教育课程目标取向上一般存在侧重理论化和侧重技能化两种错误取向。侧重理论化即过分关注对大学生心理健康教育知识理论素养的提高，对其实际问题的调适和解决能力有所忽略；侧重技能化即过分强调心理健康教育课程教学的实践技能性目标，注重大学生应对当下各种心理问题的实践技能的提高，而对大学生的心理健康理论素养予以忽视。对于心理健康教育课程而言，直接把情感、意志、个性等当作教学目标，关注的焦点虽然不在于大学生理论知识的多少与正误，但"知"为"行"之先导，"行"为"知"之外现，心理健康教育课程教学不仅在于帮助大学生提高科学应对当前生活中可能遇到的各种心理冲突和心理问题的实际技能，还要使他们具备一定的关于身心发展及各种心理现象、心理问题的理论常识，服务于他们当前及未来的发展。因此，在心理健康教育课程目标价值取向上应建构理论与技能相结合的课程教学目标，而心理健康教育学科课程目标和活动课程目标其实就是理论与技能相结合的价值取向的具体展现。

（三）大学生心理健康教育课程内容及方法的选择与运用

课程内容是课程目标的具体化与载体，心理健康教育课程目标要通过选择相应的课程内容来予以实现。在课程史上，主要有三种方式作为选择课程内容的依据：一是以人为尺度，即以人的兴趣、需要和人的社会生活为依据选择课程内容；二是以社会为尺度，结合社会的实际需要来选择课程内容；三是通过人与社会的辩证统一来进行选择。

心理健康教育课程不同于其他专业课程，不是向学生传授具体的理论知识和专业技能，而是帮助学生树立积极的健康观念，调适现实生活中遇到的心理困惑和矛盾，帮助他们更加有效地学习，更加快乐地生活，直接触及学生的"心灵"，因此课程的内容一定要满足学生的兴趣和需要。一般来讲，学生心理健康发展的需要包括两个层次：一是发展性需要，即处在某一年龄阶段的大学生普遍存在的心理和行为发展上的需要；二是适应性需要，即大学生寻求对社会发展、人际关系、学习环境、生活变化的适应需求，以及由于特定环境或特殊事件的冲击和压力而产生的解除心理困境、度过心理危机的需要。大学生适应性需要往往具有鲜明的时代性和社会性，个人的发展离不开社会，人要生存就得适应社会。一方面，社会的发展给心理健康教育提出许多新的内容，现代社会的发展需要大学生培养和具备现代人格特征及心理品质；另一方面，当前大学生出现的许多心理困惑主要体现为社会适应的不足。因此，高校心理健康教育课程内容的选择在依据大学生兴趣需要的基础上，也应以社会的需要为依据。可见，心理健康教育课程是以直接满足学生维护和发展自身心理健康的需要、促进学生心理健康发展为目的的，课程内容与学校其他课程内容表现出显著的区别，即其并非独立于学生生活之外的知识或理论体系，而是与学生学习生活、社会发展变化密切相关的各种理论知识、实践经验及生活事件，在其内容选择上既要贴近学生生活实际，根据学生生活和发展的逻辑选择和安排课程内容，又要以社会发展为尺度，坚持个人与社会的辩证统一。

高校心理健康教育课程教学方法的运用存在多种选择。其中，案例教学法比较受推崇。它既符合大学生具备一定知识层次、文化内涵、思维能力的理论素养和追求自主与个性的年龄特征，又符合高校心理健康教育课程追求大学生理论知识与实际技能并重的本质特性。

案例教学法起源于19世纪20年代，由美国哈佛商学院所倡导，其采取了一种很独特的案例形式教学，这些案例都是来自商业管理的真实情境或事件，通过此种方式，鼓励和引导学生主动参与课堂讨论，实施之后，颇具成效。

案例教学方法中有一个基本的假设前提，即学员能够通过对这些过程的研究与发现来进行学习，在必要的时候回忆出并应用这些知识与技能。案例教学法非常适合于开发分析、综合及评估能力等高级智力技能。这些技能通常是管理者、医生和其他的专业人员所必需的，案例还可使受训者在个人对情况进行分析的基础上，提高承担具有不确定结果风险的能力。为使案例教学更有效，学习环境必须能为受训者提供案例准备及讨论案例分析结果的机会，必须安排受训者面对面地讨论或通过电子通信设施进行沟通。但是，学习者必须愿意并且能够分析案例，然后进行沟通并坚持自己的立场。这是由于受训者的参与度对案例分析的有效性具有至关重要的影响。

案例教学法是以学生对案例的分析讨论为中心的教学方法，其目的不在于单纯寻找问题的答案，而是其在于寻找答案的思考过程。案例教学在高校心理健康教育课程教学中的应用充分体现了心理健康教育课程的本质特性。

首先，案例教学体现了心理健康教育课程教学过程的开放性。教学过程的开放性体现在教师和学生双边交流活动之中。教师是开放教学过程中的活跃者，一方面，心理健康教育课程知识内容的选择从来就不是一成不变的，而是随着时代的发展而不断变化的，不同案例的相关知识蕴含着特定的时代性问题展现；另一方面，在案例教学的师生互动中，学生处于活跃的动态过程中，凭借自己的个性、视野去衡量、理解体验中的现实问题，可以在接受知识的同时审视和评判、应用、转化已有的知识和结论。这样，案例教学为心理健康教育课堂创造一个高度自由开放的思维空间和实践空间，在这种相对开放的空间中，学生通过自己富有个性特征的审视批判，去理解和吸收知识，并创造性地把知识转变为自己的智慧和能力。

其次，案例教学体现了心理健康教育课程教学活动中的参与性。心理健康教育教学过程的参与性主要是指在教师的引导下，学生积极参与到教学过程中，并在参与的过程中促进自身理论知识提升、自我调适能力的增强、心理机能的提高等自我教育过程的实现。而案例教学模式的本质特征就是以学生为中心，以学生参与为形式，以周密的课堂教学设计为条件，以探究问题为手段，以思维训练为核心，以训练学生发现问题、思考问题、解决问题的能力为目的，以培养学生创新素质、创新精神和创新能力为基本价值取向。因此，案例教学是心理健康教育课程参与性特性的具体展现。

再次，案例教学蕴含着心理健康教育课程教学的体验性。美国课程专家古德莱德将课程分为观念的课程、正式的课程、学校的课程、教学的课程和体验的课程五种类型，他认为在所有课程中最重要的课程是被内化和体验了的课程。心理健康教育课程应是一门体验性的生活课程，以学生为主体，以学科知识为基础，以精神感受为驱动，注重学生在教学过程中联系生活实际的心理感受、情感体验等心路历程，在大学生的课程体验中达至课程目标的实现。案例教学则为学生提供了现实体验的模拟空间。典型案例往往取材于大学生学习生活的实际，由一个或几个问题组成，代表着某一类问题或现象的本质特征，大学生在对案例的解读和理解中很容易产生熟悉和亲近的感觉，由此自觉进行案例提供的模拟现场体验，并在体验和总结中获取相关问题的感性知识、直接知识和实践知识。其实，个体心理品质的形成并非靠单纯的知识传授，也不靠只是简单的接受学习，它还是个体经历生活经验逐步积累、建构的过程，而案例教学则通过适当的案例展现赋予大学生对多种生活事件的经验和感悟。

最后，案例教学实现了心理健康教育教学活动中师生的主动性。心理健康教育过程实际上是师生互动的一种交往过程，必须摒弃传统教学模式中"我讲你听，我写你记，我说你做"，管制与被管制的师生交往状态，充分调动师生双方的主动性，在和谐平等、积极主动的教学氛围中实现教学相长。主动性是学生受教育过程中十分重要的意识和行为，是学生在学习过程中表现出来的对学习的热情、兴趣和积极性。教师的主动性体现在如何灵活主动地处理好课堂教学，不固定于教材与教法的限制。在案例教学中，典型案例的选取与设计、案例分析的设置、学生讨论分析的组织、实例与理论的融合、案例启示性总结等都是教师主动性教学的展示。大学生往往对发生在自己身边的事情十分关心，因此一些贴近学生学习生活实际的典型案例的课堂运用，往往将引起学生心灵的共鸣，并能极大调动学生的兴趣与主动性，学生在融入问题、思考问题、提出问题、讨论问题和解决问题的过程中，由被动接受知识变为接受知识与运用知识、更新知识与探索知识并举，从而使学生对知识的广度和深度有新的开拓，并在案例思考和分析中进行一系列积极的创造性思维活动，主动性得以激发和彰显。

对案例教学的推崇并不代表对学科理论知识传授的否定。案例教学法也不能替代系统的理论学习和讲授，若要使案例教学充分发挥其功能，还需要足够的理论知识来支撑，在课时安排上兼顾理论讲授与案例教学的相融。其实，良好的案例教学本身就是心理健康教育学科课程理论知识传授与活动课程情感体验二者的融会与贯通。

三、大学生心理健康教育方式的发展

（一）开设心理健康教育课

高校开设心理健康教育课，充分发挥了课堂教学在大学生心理健康教育中的重要作用。开设与大学生心理健康教育有关的宣传普及和心理科学的基础知识课程，并列为学生选修课；周期性举办各种形式的心理专题讲座和报告会，使大学生系统了解自身心理发展的变化规律，了解心理卫生的一般知识及保持心理健康、提高心理素质的途径和方法；在思想道德修养课中，将有关心理健康教育的内容合理安排进去。

（二）建立学生心理档案

有的高校对刚入学的新生进行心理健康状况的普查，采集的数据信息经整合和统计后建立特殊学生群体的心理档案库，有的放矢地对心理问题较严重的学生进行跟踪、咨询、治疗。这便有助于高校的教育管理者及早地干预，从而避免了一些惨剧和极端事件的发生。

（三）建立心理健康专栏

有的高校充分利用学校广播、计算机网络、校刊校报、橱窗等开设心理健康专栏或专题节目。可利用这些传播媒介，向广大同学宣传心理卫生知识，或是选择一些典型的心理问题在报刊、广播或橱窗中讨论或请专家给予答复；利用网络，还可以开设心理健康交流的论坛，结合一些问题进行讨论、引导、答复，及时发现学生思想的动态发展。

（四）开展心理健康咨询

由学校专门的心理辅导或咨询机构进行。展开心理咨询，可以采用多种方式方法。对有心理问题且需要帮助的学生，可以采用个别咨询、门诊咨询等方式；对学校中存在一些共同问题的学生，可以开展团体咨询；针对部分不愿到心理咨询机构求助的学生，设立心理咨询信箱，进行书信咨询，也可以利用网络，开展网络咨询。另外，心理咨询机构还可在一定时期，深入学生生活，开展现场咨询，如在新生进校时、重要考试之前等。

（五）加强教职员工心理健康知识的培训

心理健康教育工作是学校德育工作的重要组成部分，需要全体教职工参与，并以此保持心理健康教育的一致性、渗透性和连续性。学校除了积极开展对从事大学生心理健康教育工作专、兼职教师的培训，通过培训不断提高他们从事心理健康教育工作所必备的理论水平、专业知识和技能，作为学校心理健康教育工作的骨干外，还要重视对教师、辅导员以及其他从事学生思想政治工作的干部、教师进行有关心理健康方面的业务培训。

（六）开展心理健康教育活动

心理来源于实践，实践也将促进心理的发展。对学生有针对性地开展各种心理健康教育活动，可以让他们在实践中慢慢调整自己的心理行为，达到促进心理健康，提高心理素质的目的。多开展社会实践与调查、学术交流、科技服务、电影展播、心理沙龙、实践训练、心理游戏等，不仅能使大学生在"玩"的过程中增长才智，发挥特长，还可以激发参与意识和兴趣、缓解他人紧张情绪、调整心态，更快乐、健康地成长与成才。

四、运用新媒体开展大学生心理健康教育

大学生的心理问题与新媒体的发展有非常重要的联系。因此，在开展大学生心理健康教育工作时，要积极结合新媒体技术，全面促进大学生心理健康教育工作的开展。

（一）运用新媒体思维，设计心理工作平台

之前的大学生健康教育工作只是局限于课堂以及心理咨询室之间，由于时间和空间的限制，阻碍了心理健康教育的有效性。但是随着新媒体时代的到来，大学生的生活、娱乐

以及学习大多依赖网络，因此在心理健康教育工作开展的过程中也要积极利用新媒体技术，开拓新的网络工作平台。在新的大学生心理健康教育工作中，首先可以利用网络，推广心理健康教育知识。教师通过新媒体等网络平台，如网站、微博、微信等，与学生互动，加强师生联系，在和谐的氛围中使学生更好地接受心理健康知识。其次，高校心理咨询教师也可通过校园论坛、贴吧等形式加强与学生的互动，主动与学生交流，谈论一些大学生存在的共性问题，为大学生解答思想、精神上的困惑。同时也可以通过微信等交友聊天软件，为学生提供一对一的咨询服务，在保护学生隐私的情况下，可使学生畅所欲言。最后，高校心理健康教师也可创建一些网络体验游戏，在体验游戏中，学生的压力得以舒缓，消除大学生心理疾病的潜在隐患。

（二）发挥新媒体优势，把握网络舆论导向

完善网络舆论引导监督机制，通过订立制度、配备人员加强校园网络监督管理，把握大学生的思想动态和心理健康状况，对大学生所存在的心理健康问题做到及时发现，从而有针对性地开展分析、引导和教育工作。重点把握以下两点：第一，强化舆论引导。加强对大学生的思想引领，帮助大学生树立正确的世界观、人生观和价值观。第二，加强治理管控。网络的开放性和虚拟性，为虚假和不良信息的肆意传播提供了条件，为了保持网络环境的洁净，必须设立网络监督巡查制度，及时有效地控制不良信息的传播，以免误导大学生想法，使大学生保持正确的舆论认知。

（三）引入新媒体技术，创新课堂教学模式

在新媒体环境下，大学心理健康教育课程可积极地进行变革，利用"网络慕课"的形式开展有针对性、专门性的教学。例如，开展针对人际交往、学习压力、求职、感情等方面的课程，通过简洁的慕课形式，向大学生传授心理健康知识，提升大学生心理调节能力。这种简单、短小的慕课教学形式，有利于提高学生学习的积极性，使大学生更加易于接受，从另一层面上讲也在提高教学效率。同时，心理辅导老师也可以开通"微博"，通过网络平台，加强学生与辅导老师之间的交流，及时解决学生的心理问题。

（四）提升新媒体应用能力，加强队伍建设

信息技术的不断发展，网络技术的大力普及，对大学生心理健康教育队伍提出了更高的要求，以适应新媒体时代的发展。各大高校的心理健康教育队伍即心理医生、心理辅导员、朋辈辅导者等，不仅需要拥有专业的心理知识，还需要具备熟练应用新媒体的能力。高校还可以组织专门的培训，提高心理健康教育工作者的综合素质，使工作者能够熟练地应用新媒体平台去开展心理健康工作，例如微博、微信等，通过新媒体平台，传播心理健康教育工作内容，实现线上与线下的相互配合，实现对大学生的全面辅导，切实提高健康教育工作效率。大学生健康教育工作的开展，离不开高素质健康教育工作队伍的扶持，在

新媒体的发展背景下，务必保证专业技术和信息技术的结合。

第三节　大学生心理健康教育的发展趋势

一、大学生心理健康教育的综合发展趋势

心理健康教育是一个多层次、多因素，涉及多学科领域的综合性发展的系统教育工程。其综合性发展主要表现为心理健康教育自身内涵的丰富及运行实践的综合性发展趋势。

（一）大学生心理健康教育内涵的综合性发展

大学生心理健康教育内涵的综合性发展主要体现在教育目标的完善、教育内容的丰富及教育功能的拓展等方面。

1. 教育目标的综合完善

大学生心理健康教育是一项有组织、有目的、有计划的教育活动，其教育目标的结合与完善是开展该项工作的基本前提，直接关系到心理健康教育的内容选择、方法取舍、评估指标及教育成效，在整个心理健康教育体系中居于核心地位。

大学生心理健康教育目标构建受多种因素影响和制约，既要符合素质教育总目标的指向与要求，又要体现大学生心理健康教育的特定价值与关怀；既要从学生心理素质结构一般特征出发，符合其心理素质发展的整体要求，还要从学生个体的差异性及现代心理健康标准着眼，体现出心理健康教育的层次性和针对性。由此，大学生心理健康教育目标应是一个既能反映社会、时代的客观要求，又能满足学生个体现实需要及成长发展，具有一定层次性的综合体系。

从层次性来看，大学生心理健康教育既具有教育发展的总目标，又具有在总目标指引与统合下的具体目标。大学生心理健康教育的总目标既能反映国家和社会的总体要求，又能体现出大学生心理健康教育培养目标的具体内容。总体来讲，大学生心理健康教育的总目标即通过心理健康教育，引导大学生树立正确的心理健康意识，预防、缓解和消除多种心理问题，培养个人良好心理品质，增强心理调节能力，提高心理健康水平，充分挖掘心理潜能，促进大学生思想道德素质、科学文化素质和身心健康素质协调发展。而具体目标是总目标的细化与具体展现。大学生心理健康教育的具体目标是多种多样的，类似如何克服人格障碍，解决失眠困难，改变不良习惯，调节人际关系，增强适应能力，走出恋爱误区，实现自我发展等。在教育总目标的指引下，根据教育对象的差异及所要解决问题的性质，大学生心理健康教育具体目标又可分为不同的层次目标：

第一，心理健康教育的初级目标，即防治心理问题，保证心理健康。其具体包括两方

面内容：一方面帮助大学生缓解、消除在学习、生活及成长中产生的心理困惑和心理矛盾，对少数出现障碍性心理问题的学生做到早发现、早诊断、早干预；另一方面，通过开展心理健康教育活动，提高大学生心理健康水平，使大学生掌握有关预防、识别、调节心理健康问题的基本知识与方法，学会自我心理缓解。

第二，心理健康教育的中级目标，即优化心理品质，学会积极适应。积极适应，即学生能够合理应对学习、生活、交往和社会发展中的各种变化，能够表现出与学习、生活、交往活动的变化及社会发展转型要求一致的心理和行为，从而使大学生能够学会学习、学会交往、学会生活、学会做人，成为适应良好、心理健康的人。

第三，心理健康教育的高级目标，即开发心理潜能，促进自我实现。现代心理学和脑科学的研究表明，人的心理潜能远未能得以开发与利用。作为现代高等教育重要组成部分的高校心理健康教育，其目的不仅在于对心理问题的预防和解决，更在于对大学生心理素质的提升、心理潜能的开发及自我价值的实现的促进。

无论是过去还是当前，在我国大学生心理健康教育领域更多强调的是矫治性目标，即为出现各种障碍性心理问题及学习适应困难的大学生提供心理援助、支持、矫正与治疗。这一取向使大学生心理健康教育只注重为少数出现心理问题的大学生提供服务，其目标层次仅限于大学生心理健康教育初级目标领域，而忽略了绝大多数大学生所需求的优化心理素质、促进自我实现等更高层次的目标追求。低层次目标领域的徘徊也是我国大学生心理健康教育发展停留于数量与形式上的繁荣，而很难在教育质量与水平上有所突破的重要原因。随着我国大学生心理健康教育事业的不断发展与成熟，随着人们对大学生心理健康教育本质追求的醒悟与理解，心理健康教育目标无论在理论还是实践层面都必将突破单一、片面的价值取向，而实现各层次目标相互联系、相互制约，各阶段目标互有侧重、相互融合的综合发展取向。

2. 教育内容的丰富多样

大学生心理健康教育内容的确定既是主观的也是客观的。一方面，大学生心理健康教育的目标、对象、任务决定了其教育内容的客观性；另一方面，因人们对心理咨询及大学生心理健康教育认识的主观差异也决定了其内容选择的主观性。因此，大学生心理健康教育内容的划分有多种形式和方法，从横向看，主要包括人生观与心理健康、学习与心理健康、自我意识与心理健康、情绪与心理健康、人际交往与心理健康、恋爱及性心理与心理健康、挫折与心理健康、个性与心理健康、创造力与心理健康、求职择业与心理健康、心理测验与评估、心理咨询与心理治疗等。而纵向划分主要依照心理健康状况的表现程度而概括为三个层次：一是心理疾病咨询内容，即帮助有心理障碍、心理疾病的来询者挖掘病源、指导对策、消除危机、解除忧虑；二是情绪适应咨询内容，即为来询者由于学习、工作、人际关系、性爱、个性、情绪等方面的适应不良而出现的烦恼、忧虑、困惑等提供帮助；三是心理发展咨询内容，即帮助来询者增强自我认识能力、社会适应能力和发展能力，提高心理素质，挖掘自身潜力。

由此可见，大学生心理健康教育内容既包括对心理健康教育基本知识的介绍和普及，也包括对心理调适方法的传授与应用；既包括对心理异常现象的解析与预防，也包括对智力潜能的培养与开发；既包括对大学生学习生活、适应发展诸方面的关注与指导，也包括对多种心理行为问题的缓解、预防与矫治；既包括以障碍性心理问题解除为主要取向的教育内容，也包括以促进大学生心理素质优化、心理潜能开发为主要取向的发展性教育内容。就目前我国大学生心理健康教育内容展现而言，更多的是倾向于心理学基础知识理论的介绍与传授、心理测验的引入与应用、心理问题的消解与关注，而对大学生心理品质的培养、良好习惯的养成、自我应对与调节的引导、心理潜能的开发等成长发展性教育内容有所忽略，导致教育内容选择取向存在偏颇与不足。完善的教育内容是心理健康教育成效得以实现的有效载体，随着人们对大学生心理健康教育内容本质的认识与把握，教育内容取向必将呈现知识传授与品质修养、问题解决与发展促进相互融合并有所侧重的结合完善的发展趋势。

3. 教育功能的拓展

心理健康教育功能是大学生心理健康教育本质的外在集中显露，对心理健康教育功能的认识和体悟有利于全面深刻地把握其本质与内涵。

依据大学生心理健康教育的目标与内容，其功能一般可分为三个层次：初级功能是防治不同程度心理问题的产生与发展；中级功能是增强心理适应，优化心理品质；高级功能是开发心理潜能，促进自我价值实现。这三级功能的不同体现分别代表了大学生心理健康教育三种不同的教育取向，即问题解决型教育取向、生活适应型教育取向和发展促进型教育取向。这三种教育取向又显示出大学生心理健康教育队伍中不同成员对大学生心理咨询及心理健康教育的不同理解与价值认可。有关大学生心理健康教育功能的认识存在诸多不同的观点；一是促进和维护大学生的心理健康；二是开发智力促进能力发展；三是提高德行修养培养，良好品德；四是培养主体性，形成完善人格；五是养成良好行为习惯，提高社会适应能力。那么，无论是一般分层还是具体阐发，对大学生心理健康教育功能的认识都倾向于对"个体性功能"的理解与把握，对大学生心理健康教育的社会性功能有所淡化或轻视。

心理健康教育的对象是人，心理健康教育的目的是解决人们存在的心理问题，促进心理品质的优化提升、心理潜能的开发释放、综合素质的发展与完善。因此，心理健康教育把个体性功能放在十分显要的位置。如心理咨询一向强调是为来访者个体服务，对来访者负责、为来访者保密、以来访者利益为重是国内外学者们所遵从的咨询原则之一。而心理咨询、心理健康教育之所以受到人们的普遍欢迎与重视也与其对个体性功能的关注密切相关。然而，强调心理健康教育的个体性功能并非预示着心理健康教育没有社会性功能或者可以无视其社会性功能，在心理健康教育个体性功能的背后隐藏着重要的社会性功能。事实上，正是在促进个人心理健康、人格发展、潜能开发的这一过程中，促进了个人生产（学习）积极性的提高、人际关系的和谐、道德品质的完善、价值观念的提升，从而创造了良好的社会心理氛围，维护了社会的稳定与和谐，并最终促进了社会的文明和进步。把"注重促进人的心理和谐，加强人文关怀和心理疏导，引导人们正确对待自己、他人和社会，正确对待困难、挫折和荣誉。加强心理健康教育和保健，健全心理咨询网络，塑造自尊自信、理性平和、积极向上的社会心态"提到"建设和谐文化，巩固社会和谐的思想道德基础"的高度来理解，这些正是心理健康教育社会性功能的生动体现。心理和谐是社会和谐的心理基础和重要组成部分，心理健康教育也是构建社会主义和谐社会、促进我国现代化发展的重要内容和力量之一。

（二）大学生心理健康教育运行的综合化发展

大学生心理素质的优化和发展是一个涉及学校、家庭、社会等多重因素的系统工程，仅靠高校心理健康教育自身的力量是不够的，心理健康教育的运行和发展将形成科学的综合化取向。

1. 教育体系网络化

随着人们生活质量的提高和教育发展的深入，心理健康教育不仅是一套教育方法技术的选择和运用，更是一种先进教育观念的展现与张扬。随着这种观念的不断更新和逐步深入人心，心理健康教育将渗透于学校教育工作中的教育观、学生观、人才观、服务观和管理观念等方方面面，成为每一位大学生追求身心和谐、健康发展的内在需要，成为学校整体工作的有机组成部分，并与学校各级管理和服务部门一起构成了大学生心理健康保护网络，共同促进大学生心理健康发展和高校心理健康教育的有效运行。在我国高校心理健康教育实践领域逐渐形成了"校—系—班"三级心理健康教育网络体系：以学校分管思想政治教育工作的校领导为指导，以心理咨询机构为核心的校级心理健康教育网络；以各院系主管学生工作的领导和辅导员组成的系级心理健康教育网络；班级心理健康教育网络由经过选拔和定期培训的学生志愿者所组成。

在三级心理健康教育网络体系中，以校级网络为中心，组织协调校、院、系各级心理健康教育工作的开展与整合；以系级网络为重点，积极配合学校心理健康教育工作的开展，并为学生诸多现实问题的解决提供及时且必要的帮助；以学生为主体的班级教育网络成员，既可归属于大学生心理协会，直接与学校心理咨询机构建立联系，也可以有计划地安排在各个班级和寝室，与系级教育网络直接联系。在与同学朝夕相处的生活中，给予那些心理需要关怀的同学以支持，营造和谐的班级、寝室环境，有意识地调节同学交往关系，把自己和身边同学遇到的心理问题或异常表现及时反映给系级网络或校级咨询机构，使教育人员能迅速准确地把握学生的心理动态，及时发现问题，有针对性地开展教育工作。在这个三级网络体系中，校级网络的专业水准和整体规划，以及班、系教育网络中辅导员与学生志愿者的有效培训是三级网络体系实现有效运转的难点与中心。

尽管就当前我国大学生心理健康教育实际状况而言，三级网络体系大多还限于理论层面的完善与构想，作为一种综合化发展的教育理念与趋势，将是我国大学生心理健康教育实现综合化发展的选择与取向。学校辅导是学校教育一盘棋中的一部分，并非学校教育的全部。在设计学校辅导模式时应从学校教育的整体出发来考虑，注意与其他部门和员工的联系与合作，避免白白丧失众多辅导资源；应该有意识地探索一种综合性的学校辅导模式，即把学校各种辅导资源充分调动起来，形成一种整体性的辅导氛围或环境，使得学生在这样一种具有辅导精神的环境中得到成长和发展。

大学生心理健康教育是由学校、家庭、社会多方教育资源及大学生自我教育力量共同构成的教育体系。在这个结合化的教育体系中，尽管学校心理健康教育是促进大学生心理素质优化完善的主导因素，但家庭与社会在大学生心理健康发展过程中都有着不可低估的重要作用。校园是大学生学习和生活的主要场所，但校园不是封闭的，大学生心理健康问题的产生和发展与他们的家庭和社会背景有着密切关系。对于个体成长发展而言，家庭教育不仅是一种启蒙教育，更是一种终身教育；家庭影响不仅可以使大学生坚强、努力、乐观、自信，也可以给他们带来压力、负担、情绪的波动和个性的不足。大学生许多心理问题的形成往往有其家庭方面的原因，甚至可追溯到童年时期的经历，而这些问题的最终解决还必须依靠学生家庭的支持与配合。

从社会影响因素来说，一方面，学生心理问题的产生与社会环境因素的影响直接相关。当前我国正处于改革开放和社会主义市场经济快速发展的转型时期，人们的思想意识、道德观念及生活方式等发生了深刻的变化，大学生普遍面临着学业压力、就业压力、经济压力和社会适应的压力，一些大学生还在不同程度地遭遇着价值迷茫、信念模糊、信仰缺失、心理失衡、身心疲惫等不良心境。另一方面，大学生心理压力的缓解与减负必须得到国家与社会的帮助和参与，如就业机会的公平与增加、助学贷款的效应与保障、社会公正的提升与彰显等。同时，大学生心理健康教育工作还要与专业机构建立密切的合作关系。虽然大学生心理健康教育正在向专业化发展，但专业化进程的成熟与完善还有待时日，一些障碍性心理问题的矫正与治疗并非仅仅通过言谈就能完全康复，而是需要配合一定医疗手段如药物辅助则效果显著，如抑郁症、焦虑症往往需要借助药物予以控制。即使大学生心理健康教育以发展性教育内容为主体，但对于障碍性咨询和教育内容也不容漠视或忽略。在一定条件下，因障碍性心理问题而导致的恶性事件所产生的负面影响对大学生心理健康教育产生强烈的冲击。就目前我国大学生心理健康教育整体水平而言，解决此类问题还有一定的难度，这还需要与专业机构建立长期联系，及时将部分出现严重障碍性心理问题的大学生介绍到专业机构接受专业治疗与帮助。与此同时，一些大学生出现心理问题的根源在于身体健康问题所引起的情绪波动与心理压力，需要与医疗部门联系，从医治身体疾病、恢复身体健康着手。因此，心理健康教育机构与专业医疗机构的不断合作也是大学生心理健康教育工作的必然发展趋势。

2.教育参与全员化

教育参与全员化是大学生心理健康教育体系网络化发展的必然趋势。在教育部、卫生部、共青团中央《关于进一步加强和改进大学生心理健康教育的意见》中，除强调"建设一支以专职教师为骨干，专兼结合、专业互补、相对稳定、素质较高的大学生心理健康教育和心理咨询工作队伍"外，还明确指出"高校所有教职员工都负有教育引导大学生健康成长的责任。要根据学生思想动态和心理状况，在教学、管理和服务中，有意识、有针对性地做好教育引导工作"。因此，以主管校领导为支持，以专兼职心理健康教育专业队伍为核心，以各系学生工作者为桥梁，以广大教职员工的积极参与为辅助，以大学生群体为主体的全员化教育参与发展取向也是我国大学生心理健康教育综合化发展的重要方面。

在教育参与全员化的综合发展中，主管校领导的重视和支持非常重要。首先，纲举才能目张，大学生心理健康教育涉及心理咨询机构的建设和完善，教育经费的下拨与到位，专业队伍的培训与健全，各级职能部门的合作与协调，学生心理健康信息的收集与反馈等；都必须要有一位主管领导全面考虑和专职负责，把相关的任务落到实处，既对学校负责，也对全体学生负责。其次，充分发挥心理健康教育专兼职队伍的专业指导与业务规划职能。以心理咨询为重要工作内容的心理健康教育是一项专业色彩浓厚的工作，没有心理健康教育专业人员的技术支持与指导，便难以取得应有成效和实现专业化发展取向。最后，还应重视各系辅导员、班主任等学生工作者的教育参与。由于各系辅导员、班主任长期工作在学生工作的第一线，与大学生有紧密联系，比较熟悉大学生的生活和心理行为特点，能够及时准确地发现大学生存在的问题，把握其心理发展的动向。同时，他们一般又有着较强的责任心和工作热情，有着与学生交流的工作经验。因此，在一定专业培训的基础上能够很好地发挥承上启下的教育桥梁作用。对此，教育部、卫生部、共青团中央在《关于进一步加强和改进大学生心理健康教育的意见》中也有明示"要重视大学生思想政治教育工作人员，特别是辅导员和班主任在大学生心理健康教育中的重要作用，加强培训，使他们了解和掌握心理健康教育的基本知识和方法，帮助大学生处理好学习成才、择业交友、健康生活等方面遇到的具体问题，提高思想政治教育的针对性和实效性"。此外，广大教职员工的教育辅助作用也不容忽视。由此可见，不是要求他们在专业技能或专门化心理健康教育工作方面介入，而是强调在日常教学、服务、管理工作中要具有心理健康教育的意识和观念，并通过各方面的工作对大学生心理健康和发展产生积极的影响。如前所述，在学科教学中实现心理健康教育的渗透与融合是我国大学生心理健康教育的重要方式之一。再如，校园环境的创建与改善，宿舍管理的规范与灵活，公寓管理人员的态度与方式等与大学生日常生活息息相关，并对大学生日常心理、情绪状态及人格发展有着潜移默化的影响。对大学生来讲，一方面，学生是自己心理素质形成发展的主体，各种教育力量和影响源必须通过大学生自身积极性、能动性的发挥才能内化为学生自身的心理品质，助其自助是高校大学生心理健康教育的重要指向；另一方面，许多大学生也通过互相关心帮助、情绪感染、主动调节、群体影响、及时发现问题并与相关老师联系反馈等多种方式积极参与到心理健康教育工作中，成为大学生心理健康教育的重要力量。

3. 教育阶段全程化

在大学生活的各个阶段，大学生面临着不同的心理问题，存在着不同的心理需要和心理发展任务。大学生的心理健康不存在性别差异，但年级差异十分显著，大一学生在焦虑、人际敏感、抑郁、敌对、恐惧、偏执等方面的心理健康水平显著低于其他年级学生，大三学生心理健康水平也较差，这反映了大一学生存在适应不良的现象，而大三学生面临学习、升学与就业的诸多压力。因此，在大学生心理健康教育运行的整个过程中，需要有针对性地对各年级大学生开展不同内容的心理健康教育，既存在着与大学生各年级发展相协调的阶段性目标，也存在着与这些目标相对应的阶段性教育内容，这些序列有致的阶段性目标和各有侧重的教育内容内在地要求和体现着大学生心理健康教育全程化发展趋势。

结合大学生心理发展发现，不同年级大学生所面临的心理发展问题具有显著的差异，呈现出一定的规律性：处在转变期的大一新生，面临的重要发展任务是适应问题，如何适应新的学习、交往和生活环境。因此，对大一学生开展心理健康教育活动的重点是通过入学心理适应教育，使大学新生能够更好地认识自我、悦纳自我、认识环境、适应环境，了解专业、热爱专业，认识同学、交好他人。处于二、三年级的大学生，面临的主要发展任务是学习求知、人际交往、目标定位、人格完善等成长发展性心理问题，此阶段的教育活动主要侧重于通过心理健康教育使其形成恰当的成就动机，具备人际交往的基本观念与技能，确立健康的情爱观，初步明确价值追求，不断发展健全人格，实现与周围环境及社会发展的良好适应，促进自身的成长与发展。处于毕业阶段的大学生，面临的主要问题是求职择业与走向社会，此阶段的教育重点是帮助他们确立适当的就业期望，进行正确的职业定位，提高挫折应对与承受能力，增强竞争意识和社会责任感，在知识、体格、人格能力方面为进入社会做好准备。另外，在大学生活的不同阶段，大学生所面临的同一个发展课题又有不同的发展内涵。以人际交往为例，依据大学生活发展的阶段性特点将其界定为大学二、三年级心理发展的重要内容，各年级教育内容并非静止的、孤立的，而是在差异中具有内在的相通。大学一年级人际交往的辅导内容主要是对大学新环境中人际关系的适应，根据交往对象的变化调整自己已有的交往观念和交往方式，掌握与人交往的原则与技巧，克服人际交往的偏见；大学二年级人际交往的辅导内容主要侧重于小群体交往指导，如宿舍人际交往中宽容大度、求同存异、真诚关爱的交往观念，注重培养大学生与人沟通的技巧；大学三年级人际交往的辅导内容主要是克服交往障碍，学会自我调控，培养群体精神和合作精神，了解交往策略；大学四年级人际交往的辅导内容主要有人际角色训练，学会识别自己和他人的人际角色，学会扮演自己的人际角色，学会建立自己的人际网络，学会增强自己的人际交往能力和魅力。因此，大学生心理健康教育要兼顾各阶段大学生不同的心理行为特点与发展课题。要体现不同年级大学生发展任务的不同侧重，就必须从整体出发，在教育过程中体现出教育活动的阶段性和各年级差异性，实现心理健康教育运行的全程化发展趋势。

第三章　大学生自我意识的发展与教育

第一节　自我意识认知

一、自我意识的内涵

人类对自我意识的真正研究始于文艺复兴运动，人文主义者喊出了"我是凡人，我有凡人的要求"的人性解放之声。此后，法国哲学家笛卡儿最先使用了"自我意识"这一概念，提出了"用心灵的眼睛去注意自身"的精辟论断，揭示了自我意识的发现途径。笛卡儿之后，有关自我的研究开始得到了空前的发展。

美国心理学家詹姆斯提出，凡属于我或与我有关的事物都是自我的内容，如身体、品质、能力、愿望、家庭等，自我从物质自我、精神自我和社会自我三个层次起作用。

社会心理学家库利指出，自我是一面镜子，它从别人那里反映自己的行为，自我是经历无数次他人评价而形成的社会产物。

米德认为，自我分为"主体我"（I）和"客体我"（Me），"主体我"代表每个人的自然特性，而"客体我"代表自我社会的一面；"主体我"先于"客体我"形成，"客体我"的形成需要很长时间；自我意识的发展包含"主体我"与"客体我"的不断对话。

综合以上学者的观点，笔者认为，自我意识是意识的核心部分，就是自己对自己的认识，是自我概念、自我评价、自我理想的辩证统一。人在自我概念（我是什么样的人）的基础上产生了自我评价（我这个人怎么样），进而实现自我理想（我应该成为怎样的人）。

二、自我意识的不同类型

（一）根据自我意识的活动内容划分

从自我意识的活动内容方面来划分，可分为生理自我、社会自我和心理自我。

1. 生理自我

生理自我是个体对自己身体、生理状态（如身高、体重、容貌）的认识和体验，是一个人在与他人交往过程中逐渐形成的。它使一个人能够把自我和非我区别开来，意识到自己的生存是依托于自己的躯体的。生理自我是与生俱来的，我们只能接受而不能改变它，随着自我意识的成长，我们逐渐对生理自我有了一个明晰的看法与正确的认识。

2. 社会自我

社会自我是个体对自身与外界客观事物关系的认识、体验和愿望，包括个人对自己在客观环境及各种社会关系中的角色、地位、权利、义务、责任、力量等的意识。青年男女常用"我已经长大了"来表达自己的社会自我，期望社会可以给予积极的肯定与认可。

3. 心理自我

心理自我是个体对自己的心理活动、人格特点、心理品质的认识、体验和愿望，包括对自己的感知、记忆、思维、智力、能力、性格、气质、爱好、兴趣等的认识和体验。心理自我也伴随着成长历程，我们的情感、智力、能力、兴趣、情绪等都随着成长而变化，我们学会评价自己的心理自我、体验心理自我。随着自我意识的发展，个体的社会角色渐渐浮出水面并占据重要位置，与此相应的责任感、义务感、角色感也都会得到增长。

生理自我、社会自我、心理自我是密切联系、相互影响的。它们都包含着不同的自我认知、自我体验与自我控制，但由于比例和搭配不同，构成了个体自我意识之间的差异，也使得每个人都有自己的对人、对己、对社会的独特的看法和体验。

（二）基于知、情、意的角度划分

自我意识是一种多维度、多层次的复杂心理现象，它由自我认识、自我体验和自我控制三种心理成分构成。这三种心理成分之间相互联系、相互制约，统一于个体的自我意识之中。

1. 自我认识

自我认识是自我意识的认知部分，它是"主体我"对"客体我"的认知和评价，即自我认知和自我评价。其中，自我认知是自己对自己身心特征的认识，自我评价是在自我认知的基础上对自己做出的某种判断。

自我认识主要解决"我是一个什么样的人"的问题。例如，有人观察自己的形体，认为自己属于"健壮型"；分析自己的为人处事，认为自己是热情友善的；用批评的眼光审视自己时，觉得自己脾气暴躁、容易冲动等。可见，自我认识涉及个人的自我感觉、自我观察、自我分析和自我批评等。

在客观的自我认识基础上做出正确的自我评价，对于个人的心理活动、行为表现及个人在社会群体中人际关系的协调，都具有重大的作用。

2. 自我体验

自我体验是通过认识和评价而表现出来的情绪上的感受，其中包括满意或不满意、自尊、自爱、责任感、义务感、优越感、羞怯、自卑等。在人的生活体验中，不仅有肯定的情绪体验，也有否定的情绪体验。而且还要按照自己在社会中的地位或角色体验多种不同的情绪。

3. 自我控制

自我控制是主体对自身心理行为的主动的掌握。自我控制表现在意志方面，就是对自己的行为和活动的调节，进而了解自己在达到目的的过程中，应该如何克服外部障碍与内部困难，采取什么手段实现自己的决定。

由上所述，自我意识的结构包括自我认识、自我体验、自我控制，三者有机统一，不可分割。自我认识使人明确"我是一个怎样的人"；自我体验可以解决"我这个人怎样""我是否接受自己"；自我控制可以最终解决"我应当成为一个怎样的人"。

三、自我意识的影响

自我意识是人类特有的心理现象，它的作用十分巨大。从种系发展来看，人类的心理具有自我意识，大大优越于任何动物；从个体来看，人类个体进入青年期，其自我意识逐渐发展成熟，才脱离少年儿童的幼稚，进入成人阶段，真正具有了人的责任感和义务感。

第一，常把自身作为自己活动的参照物。人们怎样活动，活动的内容，都是以自己为参照物。人们对外部世界的各种看法，大多是相对于自己状况而言的。

第二，自我介入对个体活动的意义重大。人们将某一事物与自我有内在的关系称为"自我介入"。在个体活动中，自我介入通常与感情因素有关。自我介入在三岁前后开始产生，表明个体对于自身有相当的认识，已经知道自己与其他人、其他事物的不同。之后，自我介入范围越来越广。到成年时，和自我有关的事物不但包括财产、家庭、职业，而且包括思想、观念、信仰、目标、价值观等，如果这些受到损害或威胁，个体会认为是自己受到损害或威胁，便会自主进行自我防卫。

第三，自我是个体活动的觉察者、调节者与发动者。自我作为个体活动觉察者是使个体知道他在干什么，干得如何，并随时修正。而某一活动干得是否恰当，自我会对它做出评价，提供反馈信息，从而保持或改变活动的内容、方向和强度，这时的自我是调节者。这种调节有时是有意识的，而有时却是无意识的。

第二节 大学生自我意识的发展及其特征

一、大学生自我意识的发展

进入青春期后，大学生的自我意识会出现一个分化—冲突—统一的过程。这一过程是大学生自我意识不断发展、趋于成熟的过程。

1. 自我意识的分化

自我意识的明显分化，使大学生主动、迅速地对自己的内心世界和行为具有了新的意识，开始意识到自己那些从来没有被注意到的"我"的许多方面和细节。在这一时期，大学生自我沉思、自我分析、自我反省的时候明显增多；对自我新的认识、体验和控制而带来的种种激动、焦虑、喜悦和不安也显著增加；为自己应该怎样做、能怎样做、不应该怎样做等也开始认真地动脑筋，不再像中学生那样随心所欲。

这时，假如个体的理想自我（主体我）和现实自我（客体我）能保持大致的平衡，也就是说，个体真正的能力、性格、欲望能如实地表现出来，个体便能以自己的本来面目出现在别人面前，既不用掩饰自己的努力，也不怕暴露自己的缺点，从而有利于发挥自己的实际能力，促进个体健康发展。

自我意识的分化促进了大学生的思维和行为的主体性的形成，从而为客观地评价自己和他人、合理地调节自身的言行奠定基础。这是自我意识开始走向成熟的标志。

2. 自我意识的矛盾冲突

自我意识的分化，一方面使青年开始意识到自己不曾注意的许多"我"的方面和细节，发现"理想我"与"现实我"的差距。另一方面，由于处于发展阶段，自我形象不能很快得到确立，自我概念不能明确地形成，因而自我冲突加剧，表现为内心冲突，甚至有很大的内心痛苦和强烈的不安感。

上述内容归纳起来，当代大学生自我意识的矛盾冲突主要表现在以下方面：

（1）"理想我"与"现实我"的冲突。这可以说是大学生自我意识矛盾最突出、最集中的表现。大学生对未来充满信心，抱负水平较高，成就欲望较强，但由于他们生活范围相对狭窄，社会交往比较单一，缺乏社会阅历，对自我认识的参照点较少，因此，不能很好地将理想与现实结合起来，从而使"理想我"与"现实我"之间产生较大差距。这种差距在给大学生带来苦恼和不满的同时，也会激发大学生奋发进取的积极性；但如果这种矛盾与冲突过于强烈，不能及时加以调适，则会导致自我意识的分裂，从而带来一系列心理问题。

（2）独立意向与依附心理的冲突。上大学后，大学生的独立意识迅速发展，他们希望自己能在经济、生活、学习、思想等方面独立，希望摆脱家长的管束，自主地处理所遇到的一些问题，但他们在心理上又依赖成人，无法真正做到人格上的独立，这种独立意向与依附心理的矛盾也一直在困扰着他们。

（3）交往需要与自我闭锁的冲突。大学生迫切需要友谊，渴望理解，寻求归属和爱。他们有强烈的交往需要，希望能向知心朋友倾吐对人生和生活的看法，能有人与自己分担痛苦，分享欢乐。但同时他们又存在着自我闭锁的倾向，许多人往往不愿主动敞开自己的心扉，而把自己的心灵深藏起来，在公开场合很少发表个人真实意见。他们在与他人交往时存有较强的戒备心理，总是会有意无意地保持一定距离，正是这种交往需要与自我闭锁的矛盾冲突，使得不少大学生备受"孤独"的煎熬。

（4）自信心与自卑感的冲突。大学生刚刚考上大学时，受到老师、家长、亲朋好友的赞赏，同辈人的羡慕，因此优越感和自尊心都很强，对自己的能力、才华和未来都充满了自信。然而进入大学后，许多大学生发现"山外有山"，尤其是当学习、文体、社交等方面显露出某些不足时，有些大学生就会陷入怀疑自己、否定自己的不良情绪中，于是慢慢就产生自卑心理。在这些大学生的内心深处，自信心和自卑感常常处于冲突状态。

（5）追求上进与自我消沉的冲突。许多大学生都有较强的上进心，他们希望通过努力来实现自身的价值。但在追求上进时，困难、挫折在所难免，不少大学生常常出现情绪波动。在困难面前望而生畏，消极退缩，虽然退缩但又不甘放弃，心中依然想追求、想奋进，内心极为矛盾，困惑、烦躁、不安、焦虑也由此而生。

3. 自我意识的统一

由自我意识的分化带来的种种矛盾冲突是大学生自我意识发展中的正常现象，也是大学生迅速走向成熟的集中表现。自我意识矛盾冲突一方面会使大学生感到痛苦不安、焦虑苦恼，有可能会影响到他们的心理发展和心理健康；另一方面会促使他们设法解决矛盾，来实现"理想我"与"现实我"的统一。由于个人的社会背景、生活经验、智力水平、追求目标等方面的差异，自我意识的统一途径也有所不同，总的来说其统一途径有三个方面：一是努力改善现实自我，使之逐渐接近理想自我；二是修正理想自我中某些不切实际的过高标准，并改善现实自我，使两者互相趋近；三是放弃理想自我而迁就现实自我。按照心理学健康标准，无论哪种途径达到自我意识的统一，只要统一后的自我意识是完整的、协调的、充实的、有力的，就是积极和健康的统一，这种统一就有利于个体的心理健康和发展，有利于社会的文明与进步。

由于个人的社会背景、生活经验、智力水平、追求目标等方面的差异，大学生自我意识的分化、冲突、统一的途径不同，其统一的类型也不同，结果也不同。一般来说，人们把理想自我和现实自我的矛盾统一归纳为五种类型。

第一种是积极型。不断完善现实自我，使之与符合社会发展要求的理想自我达到统一。这是有抱负、有志气的青年所采取的一种统一类型，它反映了青年人积极向上、努力进取的精神，这是值得鼓励和提倡的。

第二种是现实型。一方面不断完善现实自我，另一方面根据现实自我的实际状况，修正理想自我，达到两者统一。在这里虽理想自我也有朝着现实自我"靠拢"的修正，但出于较现实的考虑，仍不失为一种积极的统一。

第三种是庸碌型。放弃理想自我，以迁就现实自我，达到统一。这是不思进取、安于现状、庸庸碌碌、得过且过的一种统一。例如，有的人原来有良好的理想自我，但在改善现实自我的过程中遇到挫折，便消极处世，放弃理想自我，听凭自然发展。这是需要教育者促其前进的一类。

第四种是虚假型。通过对现实自我的过高评价或虚妄的判断，获得与理想自我的统一。这类人往往狂妄自大，自命不凡，以主观臆想代替客观现实，沉浸于自我陶醉之中。这是需要教育者击其猛醒的一类。

第五种是消极型。理想自我和现实自我在不符合社会发展要求的方向上的统一。这多为自我意识冲突的人所采取的一种统一类型。比如，有的人形成了与社会进步相悖的理想自我，只是由于种种主客观条件的束缚，现实自我才滞后于理想自我。消极型统一就是使现实自我一下子滑向消极的理想自我，获得统一。这是有极大危害性的统一，应引起教育者高度警惕。

虚假型和消极型的学生实际上都有不同程度的心理障碍，属于自我意识的变异状态。这类学生人数极少，但表现出来的心理与行为问题波及面较大，是高校学生思想政治教育和心理卫生咨询需要引导的重点对象之一。

总而言之，青年中期是理想自我与现实自我矛盾突出的时期，也是使其趋向统一和转化的关键时期。教师应把握大学生自我意识发展的各个重要环节，认识大学生自我意识发展的规律性，促使大学生的自我意识沿着正确、健康的方向发展。

二、大学生自我意识的特点

（一）自我认识的发展特点

第一，大学生对自我的认识进阶为对自身内在品质的关注和探究。大学生对自我的认识已经从对自身外部特点（如身体、容貌、仪表等）的关注和探究，进阶到对自身内在品质（如气质、性格、能力和品德等）的关注和探究。在对大学生所做的问卷调查中，对于"你认为自己是一个什么样的人"的问题，多数学生回答的都是关于自己心理品质的内容，如善良、真诚、热情、诚实、乐观、自尊、有理想、有上进心、勤奋学习、刻苦耐劳、尊敬老师、团结同学、心胸开阔、有同情心、乐于助人等。虽然多数大学生对自己的外貌都比较关注，但只有很少数人将此作为专门探究的内容。

第二，大学生对自我的认识进阶为开始重视自我社会属性。在大学生对自我的认识中，

大学生心理教育研究

对自我社会属性（社会归属、社会角色、社会价值、社会义务等）的关注和探究，随着年级的升高而日益成为重要的内容。此外，越来越多的大学生意识到自己对家庭、对社会、对国家的义务，不少大学生为未能报答父母的付出而感到内疚。

第三，大学生对自我的认识经历着由矛盾到统一的过程。大一新生刚入学时，有的人说"我相信自己最了解自己，但实际上我并不真正了解自己。我有时觉得自己是这样的，有时又觉得自己并非这样，常常自己推翻给自己下的结论"。有的学生说"我是一个开朗而爱说真话的女孩子，可是有些人说我正直、真诚，有些人说我做作、说假话。别人对我的评价究竟哪些是真心话，哪些是假话，我自己也无法断定"。这说明自我意识的矛盾尚未趋于成熟和统一。一般到大学三、四年级，他们对自我才有比较确定的认识和评价，形成比较稳定的自我观念。

第四，大学生的自我意识以肯定性的评价为主。从对大学生自我意识的调查问卷可以看出，他们对自我的评价绝大多数是积极肯定的，优点多于缺点。在毕业求职的自我推荐信上，这种肯定性的评价表现得更为明显。绝大多数同学都没有把自己的缺点与弱点看成是主流。

第五，大学生的自我评价从高估到趋于平衡。西方心理学研究认为，青年大学生对自我的评价有过高评估的倾向。就我国的大学生而言，一年级大学生自我高估的倾向比较明显，但是，经过大学四年的学习、观察与体验，自我评价已逐步趋于平衡。

总之，经过大学四年的学习，大学生的自我意识已经逐步深入、全面、统一和稳定，趋向成熟。他们对自己已形成了一个明确的自我观念和自我概念，并影响着自我体验与自我发展。

（二）自我体验情感的发展特点

大学生对自我的情感体验是随着自我意识、自我评价的发展而发展的。这个时期最主要的自我体验是自尊感、优越感、义务感、爱美感、孤独感、抑郁感和烦恼等。

1. 自尊感

自尊感也称自尊心。自尊感是社会评价与个人自尊需要的关系反映。大学生的自尊感主要基于两种肯定的评价：一是由于意识到自己正逐渐成长为社会的主体而产生的肯定评价，二是由于意识到自己心理品质的成熟而产生的肯定评价。总之，大学生的自尊感是由于意识到自己作为一个有理想、有文化、有道德的公民，对家庭、对社会、对国家所具有的价值而产生的积极的自我体验。

自尊感对大学生的心理发展和成长具有积极的意义。自尊感强的学生，为了维护自尊心，必然会以高度的责任感和进取心对待学习，对自己提出严格的要求；为了维护自尊心，必然会严于律己，学会尊重别人，处理好人际关系。但是，过多的自尊感也会产生消极的作用，如不能正确地对待因自尊心受损而产生的挫折，就会因过分要求别人尊重而处理不好人际关系，特别是当自尊心受到严重伤害时也许还会做出极端的、难以预测的反应。

2. 优越感

优越感是由于对自我社会地位与个人知识、能力等评估过高而产生的一种自我体验。高考使许多学生从众多竞争对手之中脱颖而出考上大学，环顾左右，展望未来，对自我过高评估产生的优越感便在许多学生心中油然而生。

这种优越感的体验在大学生中持续的时间并不长，随后就会被环境适应、人际关系等问题冲淡，逐渐趋于理性。

3. 义务感

义务感是由于意识到个人对家庭、对社会、对国家的义务而产生的一种自我体验。每当国家和民族的命运处于生死存亡的关键时刻，或者当人民的生命财产受到威胁时，许多大学生便不顾个人安危，奋勇献身，义无反顾，以为国家、为人民尽忠而感到欣慰，以未能做出奉献而自责和内疚。这就是一种义务感。由于大学生意识到祖国对自己的培养和期望，他们对国家和人民的义务感也相应增强。

4. 爱美感

这里所说的爱美感，不是指爱客观事物的美感，而是指大学生意识到本身的美与丑而产生的自我体验。

大学生对自身美的关注，除重视身材与容貌美外，更重视自己的仪态与风度美。他们认为仪态与风度更能体现出自身的文化修养与心理素质。

5. 孤独感

孤独感是由于得不到他人思想上的理解与情感上的共鸣而产生的一种自我体验。孤独感并非源于没有可以交往的朋友，而是源于缺乏知心的、互相理解的朋友。大学生由于思想的深化、人格的分化，他们已不满足于同一般朋友交往，而要求在更深层次上同知心的朋友互诉心声，达到情感共鸣，这时往往就会产生缺乏知音的孤独感。

6. 抑郁感

抑郁感是由于个人的思想、愿望受到压抑，未能得到充分表达或实现而产生的一种消极的自我体验。大学生产生抑郁感的原因很多，如理想同现实发生矛盾；因人际关系不好，而不被他人接纳；缺乏知心的人可以谈心；对所学的专业不满意，又无力解决；没有展现自己才干的机会；等等。这些都可以使人产生抑郁感。

研究表明，自我认可程度低的人较易产生抑郁感。消除抑郁感，首先要提高个人的自我评价，增强自信心，使其意识到自己方能力摆脱造成压抑感的困境。

7. 烦恼

烦恼也是许多大学生常有的自我体验。这往往是由不顺心的事引起的。引起大学生烦恼的原因很多。比如：就读的学校或专业不理想；想家；同学间的关系处不好；见不到从前的好友；家庭经济困难；亲人有病或遇到麻烦事；感到学习上收获不大；感到书本知识脱离实际；为择业而烦恼；感到适应不了现代社会的竞争；为收不到同学的来信而烦恼；为"每天晚上要上自习"而烦恼；等等。

情感上的自我体验以自我意识与自我评价为基础，当自我体验产生以后，种种喜怒哀乐的体验反过来又会影响自我意识和自我评价，影响对待自我的意向。

（三）自我意向的发展特点

在自我认识、自我体验的基础上，产生了个人对待自我的意向。大学生对待自我的意向，主要表现在以下几方面：

（1）独立自主的意向。绝大多数大学生已超过18岁，他们自认为已达到法定的公民年龄，身体发育已经成熟，具有一定的科学知识与生活经验，已确立了一定的生活目标，掌握了一定的道德规范，并具有一定的独立分析问题和解决问题的能力。因此，大多数学生认为自己已是一个成年人，他们强烈要求像个成年人那样独立自主地行事，不愿再受父母的约束和教师的训诫，希望按照自己所设计和选择的目标"走自己的路"。

（2）获得尊重的意向。这种希望获得别人尊重的意向，表现为在人格上得到别人的尊重，在能力上受到别人的赏识，在社会地位上受到别人平等的对待。大学生获得尊重的意向，使他们产生强烈的自尊心、荣誉心和好胜心，成为推动他们勤奋好学、拼搏进取的动力。但是，过分自尊的意向也不利于大学生的成长，反而会导致他们工作上的失利和人际关系上的挫折。

（3）自我完善的意向。当大学生为自己设计了一个"理想的我"的形象和目标以后，他们就竭尽全力要使自我形象得到圆满的实现，要把自己塑造成一个完美的人：既有优美的仪表与风度，又有美好的心灵；既有远大的理想和抱负，又有坚韧不拔的实干精神；既有渊博的知识与才干，又有开拓创新的进取精神；既有声誉，又有权位可以施展抱负；等等。这种自我完善、追求完美的愿望成为激励大学生努力向上的动力。但过分追求完美的意向也可能带来不利的影响，必须善于适时适度地进行调整。

（4）渴求理解的意向。青年由于同长辈出生和生活在不同的年代、不同的环境，产生了"代沟"。青年之间由于人格化的发展，形成了各自向深层发展的内部主观世界，使彼此的沟通和了解也增加了难度。因此，大学生觉得自己不为别人所理解，而他们又希望为别人所理解。大学生这种渴望获得理解的意向可以成为他们追求真诚的友谊、追求异性朋友的重要动机，也可以使他们同集体的关系变得更加冷漠，以致陷入孤独和苦闷之中。

第三节　大学生良好自我意识的培养方法

一、大学生自我意识发展的影响因素

我国大学生自我意识的发展基本上是积极的、健康的，但发展的过程并非是直线向上，而是有起伏的矛盾过程。自我意识的发展变化离不开整个社会环境与教育的影响，也离不开学生自身的思维和实践体验。

（一）社会楷模的影响

自我成为一个什么样的人，总是离不开社会生活中各种楷模的影响。但是，大学生受社会楷模的影响并不是像少年那样，对所喜爱或崇拜的人直接模仿，而是从众多社会楷模身上吸取有意义的、令人敬佩的内容，作为创造理想自我的素材。不同的时代有不同的楷模，他们对不同时代大学生自我意识中"理想的我"的形成起着重要作用。

大学生的思想已经围绕一些基本的观点形成了一个互相贯通的体系，他的理想同他的兴趣、爱好，以及崇敬的人物的理想都是相通的。由此也可看出，大学生建构的自我形象，并非来自对某一个人物楷模的直接模仿，而是从众多的楷模中吸取素材来创造的。因此，为了帮助大学生塑造"理想的我"的形象，引导大学生学习古今中外历史上为人类社会的进步和发展做出贡献的科学家、思想家、教育家和革命家的光辉形象，有利于大学生从中吸取建构"理想的我"的材料，尤其是引导大学生学习那些和他们年龄与角色相近的同时代青年英雄和杰出大学生的光辉事迹，对于他们建构"理想的我"的形象具有重要的作用。

（二）他人评价的影响

他人的评价是客观认识自己的一面镜子，可以帮助自己了解"现实的我"的形象，认识自己的长处和短处，知道自己在别人心目中是一个什么样的人，既是作为建构"理想的我"的依据，也是提高"现实的我"的重要参照。

大学生可以通过某些会议、竞赛评比、表扬与批评、学习成绩报告单等各种途径获得别人非正式的评价，这些评价都可能对大学生的自我意识产生影响。但是，别人的评价与大学生的自我评价总会有一定的矛盾与距离，如何使别人的评价与大学生的自我评价趋于一致，从而为大学生所采纳，取决于许多因素。

（1）评价要从肯定优点入手，对大学生的优点与缺点进行全面的评价。即使是指出缺点，也应从肯定成绩和优点入手。在一般情况下，教育工作都应从正面对大学生进行肯定和鼓励出发，以激发其信心和斗志，不要一提优点就一笔带过，一讲缺点和错误就大做文章，这种消极的批评就难以收到积极的效果。

（2）评价要从关心和爱护出发。出于爱护和关心的善意批评，即使是指出缺点和错误，也可能使人心悦诚服；而恶意的指责、指桑骂槐、冷嘲热讽就难以为人所接受。从关心和爱护出发的正面评价，常常能对大学生的自我实现产生强有力的激励作用。亲人、爱人、受敬重的人所做评价往往具有强大的激励作用。有时，一个有威望的教师或长者的肯定评价甚至可以成为大学生刻骨铭心的座右铭，鼓舞他一生不懈地奋斗。

（3）评价要尊重大学生的心理特点和人格。大学生是趋于成熟的青年，有强烈的自尊心和独立自主的人格，因此，对大学生的评价必须尊重他们的自尊心和人格。通过谈心或民主探讨的方式，使他人的评价与大学生自我的评价形成共识，较有利于促进大学生自我意识的发展；而采取专制性的批评指责，并强加于人，就容易伤害大学生的自尊心，造成学生心情压抑和不满，甚至会使其产生逆反心理。

在对大学生进行评价前，还应该了解大学生自我评价的特点，才能进行有效的沟通，使别人的评价与大学生的自我评价趋于一致，从而达到提高自我认识的目的。

（三）个人实践的体验

大学生的自我意识是随着学习活动、课外活动和各种社会交往活动而不断发展的。他们通过实践活动增进对自我的认识，获得自我体验，并进一步修正自我观念，调整对自我的要求和自我实现的行动。

大学生对自我的评价和认识，通常并不是一次实践活动的直接结果，而是他们经过实践—认识—再实践—再认识反复实现的。大学一年级的时候，许多学生对自我尚缺乏全面的、统一的、稳定的认识，对自我的评估一般偏高。经过几年学习生活实践的反复认识后，他们才形成了比较统一的、稳定的认识，形成了比较确定的自我观念。

（四）网络信息交流的影响

目前，我国加入计算机互联网络的青少年日益增多，其中，大学生占了很大比例。现在，这些加入计算机互联网络的大学生不仅受到教师和家庭的影响，受到电视、电影等单向传播的影响，而且受到计算机互联网络交流信息的影响。当他们坐在计算机前同国内外其他人进行交流的时候，那种"老师讲、学生听"的传统教学方法顿显逊色，而"自我"的主体地位日益明显。当他们操作电脑接收信息、处理信息和发布信息时，发挥着自己的主动性、探索性和创造性，培养了自己独立分析问题、解决问题和创新的能力，以一种前所未有的方式促进自我意识的发展。

二、大学生良好自我意识的培养

（一）建立正确的自我认知

客观全面地认识自我，实事求是地评价自我，是自我调节和人格完善的重要前提，是培养健全的自我意识的基础。自我评价是自我意识发展的主要成分和主要标志，是在认识自己的行为基础上产生的。自我评价是自我认识的核心成分，它直接制约着自我体验和自我调控，看不到自己的长处就很难有自尊、自信，看不到自己的不足就容易自我满足、自我膨胀。因此，进行自我意识训练，核心应放在自我评价能力的提高上。

1. 多元化的自我评价

当我们只看到自己的个别方面时，往往容易形成片面评价，往往不是过高就是过低。因此，要提高我们的自我评价能力，就要纠正单一的、片面的自我概念，树立全面的观点，多元地、全面地认识自己，可用自省法。我们不妨常常认真仔细地进行自我观察、自我分析，用尽量多的形容词描述自己，要忠于自己的内心。自我认识训练，重点放在三个方面：第一，认识到自己的身体特征和生理状况；第二，正确认识到自己在集体和社会中的地位及作用；第三，认识到内心的心理活动及其特征。树立发展的观点，看到自己的变化与未来的发展。

2. 多渠道的自我评价

自我评价是从多方位、多渠道建立的，除了自己，还有来自他人的评价。比较是大学生自我评价的重要依据，每个人都会不自觉地与他人进行比较，大学生常常与同伴进行比较，通过比较做出评价。比较时，与谁比，比什么，怎么比等都很重要，如果选择不好，评价结果就容易走偏。因此，要学会合理地进行比较，这就需要有开阔的眼界、辩证的思路、发展的眼光、宽广的胸怀和高远的境界。

他观自我的描述，也是大学生自我评价的一个重要依据。眼睛看不见眉毛，要知道自己很难全面地看自己，因此要多了解他人对自己的评价。多了解父母眼中的我、同学眼中的我、教师眼中的我、恋人眼中的我、兄弟姐妹眼中的我，再寻找这些描述话语中共同的品质，将其归类。描述的维度越多，就越能找到比较正确的自我。当然，有时别人也可能有误解，或只知其一不知其二，此时还需要自己头脑清醒地去判断。大学生自认为的他人的评价，影响大学生的自我评价，而这一点常常被大学生认为就是真实存在的他人的评价，其实不一定。

只有完成了客观全面的自我评价，成功解决了"我是谁""我将走向何方"的疑问后，青少年的自我同一性才能形成。自我同一性的形成标志着青年期的结束、成年期的开始。同一性完成了，也就实现了人格独立。

（二）培养积极肯定的自我体验

自我体验反映了主观自我的需要与客观自我的现实之间的关系。客观自我满足了主观自我的要求，就会产生积极肯定的自我体验，即自我满足；反之，客观自我没有满足主观自我的要求，则产生消极否定的自我体验，即自我责备。当个体体验到成功感时，就会产生积极的自我肯定，向更高的目标进取；反之，当个体体验到失败感时，则常会产生消极的自我否定，闷闷不乐，甚至放弃努力。可见，恰当的自我体验，对个体的身心发展都具有重大的意义。

悦纳自我是培养积极的、健康的自我体验的核心。悦纳自我是对自己的肯定、认可，是建立在对自己的全面了解、认可自己的优点，同时接受自己的缺点的基础之上的，悦纳自我才能产生自我价值感。自我价值感是个体在关于自己价值的判断、评价基础上，形成的对自己的态度与情感，即自尊、自卑等的自我情绪体验。客观积极的自我价值感能够使人积极向上，努力实现自身价值。

成功体验与失败体验一般与工作是否取得成功有关，但它们还取决于个体的期望水平。这就是说，客观的我所取得的成绩虽然已达到了社会的水准之上，但能否产生成功体验，还要看主观的我对客观的我的要求，即期望水平。

一般来说，自豪感的体验是在个体意识到自己的行为与理想自我形象相符合时产生的。羞愧感的体验是个体意识到自己的行为未能达到自己的理想形象的要求而产生的。

内疚与羞愧不同，羞愧是感到自己比不上他人，认为自己的智慧、努力不够，对社会贡献少于他人；而内疚是由于自己的行为违反社会道德准则，侵犯了他人利益而受到良心上的责备。

自信、自我价值感、成功体验、自豪感等都是令人愉快的、向上的积极自我体验，对人的社会实践具有积极意义，而适当的内疚与羞愧对个体减少消极的、不当的行为具有重要意义。积极自我体验的缺乏，以及不当的自我体验则对人的实践具有消极意义，甚至严重时会引起心理问题，影响人格的健康和谐发展。个体可以通过调整个人认知、确定合理期望值、积极实践等方式培养积极的自我体验，减少消极的自我体验，保持乐观的心态。

（三）学会自我调控

1.明确社会要求

每个人只有立足社会的要求，从个人实际出发，使自己的行为和社会要求保持一致，才能得到社会的认可，有效的自我调控一定是建立在准确地理解社会要求基础上的。

2.制订自我完善的计划和程序

自我完善并不是一蹴而就的，它是一个复杂的、系统的过程，要有相应的计划和程序，才能避免盲目和不知所措，有了计划然后严格执行，才能使整个过程有条不紊地进行。

3. 培养良好的意志

意志是行动的保障，只有意志品质良好，才能有效地调节和控制自我，不断接近理想自我；否则，自我的成长就停留在了认知的层面，成了空谈。良好意志品质具体表现在：自觉地确立自我调控的目标，果断地放弃与目标不符的想法与行为，并努力使自己回到正确的轨道上去，自觉抵制诱惑，使自己坚持正确的想法与行为，最终达到自己的目标。

只有不断对照正确的认知，坚持正确的，去掉错误的，才能逐渐使自己的言行符合社会准则，成为一个高素质的、适应社会的人。自我调控的过程需要有恒心和毅力，还要有科学实用的方法。只有持之以恒，使用科学的方法，才能循序渐进、不断成长。

4. 勇于超越自我

大学阶段是学习的黄金时期，也是人格成长的重要时期，如果任由自己的惰性，停留在自己多年来形成的舒适区，那么就会蹉跎了宝贵的时光。大学生有巨大的潜力和发展的可能性，每个人都需要认真思考"我要成为什么样的人"，这里不妨发挥一下"认同"的作用，按照设想的自己想要成为的人行事，再发挥一下积极暗示的作用，经常在内心对自己说"我就在表演我的榜样"，那么久而久之，自己身上就具有了一些榜样的特征。如果大学生能把握住大好年华，勇于尝试、自我雕刻、自我突破，每个人都会不断进步，遇见更好的自己。

自我调控过程中要注意避免走极端，至善至美是不可能的。在人的一生中，如果目标客观而且现实，就会感到轻松愉快，自然而然地感觉到自己富有创造精神，工作效率得到提高而且充满自信。

总之，大学生要培养健全的自我意识，就要客观地认知自我，自尊、自爱、自信，培养顽强的毅力，积极参加实践，不断地超越自我、完善自我，接受"昨天的我"，珍惜"今天的我"，努力塑造"明天的我"，才能实现从"旧我"向"新我"、从"小我"向"大我"的蜕变与成长。

第四章 大学生人格的发展与教育

第一节 人格认知

人格又称个性，是指一个人的整体的精神面貌，即一个人在一定社会条件下形成的具有一定倾向的、比较稳定的独特人格心理特征的总和。

"人格"（personality）一词源于拉丁语"persona"，意指古希腊、古罗马时代戏剧演员在舞台上戴的面具，用来表现剧中人物的身份和性格。心理学沿用其含义，把一个人在人生舞台上扮演角色时表现出来的种种行为和心理活动都看作是人格的再现。"人心不同，各如其面"，这句话说明了人格差异性的普遍存在。

一、人格的主要特征

（1）整体性。人格的整体性是指构成人格的各种心理成分不是相互独立的，而是相互联系的，构成了一个完整的功能系统。人格的整体性首先表现为各种心理成分的一致性。一个正常的人总是能及时地调整人格中的各种矛盾，使人的心理和行为保持一致。人格的整体性还表现在构成个体人格的各种成分中，有的是主要的，起主导作用；有的是次要的，起辅助作用。起主导作用的成分决定个体人格的基本特征。

（2）独特性和共同性。人格的独特性是指人与人之间的心理和行为是各不相同的。人格结构组合的多样性，使每个人的人格都有其特点。人格还具有共同性，由于受共同的社会文化影响，同一民族、同一地区、同一阶层、同一群体的个体之间具有很多相似的人格特征。因此，人格是独特性和共同性相统一的整体。

（3）稳定性和可塑性。人格不是指一时表现的心理现象，而是指人在较长时期的社会实践中，由于适应或改变客观世界经常表现出来的人格心理，因而人格心理都是比较稳定的。但这种稳定都是相对的，在具有决定意义的环境因素和机体因素发生改变时，不论是否是稳定的人格，都会发生一定的变化，具有不同程度的可塑性。

（4）生物性和社会性。人格的生物性是指人格是在人的自然生物特性的基础上发展起来的，人的生物性影响着人格发展的道路和方式，也决定着人格特点形成的难易。不过，人的生物性并不能决定人格的发展方向，对人格发展起决定作用的是个体的社会历史文化背景，而这就是人格的社会性。

二、人格心理的结构

人格心理结构主要包括人格倾向性和人格心理特征两个方面。

（一）人格倾向性

人格倾向性是人格心理结构中最活跃的因素，它是一个人进行活动的基本动力，决定着人对现实的态度，决定着人对认识活动对象的趋向和选择。人格倾向性主要包括需要、动机、兴趣、理想、信念和世界观等。各个成分并不是孤立的，而是彼此之间相互联系、相互影响的。

（二）人格心理特征

人格心理特征是一个人经常表现出来的、稳定的心理特点，集中反映了人的心理面貌的独特性。每个人的心理特征是不同的，因此人格表现也是千差万别的。人格心理特征包括能力、气质和性格，这些特征都可以通过心理测验来了解和认识。

第二节　大学生人格心理的发展特征

根据现有的研究，人格的发展是遗传与环境两种因素交互作用的结果。一方面，遗传因素对人格的作用程度随人格特质的不同而异。通常在智力、气质这些与生物因素相关较大的特质上，遗传因素的作用较重要；而在价值观、信念、性格等与社会因素关系紧密的特质上，后天环境的作用可能更重要。另一方面，人既是一个生物个体，又是一个社会个体。人在胚胎状态时，环境因素的影响就已经开始了，这种影响会在人的一生中持续下去。后天环境的因素是多种多样的，小到家庭因素，大到社会文化因素，这些因素对人格的形成和发展都有重要的影响。

一、人格形成的影响因素

（一）生物遗传因素

由于人格具有较强的稳定性特征，因此人格研究者非常关注遗传因素的作用。许多心理学家认为，双生子研究是研究人格遗传因素的最好方法。弗洛德鲁斯等人对瑞典的12000名双生子进行了人格问卷测试，结果表明，同卵双生子在外向和神经质上的相关系数是 0.50，而异卵双生子的相关系数只有 0.2~0.23。可以知道同卵双生子在外向和神经质上的相似性要明显高于异卵双生子，这说明遗传在这两种人格特质中显示了较大的作用。20 世纪 80 年代，明尼苏达大学对成年双生子的人格进行了比较研究，有些双生子是一起长大的，有些双生子是分开抚养的，平均分开的时间是 30 年。结果是，同卵双生子的相关比异卵双生子的相关高很多，分开抚养的与未分开抚养的同卵双生子仍具有同样高的相关。结果显示，人格的许多特性都有遗传的可能性。

（二）家庭环境因素

在个体发展的早期阶段，家庭环境因素对人格的形成起着主导作用。许多精神分析学家认为，从出生到五六岁是人格形成的最主要阶段，这时一个人的人格类型已基本定型。在这个阶段，绝大多数儿童在家庭中生活，在父母抚养中长大。父母按照自己的意愿和方式教育孩子，使他们逐渐形成某些人格特质。

1. 父母的养育方式

（1）民主型。在这种养育方式下，父母与孩子在家庭中处于一种平等和谐的氛围中，给孩子一定的自主权和积极正确的指导。这类父母充分尊重孩子的意愿，既严格要求又不苛求子女，既有极大的爱心又不是盲目溺爱。在这种充满宽松民主、温暖和谐的气氛中成长的孩子，容易形成独立、坦率、自信、活泼、快乐、积极向上、善于交往、乐于合作、彬彬有礼、思想活跃等心理品质。

（2）专制型。采用这种养育方式的父母在子女教育中表现得对子女过于专制，孩子的一切都由父母来控制。父母常常忽视子女的兴趣和要求，而是仅仅按照自己的意志去支配子女；对子女有过高的期望，要求过分严厉；缺少宽容和理解。在这种压抑、紧张的气氛中长大的孩子，容易导致消极、被动、依赖、服从、懦弱，做事缺乏主动性，胆小、自卑、自责、过分追求完美，也容易形成粗暴、敌意、执拗、不诚实等性格。

（3）溺爱型。在这种养育方式下，父母通常对孩子过度保护、过于溺爱，让孩子随心所欲，百依百顺；低估孩子的能力，不让孩子自己去解决问题，一切包办代替。在这种家庭中成长的孩子，易形成任性、幼稚、自私、野蛮、无礼、独立性差、蛮横无理、自我中心等性格，同时还胆小、自卑、依赖性强，缺乏创新精神。

2. 家庭成员的情感关系

家庭成员的相互关系，特别是父母的关系对儿童的人格形成有重要的作用。和谐、互相尊重、互相理解和支持的家庭氛围，对孩子的人格产生积极的影响；反之，父母间的争吵、隔阂、猜疑乃至关系破裂与离异，会对儿童产生消极的影响。

（三）早期童年经验

人生早期所发生的事情对人格会产生一定的影响。斯毕兹对孤儿院里的儿童进行了研究，发现这些早期失去母亲照顾的孩子，长大以后在各方面的发展均受到影响。许多孩子患有"失怙性忧郁症"，其症状表现为哭泣、僵直、退缩、表情木然。彼得森等人也在研究中发现，在儿童早期，父母的忽视和虐待对子女的心理有明显不良的影响。伯恩斯坦提出，遗弃会使儿童产生心理疾病，形成攻击、反叛的人格。鲍尔比对在非正常家庭成长的儿童和流浪儿做了大量的调查，得出的结论是，儿童心理健康的关键在于婴儿和年幼儿童与母亲建立的一种和谐而稳定的亲子关系。西方一些国家的调查发现，"母爱丧失"的儿童（包括受父母虐待的儿童），在婴儿早期会出现神经性呕吐、厌食、慢性腹泻、阵发性绞痛、不明原因的消瘦和反复感染，这些儿童还表现出胆小、呆板、迟钝、不与人交往、敌对、攻击、破坏等人格特点。这些人格特点严重时甚至会影响他们一生的发展，并出现情绪障碍、社会适应不良等问题。

总之，人格发展的确受到童年经验的影响，幸福的童年有利于儿童发展健康的人格，不幸的童年会使儿童形成不良的人格。但两者不存在一一对应的关系，顺境可能使孩子形成不良的人格特点，逆境也可能磨炼出孩子坚强的性格。早期经验不能单独对人格起决定作用，它与其他因素共同决定着人格的形成与发展。

（四）社会文化因素

每个人都处在特定的社会文化环境中，社会文化对人格的影响是极为重要的。社会文化塑造了社会成员的人格特征，使其成员的人格结构朝着相似性的方向发展，这种相似性具有维系社会稳定的功能，又使得每个人能稳固地"嵌入"到整个文化形态里。社会文化对人格的影响力因文化而异，这要看社会对顺应的要求是否严格。越严格，其影响力越大。影响力的强弱也要看行为的社会意义，对于社会意义不大的行为，社会允许较大的变异；而对社会意义十分重要的行为，就不允许有太大的变异。如果一个人极端偏离其社会文化所要求的人格特质，不能融入社会文化环境中，就可能被视为行为偏差或患有心理疾病。

二、大学生人格的一般特征

由于大学生群体与社会的其他青年群体相比，在知识、智力和受教育环境等方面有所不同，因此表现在团体人格上也有所差异；另外，中国大学生与外国大学生相比，由于社会文化因素的重大区别，因而也呈现出不同的人格特征。

国内学者用修订过的"加利福尼亚心理调查表"对北京大学、清华大学、北京师范大学等几所高校的1100名大学生进行了调查，结果表明：

（1）我国大学生在谦让、克己、忍耐、谨慎、负责等人格特征方面表现突出，说明他们与现实社会有良好的适应性，能较好地处理好社会、他人和自我的关系。

（2）我国大学生在处理人际关系时，通常会首先考虑社会和他人，但也绝不是一味地追求社会的赞许。他们并不过分掩饰自己，而是表现出敢于面对现实、尊重事实的特点。

（3）我国大学生在支配与冲动特点方面表现不突出，在社交方面倾向于积极进取，他们具有稳健、从众的人格特点，具有良好的社会化程度。虽然他们在聪慧、敏感等与智力有关的人格特征方面表现较好，但他们的"独立成就"和灵活性得分均较低。

（4）不同专业学科大学生的人格特征以及性别差异，均有各自的相对独特性，表现如下：①文科大学生中男、女生的人格特征为综合型，无论在支配、冲动、自信、外向等方面，还是在谦让、克己、忍耐、谨慎等方面均兼而有之。不过，相对而言，男生表现前者较多，而女生在独立性、敏锐等方面较弱。②大学生中，理科男生与文科男生相似，但女生在谦让、克己、忍耐、谨慎、内向等方面较突出。男、女生在独立性、聪慧、敏锐等人格特征方面无显著差异。③工科大学生中男生在支配、冲动、自信、外向等方面占优势，但在独立性、聪慧、敏锐等方面与女生无明显性别差异。④农科大学生中男生的人格特征在中庸、从众等方面较突出，在支配、冲动、自信、外向等方面比女生强。女生则在谦让、克己等方面较突出，而在聪慧、敏锐方面弱于男生。⑤医科大学生中男、女生的人格特征基本一致，他们在支配、冲动、自信、外向等方面均相对较弱。

三、大学生主要人格类型特征

（一）大学生主要气质类型

在学校里我们经常会观察到学生的情绪和活动有不同的外部表现。有的学生精力充沛、爱说爱动、容易激动，有的学生活泼敏捷、表情丰富、兴趣广泛而容易变化，有的学生冷静稳重、反应迟缓、情感不易外露，有的学生感情脆弱、说话声音小、动作无力。心理学上把这种表现在情绪和活动发生的强度与速度方面的特点，叫作气质。学生的气质可能有许多混合型，但基本上可以划分为四种类型：

（1）多血质。这种气质的特点是活泼、好动、敏感、反应迅速、喜欢与人交往、注意力容易转移、兴趣容易变换。

（2）胆汁质。这种气质的特点是直率、热情、精力旺盛、易于冲动、动作剧烈。

（3）黏液质。这种气质的特点是安静、稳重、动作缓慢、不易激动、情绪不容易外露。

（4）抑郁质。这种气质的特点是孤僻、行动迟缓、体验深刻、能觉察出别人觉察不到的细微事物。

（二）大学生性格的类型及特征

根据"里比多"（Libido）的倾向来划分，性格可以划分为外倾型与内倾型。外倾者被"里比多"引向客观外部环境的知觉、思维和情感之中，外倾者情感外露、注重实际、善于交际、活泼开朗、对周围的一切兴趣广泛；内倾者被"里比多"引向主观的内心世界而产生自我感知、思维和情感，他们谨慎小心、深思熟虑、顾虑重重、冷漠寡言、不善于交际。这两种基本倾向具有四种心理机能，即思维、情感、感觉和直觉。思维是由彼此联结的观念组成，受伦理、法则的支配；情感是一种价值判断的功能，是一种根据表象唤起的愉快与不愉快的体验；感觉是通过感官刺激而产生的经验；直觉是一种直接把握到的，而不是作为思维和情感的结果产生的经验。这四种心理机能的支配形成了不同性格的八种类型：

（1）外倾思维型。这种人重视理解自然现象和客观事物的规律，重思考而不重感情，喜欢分析问题，处理问题讲求逻辑顺序，有判断和鉴别能力。

（2）内倾思维型。不关心外界现实，以自我为主，情感冷漠，与人疏远，倔强偏执，不体谅他人。

（3）外倾情感型。这种人容易感情用事，情绪反应强烈，热情奔放，爱浮华虚饰，喜怒无常。

（4）内倾情感型。情感沉着、不向外表露、沉默寡言、对人冷淡、有抑郁情绪，有时表现为恬静、深沉，给人以自信自足之感。

（5）外倾感觉型。依据感觉估量生活价值，讲究实际，情感体验浅显，对事物存在的意义不做更多的思考。

（6）内倾感觉型。不能深入到事物的内部，重视个人内心的感觉，在事物与自我之间凭借知觉观察一切，缺乏实际的思想和情感。

（7）外倾直觉型。这种人凭直觉观察事物和解决问题，不安于稳定的情境，不能长久保持对工作目标的兴趣，对反复出现的日常事务容易厌倦，不断转移方向。

（8）内倾直觉型。不关心外部事物，以自己的意象为主，从一个意象跳跃到另一个意象，而又不能超出个人直觉的范围，内心充满幻想。

第三节 大学生人格心理的辅导工作

一、大学生常见的人格障碍

（一）人格障碍一般特征

人格障碍，也称病态人格，是一种人格发展的内在不协调，是在没有认知过程障碍或没有智力障碍的情况下出现的情绪反应、动机和行为活动的异常。

具有人格障碍的人与周围社会环境之间也是不协调的。他们常常与周围的人，甚至是自己的亲人发生冲突；在生活和工作中不能和同事友好相处；对工作缺乏责任感和义务感，经常玩忽职守，甚至超越社会的伦理、道德规范，做出扰乱他人或危害社会的行为，以致他们无法适应正常的社会生活。

（1）有紊乱不定的心理特点，如偏执怀疑、自我爱恋、被动、攻击等，与人难以相处。

（2）把自己遇到的一切困难都归咎于命运和别人的错误，把社会和外界对自己不利的条件都看作是不应该的，对自己的缺点却无所觉察，也不改正。

（3）自我中心，认为自己对别人不负任何责任，对自己不道德的行为没有罪恶感，对伤害别人的行为不后悔，对自己的一切行为都执意地偏袒与辩护，以自己的利益为中心，而不能设身处地地体谅他人。

（4）在任何环境中都表现出猜疑、仇视和偏颇的看法，难以改变自身病态观念。

（5）缺乏自知，当行为后果伤害他人时，自己却泰然自若，毫无感觉。

（6）一般意识清醒，无智力障碍。

（7）幼年开始，一旦形成便难以改变。

（二）人格障碍的成因

人格障碍可能是生物、心理和社会文化等因素共同作用而形成的。在人格的发展过程中，儿童早期的环境和家庭教育是非常重要的因素。儿童人格的发展与父母的态度有很大关系，父母过于严厉，儿童往往容易形成焦虑、胆怯的性格；反之，过于溺爱往往形成被动、依赖、脆弱的性格。对儿童的不合理教养和不良生活环境的影响以及童年的某些创伤都可能对儿童人格的发展产生严重的影响。此外，某种特殊的社会、文化环境的潜移默化的影响，也是形成人格障碍的因素之一。目前人格障碍的成因尚未完全清楚，但它是受内外环境多种因素的影响，经过长期塑造而形成的，这一点是毫无疑问的。

1. 遗传因素

从调查中发现，人格障碍患者在同一家庭内发生的较多，这类人的亲属中人格障碍者的发生率与血缘关系成正比，即血缘关系越近，发生率越高，这是卡尔曼 1930 年在家谱调查中发现的。斯莱特调查 8 对同卵双生子和 43 对异卵双生子发现，发生病态人格或神经官能症的共病率分别为 25% 和 20%。1972—1973 年期间，有三组关于寄养研究的报道。人格障碍患者的子女从小寄养出去的与正常对照组相比，前者有较高的人格障碍发生率。这些说明遗传因素在起着一定作用。

2. 病理生理因素

人格障碍者的脑电图已被多次研究，发现其异常率均较一般人的要高。

这种脑电图的异常表现在两侧节律性慢波活动过度。这提示人格障碍者的大脑皮层成熟延迟，也就是控制冲动和社会意识成熟延迟。人格障碍者一般到中年后情况改善，这与大脑皮层成熟程度提高有一定关系。

3. 社会环境因素

现代社会上一些金钱至上、个人主义、享受主义、自由化、性解放等腐朽没落的观念对青少年的不良影响是不容忽视的。

另外，家长特别是父母不正确的教养态度、不良的环境和学校不当的教育方式是人格障碍产生的重要原因。

北京医科大学的一项调查结果显示，不良的父母养育方式和家庭环境因素与大学生人格障碍的形成有明显的关系。父母不适当的养育方式是造成人格障碍的危险因素。比如，父母对子女的惩罚、归罪、羞辱以及当众过分批评、责骂甚至体罚等行为，子女在家中被父母当作"替罪羊"或"出气筒"，父母对子女刻薄和吝啬等，都属于不适当的养育方式和行为。这些行为易使子女产生自卑感、无助感和不安全感，使他们在社会交往中害怕失败和被拒绝，从而过多地把注意力集中在避免被别人否定上，同时表现出较强的逆反心理，对周围环境容易产生对立情绪，容易记仇报复，这些都使这种人成为发生人格障碍高危险性的群体。另外，此调查表明：父母关系不和睦家庭的子女人格障碍的患病率为 5.56%，是和睦家庭的 2.5 倍；单亲家庭人格障碍患病率为 11.76%，为双亲家庭的 5.9 倍。调查结果的分析表明，父母关系不和睦、单亲家庭、家庭经济收入过低、独生子女等都是导致人格障碍的危险因素。父母关系不和睦或父母离婚会使子女有残缺感、不安全感，导致其敏感多疑、自卑、敌意、偏执，焦虑水平较高，很难与环境建立有意义的联系，因此易于发生人格障碍。

（三）大学生常见人格障碍类型及表现

根据人格障碍的不同表现，可将人格障碍分为不同类型。各种人格障碍的具体表现如下：

1. 分裂型

情绪表现冷漠、疏离，对他人表达温情、体贴或愤怒的能力有限。对批评或表扬都无动于衷，几乎总是单独活动，过于沉溺于幻想和内省，与人不能建立相互信任的关系，因为具有这些特质，所以往往选择不需与人接触的工作。

2. 爆发型

爆发型人格也称冲动型人格，主要特征是行为冲动不计后果，伴有情绪不稳定、喜怒无常，事先计划的能力差。强烈的愤怒爆发常导致暴力，做出破坏和伤人等攻击行为。

3. 偏执型

偏执型人格又叫妄想型人格，其行为特点常常表现为：思想行为固执死板，敏感多疑、心胸狭隘；爱忌妒，因别人获得成就或荣誉而感到紧张不安；过分自负，自以为是，自命不凡，对自己的能力估计过高，惯于把失败和责任归咎于他人；同时又很自卑，总是过多过高地要求别人；不能正确、客观地分析形势，有问题容易从个人感情出发，主观片面性大；忽视或不相信与本人想法不相符合的客观证据，因而很难以讲道理或摆事实证据的方式来改变他的想法。

4. 强迫型

这类人平时常有不安全感和不完善感，过分认真、过分注意细节、过分自我克制和自我关注，责任感过强，常常追求完美，同时又过分墨守成规，缺乏随机应变的能力，过分拘谨和小心翼翼。在处事方面，由于过于谨小慎微，常常因顾虑小事而忽略大事，并常要求别人按自己的方式办事，以致妨碍别人的自由。遇事优柔寡断，难以做出决定。

5. 表演型

表演型人格障碍的主要特点：①活泼好动，性格外向，不甘寂寞。②与他人交往时感情用事，感情胜过理智。③这些人常常奇装异服，在服装上追时髦、"赶新潮"，目的是吸引别人对自己身体的注意。④具有表演才能，他们平时与人接触交往，就像一位戏剧演员在舞台上演戏一样，表情丰富，谈话内容过分夸张。⑤自我中心，在人际交往中只考虑自己的需求，丝毫不考虑别人当时的实际情况，为此常常造成人际关系紧张。⑥对人际关系的亲密性看得超过实际情况。⑦在人际关系受挫折或应激情况下，较易产生自伤行为。其自伤行为一般程度较轻，常常只是表皮划伤等，较少见伤及深部的血管和神经，带有表演性。⑧暗示性增强，很容易受他人或周围情境的影响，这与他们在日常生活中缺乏冷静分析的头脑有一定关系。

表演型人格障碍一旦形成，目前的治疗方法很难将其彻底改变。但经过较长时间的心理治疗，对改善紧张的人际关系是有一定效果的。

6. 退缩型

退缩型人格又称逃避型人格，其最大特点是行为退缩、心理自卑，面对挑战多采取逃避态度或无能应付。具体表现如下：

（1）很容易因他人的批评或不赞同自己而受到伤害。

（2）除了至亲之外，没有好朋友或知心人。

（3）除非确信受欢迎，一般总是不愿卷入他人事务之中。

（4）行为退缩，对需要人际交往的社会活动或工作总是尽量逃避。

（5）心理自卑，在社交场合总是缄默无语，害怕遭人笑话，怕回答不出问题。有退缩型人格障碍的人被批评指责后，常常因感到自尊心受到了伤害而陷于痛苦，且很难从中将自己解脱出来。

（6）敏感羞涩，害怕在别人面前露出窘态。他们常常害怕参加社交活动，担心因自己的言行不当而被人讥笑讽刺，因而，即使参加集体活动，也多是躲在一旁沉默寡言。

（7）在做那些普通的但不在自己常规之中的事时，总是夸大潜在的困难、危险或可能的冒险。在处理某个一般性问题时，他们往往也表现得瞻前顾后、左思右想，常常是等到下定决心时，却错过了解决问题的时机。在日常生活中，他们多安分守己，从不做那些冒险的事情，除了按部就班地工作、生活和学习外，很少去参加社交活动，因为他们觉得自己的精力不足。

退缩型人格形成的主要原因是自卑心理。心理学家认为，自卑感起源于人的幼年时期，由于无能而产生的不胜任和痛苦的感觉，也包括一个人由于生理缺陷或某些心理缺陷而产生的轻视自己、认为自己在某些方面不如他人的心理。这种自卑感如果得不到妥善消除，久而久之就会成为人格的一部分，造成行为的退缩和遇事回避的态度，形成回避型人格障碍。

（四）人格障碍的矫正方法

人格障碍一般形成于童年或少年时期，并且具有人格障碍的人，其内心体验背离生活实际，所以矫治相对比较困难。目前在我国主要的对策是实行"综合治理"，即通过家庭、社会、学校的共同努力，尤其是使本人有所认识，积极配合，并不懈地努力改造。同时配合心理治疗，如认知疗法、行为疗法、集体疗法等均有一定的作用。对于人格障碍的预防，首先要提倡父母的正确养育方式，创造和睦温馨的家庭环境；同时应重点培养独生子女的独立性，矫正其不良的行为习惯，促进人格健康发展。鉴于父母关系不和睦、单亲家庭对青少年健康人格形成有消极影响，父母、教师和有关社会工作者应关心不和睦家庭和离异家庭的青少年，对他们提供足够的心理支持和社会关爱。大学生心理发展正处在由不成熟向成熟的过渡阶段，心理机能容易失衡。对有人格障碍的学生应给予心理咨询和心理治疗，提高他们的社会适应性以及对困难、挫折的认知水平和心理应对能力，使他们能以积极的态度面对人生，适应大学生活。

二、培养健全人格的主要途径——自我塑造

人格的形成是以一定的遗传因素为自然前提的，但环境因素和自我努力在人格的形成和完善中起决定性作用。大学生的自我意识已逐渐趋于成熟，因此，自我塑造是培养健全人格的主要途径。

（一）了解自己人格类型的特点

人格的培养和塑造，其最终目的是要改正缺点，吸收优点，不断完善自我。因此，应清楚地了解自己的人格，并遵循扬长避短的原则，发扬自身良好品质之长，而对自己人格中的缺点或不足则要努力去克服，逐步形成健全的人格。

就气质类型的特点来看，气质类型本身没有好坏之分，每一种气质都有积极的方面和消极的方面。比如，胆汁质的人容易做出迅速有力的动作，形成勇敢、爽朗等积极品质，但也容易形成粗心、暴躁等消极品质。黏液质的人容易形成稳重、坚毅、有耐心的积极品质，但也容易形成冷淡、固执、拖拉等消极品质。多血质的人容易形成活泼、机敏、爱交际、富于同情心等品质，但也容易形成轻浮、精力分散、注意力不稳定、忽冷忽热等消极品质；抑郁质的人容易形成细心、观察力敏锐、善于察觉别人不易察觉的细小事物、做事小心、情感细腻等积极品质，但也容易表现出耐受力差、胆小怕事、不爱交际、孤僻、怯懦、多疑等消极品质。因此，大学生在了解自己的气质类型和特点基础之上，应努力使自己向积极方面发展。

（二）学会自我教育

健全人格自我塑造的一个很重要的途径就是帮助大学生学会进行自我教育，因为自我教育是其他教育和环境影响的内化和深化，是人格形成中由被动变为主动的过程。其主要内容和方法包括以下几个方面：

1. 学会反省

在自我教育的过程中，大学生要学会自我反省，即经常反省自己的思想和言行。在自我反省的过程中，首先要学会客观地、全面地认识自己和评价自己，既不要自我膨胀，也不要自我贬低；既要善于发现自己的长处，也要敢于承认自己的短处。

2. 培养自我调控能力

大学生的主体意识表现为强烈的内在心理需求与外部行为方面的主动性。自我调节是指通过主动按照自己的实际情况与社会的要求，对自己的思想、道德、学习及行为提出具体的奋斗目标，并对自己的活动进行有意识、有目的的调控。自我调节体现了大学生的自觉性、自信心和主体意识，它能激发大学生的内在潜能，充分调动其主观能动性，使其自身的成长与社会要求相适应，从而能够获得最佳的成长环境。在自我调节的具体过程中，大学生应从自己的实际情况出发，在学习、活动、性格发展等实践方面，不断学会自己教育自己，自己管理自己，从而增强自我调控能力。

学习自我控制，还要对环境的影响保持自己相对的独立性。不论对人对事情都应该有自己的主见，按照自己的信念去行动，而不是随大溜，别人怎么看，我也怎么看；别人怎么做，我也跟着去做。特别应该提出的是，在当前社会变迁、价值多元化、各种思潮的涌现以及各种生活方式竞相呈现在人们面前的时代，大学生应接受环境中积极的影响，经受住各种不良的诱惑，提高自己抗拒不良诱惑的能力。只有如此，才能使自己的观念等不受干扰，使自己的个性健康发展。

3. 保持良好的心境

在自我教育中，要学会保持自己良好的心境。在日常的学习生活中，应主动培养健康的生活情趣，合理调节自己的情绪，保持积极、乐观的心境。一般而言，一个人偶尔心情不好，不至于影响其性格。但若经常地生气、发脾气，为一点儿小事也大动肝火，那就容易形成暴躁易怒、神经过敏、冲动、沮丧的性格特征。因此，大学生还是要乐观地去对待生活，体验丰富愉快的生活，培养幽默感。即使是遇到困难和挫折时，也要从积极的一面去思考问题。即使身处逆境，也不要埋怨生不逢时，更不要怪罪别人没有照顾自己，而应学会正视现实，敢于面对挑战，采取积极、进取的态度去适应环境。

（三）增强应对挫折的承受力

挫折是指人们在某种动机的推动下想要达到目标而受到阻碍，因无法克服而产生的紧张状态和情绪反应，如沮丧、焦虑等。挫折承受力是指个体遭到挫折时，能摆脱困扰而免于心理与行为失常的能力，也就是个体经得起打击或经得起挫折的能力。加强挫折教育、增强挫折承受力，对健全人格的培养有着重要的意义。

1. 确定合适的抱负水平

人要有理想和抱负，但理想和抱负不可漫无边际。在现实生活中，有相当多的挫折是自己造成的，其主要原因之一就是自我评价和自我期望太高，预期的抱负水平因超出了自己的能力而无法实现，久而久之会产生"习得性无助感"，最终放弃自己的努力。因此，应学会客观、全面地评价自我，并经常将自己的优缺点与社会的要求进行综合分析，以确定合适的抱负水平，量力而行，从而增加成功的机会，恢复自己的自信心。

2. 调整认知，改变归因

所谓归因是指人们把自己的行为或结果加以解释或推测的过程。通常人们活动成败的原因主要有四个方面，即能力高低、努力程度、任务难易、运气好坏。如果将失败归因于外在的可控因素，则有助于增强自我效能感。

3. 接受自我，悦纳自我

心理学实验研究表明，自我认识同其本身实际情况越接近，个体所表现的自我防御行为就越少。同样，个体自我接受的态度与防御行为的关系也极为密切，一个不能接受自己的人，往往会对以这种或那种方式损害自己人格的一切因素都特别敏感，这些因素也最容易造成他们的心理挫折，因此，应正确地认识自我、悦纳自我。

首先必须有自知之明，对自己的各方面有一个客观、全面的评价。在此基础上学会接受自己，对自己不提出苛刻的期望和要求，自己的生活目标和理想符合实际情况，对自己总是感到满意。同时努力发挥和发展自己的优势、潜能，即使对于自己无法弥补的缺陷，也能泰然处之。总之，要使"理想的我"和"现实的我"之间的差距尽可能被缩小，进而愉快地接受现实中的"我"。另外，大学生都有强烈的自尊感，但要注意避免过分追求完美的倾向。过分追求完美常常表现在两个方面：一是对自己提出过高要求，离开了自己的实际情况，从而使自己的"完美期望"受到挫折，增加了适应的困难。二是对自己苛求，希望自己完美无缺，对自己"不完美"的地方过分看重，甚至把人人都会出现的、人人都会遇到的问题看成是自己"不完美"的表现，从而影响了自己的情绪和自信心。应该承认，每个人都希望自己是完美的，也都在不同程度地追求完美，但在追求完美的过程中，应允许自己有一点儿"不完美"的表现。

4. 以积极的态度对待挫折

在人生经历的漫长道路上，谁都会遇到各种挑战和逆境，都会受到不同程度的挫折，因此要有承受挫折的思想准备，这样遭受挫折时才会有克服困难的勇气。同时，还要学会用辩证的眼光去看待问题，认识到任何事物都有正反两方面，挫折既可能使人产生沮丧情绪，也可能使人在挑战和逆境中提高应变能力。因此，当面对挫折时，不恐慌，不逃避，不气馁，以积极的态度对待挫折，并及时总结失败的经验教训，在哪里摔倒，就从哪里爬起，不断提高自己对挫折的承受能力。

（四）积极参与社会实践，培养良好习惯

人的任何目标都要通过实践才能达到，大学生目前正处在自我意识的高速发展阶段，内心都希望独立自主，希望参与学校活动和社会实践。只有亲身参与各种社会实践活动，大学生才能加深社会认同和理解，真正增强自己的社会责任感。此外，社会是个大舞台，每个人最终都要在这一舞台上扮演自己的角色，只有到社会生活中去锻炼，才能把握好自己的角色行为，形成自己独特的人格。因此，大学生在完成自己学业的首要前提下，应积极参与学校组织的社会学习实践和科研活动，以尽快地适应未来的社会角色。

另外，健全的人格也体现在良好的行为方式中，心理学研究也证明，良好习惯的形成有助于改变人格的内在品质和结构。因此，健全人格塑造的另一重要途径就是培养良好的习惯。首先要确定合理的目标榜样模式，因为榜样的力量是无穷的。在实际操作中，可模仿现实生活中具有良好个性的人，取其精华作为自己的目标或榜样，从点滴小事做起，锲而不舍，经过长期艰辛的锻炼，实现自己确定的健全人格的目标。

（五）扩大社会交往，建立良好的人际关系

众所周知，不良的个性品质对个体社交的影响很大。一个开朗热情、为人诚恳、尊重他人、富于同情心的学生，大多能很好地适应各种社会交往，能比较容易得到群体和他人的接纳。相反，具有为人虚伪、自私自利、不尊重他人、猜疑、报复、固执等不良性格倾向的人，会使他人在与之交往时产生不安全、紧张、不信任等不良反应。因此，和谐的人际关系既是大学生心理健康不可缺少的条件，也是大学生人格塑造的重要途径。在交往过程中应注意以下几个方面：

一是真诚热情。在人际交往中，热情能给人以温暖，能促进人与人之间的相互理解，因此，待人热情是沟通人的情感、促进人际交往的重要心理品质。人际交往中，若对方感到了自己的真诚与热情，显然也会给予肯定的评价。所以在交往中，不但需要饱满的热情，同时又需要坦诚言明自身的利益，显得真诚而又合情合理。这样，自然会得到对方的接纳。

二是彼此信任。信任就是要相信他人的真诚，从积极的角度去理解他人的动机和言行，而不是胡乱猜疑，相互设防。信任他人必须真心实意，而不是口是心非或虚情假意。

三是肯定对方。人类普遍存在着自尊的需要，只有在自尊心高度满足的情况下，才会产生最大程度的愉悦，才会在人际交往中乐于接受对方的态度、观点。大学生都有较强的自尊心，因而在交往中首先就必须肯定对方，尊重对方，这也是成功交往的重要因素之一。

（六）在业余爱好活动中培养健全的人格

历史上，那些在科学上有重大建树的科学家们也并非整天埋在书堆里，爱因斯坦喜欢拉小提琴；居里夫人爱好旅行、游泳、骑自行车；苏步青爱好写诗，喜欢音乐、戏曲和舞

蹈。可见，丰富多彩的兴趣、爱好不仅不会妨碍人们的事业，相反，业余爱好可以培养人们的高尚情操，潜移默化地作用于学习、生活和工作。对大学生而言，在保证自己的学习和社会工作完成的前提下应该去发展健康、高尚、有益于知识的增进和性格的培养的兴趣。例如，可以选择音乐、舞蹈等业余爱好，培养自己开朗活泼的性格；也可以选择游泳、足球、武术等运动项目，培养自己勇敢的性格；此外，还可以通过参加棋类、绘画、书法等活动，培养自己耐心细致的个性品质。

第五章　大学生学习心理发展与教育

第一节　大学生学习特点与心理机制

一、学习概述

生活中我们常使用"学习"一词，学生的主要任务就是学习，但平时我们所说的学习一般指的是知识技能的掌握，而心理学关于学习的界定远远超出了我们平时所理解的范畴，而且关于学习还有种种不同的界定，但接受较为广泛的定义是：学习是指个体在适应环境的过程中，通过练习或反复经验而产生的在行为或行为潜能方面比较持久的变化。

（一）学习的主要特点

第一，学习是以行为或行为潜能的改变为标志的。学习，有的可以通过外显的行为表现出来，如学会写字、说话、开车等。有的学习不一定在人的当前行为中立刻表现出来，如信仰的确立、世界观的形成、人格的养成等。此外，人类的学习不仅仅是为了适应环境、认识世界，还要提高征服自然与环境的素质，进一步改造世界。为了达到这一目的，人类主动地探索各种有效的认识世界的方法、学习的方法，并通过认识、经历、体验，获得感悟，进行自我改变，从而转化为人类自身征服自然、改造世界的能力。因此，人类的学习并不是单纯的记忆和背诵，而是在自己头脑中建构属于自己的知识、方法和技能体系的过程。

第二，学习是由练习或反复经验引起的。这里所说的经验不是通常我们所说的总结出来的经验，而是指经历，是个体通过活动获得经验的过程。它不仅包括个体的练习，更重要的是包括个体和环境之间的不断相互作用。一方面，外界环境信息要想对个体产生影响，需要以个体已有的知识、技能、态度为基础；另一方面，外界环境信息对个体产生影响又使个体经验不断丰富与发展，本能、疲劳、适应、成熟等也能引起行为变化，但这不是学习。例如，遇火缩手是本能引起的适应活动，不能叫学习；运动员在长跑中速度越来越慢是由疲劳引起的，也不是学习；个体的成熟与衰老也会使行为产生变化，这种变化是由机体的生理发展引起的，也不是学习。个体发展中学习和成熟往往相互作用，只有个体达到一定的成熟程度，经验才会发生作用，如儿童学习语言，其中既有成熟的作用，也是学习的结果。因为儿童只有到了一定的年龄才能理解语言进而表达语言，这是由生理成熟决定的，但如果没有外在的语言环境，如成人的教育和儿童的语言模仿，儿童就不能有正常的语言表达，这又是学习的作用。

第三，学习引起的变化是相对持久的，由一些因素引起的暂时性变化，如疲劳、疾病、药物、偶然的刺激等，也会引起人的行为的改变，但这种行为改变是暂时的，当这些因素消失后，相应的行为变化也就停止了，这种暂时性的行为变化不是学习。学习引起的无论是行为上的变化还是行为潜能的改变都是相对持久的。

（二）学生的学习

学习有广义、次广义、狭义之分。广义的学习是指人和动物的学习，次广义的学习指人类的学习，狭义的学习专指学生的学习。人类的学习和动物的学习还是有着本质的区别的，主要表现在：一是人类的学习除了要获得个体的行为经验外，还要掌握人类积累起来的社会历史经验和科学文化知识；二是人的学习是通过语言的中介进行的；三是人类的学习在很大程度上是有目的地、自觉地、主动地适应环境的过程。

学生的学习是人类学习的特殊形式，特指在学校情境中，在教师指导下，有目的、有计划、有组织地在一定时间内通过一定的方式，系统地掌握人类积累起来的文化知识，发展智能，形成行为习惯和道德品质，促进人格发展的过程。学生的学习内容大致可以分为三个方面：知识的掌握和技能的形成；智能的开发和非智力因素的培养；行为习惯的养成和道德品质的培养。

学生学习的特点表现在以下方面：

首先，它以系统学习人类积累起来的间接经验为主。学生在学校中的学习主要是接受和学习前人的经验，学习书本知识，而不是亲身去发现经验。因此，所获得的知识是一种间接经验，具有间接性。

其次，它是在教师指导下有目的、有计划、有组织进行的。学校教育是指教育者根据一定的社会需要，遵循受教育者身心发展规律，有目的、有计划、有组织地引导受教育者去主动学习，积极进行经验的改组和改造，促使他们提高素质、健全人格的一种活动，学生的学习也自然体现了学校教育的特点。

再次，学生学习的主要任务是掌握系统的科学知识、技能，形成科学的世界观和良好的道德品质。教师的根本任务是教书育人，在教给学生知识的同时，也对学生进行思想品德教育，引导学生形成正确的世界观。

最后，具有主动建构性和一定程度的被动性。学生的学习与人类学习一样，是把外界信息和人类积累起来的经验通过自身进行主动建构的过程。他们的学习不只是为了适应当前的环境，更是为了适应将来的环境和社会，所以当学生意识不到他当前的学习与将来发展的关系时，就存在着被动学习的状态，需要教师用各种方法来培养和激发学生的学习动机，提高其学习的积极性和主动性。

二、学习过程中的心理特点

从大学学习活动的内在规律与大学生心理发展的阶段性特点来看，大学生在大学期间的学习活动要完成两个心理转变过程：其一，实现从中学的习惯性学习向大学的研究性学习的过渡；其二，做好从学校（学习）走向社会（就业）的心理准备。在完成这两个心理转变的过程中，大学学习心理的特点便逐步表现出来。与大学生心理发展的阶段性特点相一致，大学生在学习过程中不同阶段的心理特点分别是：

第一，适应阶段的学习心理。进入高等学校以后，大学生首先面临的是新的学习环境：课堂教学比重减少，自主学习时间增加；课堂讲授内容增多，知识难度加深；课外知识不断扩展，作业形式灵活；等等。大学学习形式与中学学习习惯存在较大的差别，常常会使学生在一定时期内表现出多方面的不适应。例如，中学学习阶段的主导动机失效造成的升入大学后学习积极性的波动，导致学习动因不适应（主导动机失效造成的不适应往往在学习成绩中有较明显的体现）；现实中的大学生活与自己理想中的美好憧憬存在一定的差距，也容易导致入学初期学习积极性下降或兴趣转移等现象的出现，这对于大学基础课的学习十分不利；再者，由于许多学生因高考成功而滋生出了过于相信自己的学习能力和习惯的心理定式，入校后往往不能及时认识到自学能力是决定大学学习效果的重要因素，对大学学习活动的特点往往是在多次"碰壁"后才能有所领悟。因此，在适应阶段，学生在学习活动中的主要心理异常表现为学习中的学习能力不适应。有关调查显示，新生入学后有70%的同学有一种失落感，这一阶段大约要持续两个或三个学期，个别同学甚至要延长到二至三年级。

第二，稳定发展阶段的学习心理。大学生在逐步适应了大学生活以后，开始转入获取知识、发展能力的阶段。在这一阶段学习活动中表现出的心理特点主要是：大部分学生在适应了大学生活以后重新获得了自信，学习过程的兴趣日益浓厚，态度基本端正，意志更加坚定；特别是随着价值观和是非观的确立，求异心理在不断强化，在同学中出现了奋斗目标和学习态度的差异。调查表明，大约有60%的同学选择了未来目标并开始为之奋斗；而有些同学由于受到各种因素的影响，人生目标尚不明确，自我要求不高，学习上得过且过，以致自酿苦果，学业无成。在整个大学生活中，稳定发展阶段是大学生在校期间人生价值的认知阶段，是名副其实的大学时代，它对每个大学生以后的人生经历起着至关重要的作用。因此，在这个阶段，大学生必须排除影响和干扰学习活动的各种心理障碍，积极、主动、自觉地从事学习活动。

第三，趋于成熟阶段的学习心理。随着大学生活的进行，到了毕业前夕，由于学习内容及其形式从课堂讲授（为主）向毕业实习（设计）转移，学习活动与毕业后的工作岗位及所从事职业性质的联系密切，大学生的学习活动也相应地发生变化。由于每个学生对自己未来社会职业的性质、环境的认识和设想不同，对学习活动的态度有很大的差异。因为个人就业能力、就业心态以及国家就业政策与市场就业形势等多种因素的影响，这个阶段也就成为大学生自入学以来矛盾最为复杂和激烈的时期。大学生在就业活动中，对未来工作单位期望值过高的心态会引起他们的种种心理冲突，产生忧虑感、紧迫感，造成对毕业前学习活动的干扰。

　　大学生学习心理发展过程的阶段性特点，因学校性质不同、专业特点不同和个体素质不同而有一定的区别，但就学习活动的全过程来看，三个阶段前后相继、连续发展，共同构成了大学生学习心理发展的动态过程。一般而言，在有限的大学学习时间内，大学生只有通过积极努力争取缩短第一个阶段的心理适应期时间，有效提高第二、第三阶段的心理发展水平，才能使学习过程中的智能发挥达到最佳效果。而要使自己的智能发挥达到最佳效果，大学生就必须在学习活动中排除各种学习心理异常情况，保持稳定而持久的心理健康状态。否则，正常的学习活动就会难以维持，在学习过程中发展智能只能成为一种奢望，甚至变得遥不可及。

三、影响学习的心理因素

（一）学习动机

　　学习动机是指直接推动人进行学习活动的内在动力，它是激励学生进行学习活动的心理因素。

　　具有学习动机，并保持一定的强度，是学生得以有效学习的必要条件。

　　1.学习动机的类型

　　（1）内部动机和外部动机

　　根据动机的来源不同，可将学习动机分为两类，即内部动机和外部动机。内部动机是指由个体内在的需要引起的动机，如学生的学习兴趣、提高自己能力的愿望等因素，能促使学生积极主动地学习。外部动机是指个体由外部诱因引起的动机，如为了得到教师或父母的表扬、奖励而努力学习，他们学习的动机不在学习任务本身，而在学习活动之外。内部动机可以促使学生具有自主性、自发性，使学生有效地进行学校中的学习活动。当然，内部动机和外部动机的划分并不是绝对的，任何外在的力量都必须转化为个体内在的需要，这样才能成为学习的推动力，从这个意义上说，外部学习动机的实质仍然是一种学习的内部动力。我们也不能忽视外部学习动机的作用。教师一方面应逐渐使外部动机作用转化成为内动机作用，另一方面又应利用外部动机作用，使学生已经形成的内部动机作用处于持续的激发状态。

（2）认知内驱力、自我提高内驱力及附属内驱力

美国心理学家奥苏伯尔的学习理论将学习动机分为认知内驱力、自我提高内驱力及附属内驱力。

所谓认知内驱力，就是指学生渴望认知、理解和掌握知识，以及陈述和解决问题的倾向。认知内驱力源于学生的好奇心，引起探究、操作、理解和应付环境的心理倾向。这些心理倾向最初都是潜在的动机因素，它们本身既无内容也无方向。这些潜在的动机能够转变为实际的学习动机，主要受两方面因素的影响：一是成功的学习结果会导致学生对未来能取得更满意结果的预期；二是家庭和社会中有关人士的影响。值得重视的是，认知内驱力作为内部动机，往往会因注重竞争分数、计较名誉或担心失败等外部动机而削弱，一味奖励会使学生把奖励看成学习的目的，导致学习目标的转移，而只专注于当前的名次和奖赏物，这在心理学上又称作"德西效应"。因此，教学必须重视认知和理解的价值，使学生对认知本身感兴趣，而不应把奖励作为首要目标。

自我提高内驱力是一种通过自身努力，胜任一定的工作职位，取得一定的成就，从而赢得一定的社会地位的需要。自我提高内驱力指向的是取得一定的社会地位，以赢得一定的社会地位为满足。在自我提高内驱力中，对地位的追求是动机的直接目标，而成就的获得和能力的提高是其间接目标。显然，自我提高内驱力属于外部的、间接的学习动机。但是也不能因此忽视自我提高内驱力的作用，它的作用时间往往比认知内驱力还要长久。认知内驱力往往随着学习内容的变化而发生变化，当学习的内容不能激发学生的认知兴趣时，认知内驱力就要下降或转移方向，而自我提高内驱力指向的是较为远大的理想或长期的奋斗目标，这些会成为鞭策学生努力学习、持续奋斗的长久力量。因此，在教学中培养学生树立崇高的理想和远大的抱负，激发学生的自我提高内驱力，也是促使学生保持长久学习动机的有效措施。

附属内驱力是指个人为了得到长者或权威的赞许或认同而表现出来的一种把学习或工作做好的需要。对于学生来说，附属内驱力表现为：为了赢得家长或教师等人的认可或赞许而努力学习、取得好成绩的需要。附属内驱力的产生有两个条件：一是有学生认可的长者或权威人物对其学习结果进行评价；二是从长者或权威人物的认可和赞许中也会获得一种派生的地位。这种地位与自我提高内驱力所获得的一定的社会地位不同，它不是由学生本人的能力或成就水平决定的，而是从他追随或依附的长者或权威人物所给予的赞许中引申出来的。

三种内驱力有比较明显的年龄特征。在中小学生身上，小学低年级学生附属内驱力是成就动机的主要成分，随着年龄的增长和独立性的增强，附属内驱力在强度上有所减弱。到了中学阶段，来自同伴的赞许或认可将激发中学生形成强烈的自我提高内驱力。进入高中或大学后，随着认知能力的发展，职业定向的稳定，认知内驱力将成为学习的主要动机因素。

2. 学习动机与学习效率的关系辨析

研究表明，动机对行为效率的影响取决于两个要素：一是动机本身的强弱；二是个体行为的质量。一般来说，动机的强度越高，对行为的影响越大，学习效率也越高；反之，动机强度越低则学习效率越低。但是，心理学研究表明，动机强度与学习效率之间的关系不是一种线形关系，而是呈现倒"U"形曲线关系。中等强度的动机最利于任务的完成，也就是说，动机强度处于中等水平时，学习效率最高，一旦动机强度超过了这个水平，对行为反而会产生一定的阻碍作用。例如，学习动机太强，会产生焦虑和紧张，干扰了思维和记忆活动的顺利进行，使学习效率降低。考试中的"怯场"现象就主要是动机过强的结果。

心理学家耶克斯和多德森的研究表明，各种活动都存在一个最佳水平。动机不足或过分强烈，都会使工作效率下降。研究还发现，动机的最佳水平随任务性质的不同而不同。在比较容易的任务中，工作效率随动机的提高而上升；随着任务难度的增加，动机的最佳水平有下降的趋势。也就是说，在难度较大的任务中，较低的动机水平有利于任务的完成。这就是耶克斯－多德森定律。

学习动机是学习积极性的核心内容，学习积极性实际上是学习动机的具体表现。因此，提高学习积极性的中心问题是培养学生的学习动机问题。

学习兴趣是推动学生学习的有效动力，是学习动机中最现实、最活跃的心理成分，是提高学习积极性最直接的因素，是学习得以发生、维持和完成的重要条件。

3. 大学生学习动机具有的特点

作为当代大学生，他们不仅要知道什么是学习动机，更要对自身的学习动机特点有所了解。西南大学黄希庭教授等学者对我国大学生学习动机的调查结果显示，大学生的学习动机具有以下特点：

（1）在大学生的学习动机中，内部动机尤其是发展成才的需要始终占据首要地位，它对大学生的学习起到持久的推动作用。

（2）受商品经济文化的影响，对个人利益的追求在学习动机中处于重要地位，表现在大学生对高报酬的追求上。

（3）由于传统文化及社会角色特征的影响，男女大学生在学习动机上存在一定的差异。男大学生更重视对个人利益和社会利益的追求，较少害怕失败；而女大学生更多的是避免失败，较少追求成功。

（4）随着就业的临近，毕业班的大学生比其他年级的大学生更注重求知和提高自身素质，对物质利益的追求有所下降。

（5）不同类型学校大学生的学习动机也有所不同。比如，学业任务相对较重的工科和医科院校的大学生更害怕失败；而军事院校的大学生则侧重社会取向和个人成就，对物质追求不是很看中。

4.大学生学习动机的培养

学习动机对学习活动的影响是巨大的，大学生有意识地培养自己正确的学习动机，对学习会产生不可估量的作用。具体而言，可从以下四个方面努力。

（1）高尚的优势动机的确立。优势动机，在学习活动中居于支配地位。因此，只有首先确立正确的优势动机，才能把握一个人学习动机的实质和发展方向。当代中国大学生优势学习动机，应当是"献身于有中国特色的社会主义建设事业"这一富有时代特征和社会责任感的远景性动机。大学生胸怀这样的大志，就会有刻苦学习的持久的动力。

（2）激发认知性动机和成就性动机。优势动机在一个人的动机体系中的地位是毋庸置疑的，但仅仅靠优势动机还不够，一个人的需要是多层次的，有远期也有近期。优势动机满足远期需要，但毕竟不是一时就能获得的。因此，在实现远期目标的过程中，还需要一再满足近期需要的辅导性动机来衬托和强化。例如认知性动机、成就动机等内部动机，都会对远景性的优势动机起强化作用。

认知性动机是指外界输入的信息与学习者已有的认知结构期望之间不一致时，为了消除这种不一致而产生的行为动机。从认知心理学的观点来看，人是一个主动的信息加工系统，具有强烈的好奇心，从外界环境不断探索和收集信息，并试图将这些信息纳入自己的认知结构之中。所以，人们可以利用自身的这一"优势"，通过获取适量的信息，唤起自身学习的兴趣和注意。

成就动机是指激励着个体努力克服障碍、施展才能、为自己认为重要的或有价值的工作而力求获得成功的一种内在驱动力。成就动机由两种不同因素或相反倾向组成：一种称为力求成功的动机，即人们追求成功和由成功带来的积极情感的倾向性；另一种是避免失败的动机，即人们避免失败和由失败带来的消极情感的倾向性。人们可以发展自己的成就动机，来激发学习的动力。但这种个人的成就动机应当适度，应与追求社会进步结合起来，并服从于整个社会发展的利益。

（3）调节学习动机强度。动机强度与学习效率并不是线性的关系，而是成倒"U"形曲线关系，也就是说，学习动机的强度有一个最佳水平，此时学习效率最高；一旦超过了顶峰状态，动机程度过强时就会对活动的结果产生一定的阻碍作用。若动机水平过强，则会造成人们内心过度焦虑和紧张，以致干扰了正常的学习记忆和思维活动。

学习动机固然对学习活动起着发动和维持的作用，但这并不意味着学习动机越强，学习效果就越好。因此，学习动机作用于学习活动，有一个最佳水平的控制问题。学习动机强度的最佳水平与学习课题的难度有关：在学习比较容易的课题时，学习效率有随动机强度的提高而上升的趋势，其最佳水平则为较高的动机强度；在学习比较困难的课题时，学习效率反而随动机强度的提高而下降，其最佳水平为低于中等水平的动机强度；在一般情况下，学习动机强度居中为最佳水平。

（4）积极的学习情感的培养。情感是态度的核心，是认识转变为行为的中介。因而把握学习态度，较为关键的是把握学习活动中的情感因素。培养积极的学习情感，可包括以下三方面内容：

第一，选择合理且正当的需要。情感是在需要的基础上产生和发展起来的。一般地说，凡是与主观需要相符合，并能使之得到满足的事物，就会产生肯定的、积极的情感。如果人们将学习活动、求知欲望、为社会做贡献作为自己的优势需要，就会产生热爱学习、追求真理的情感。因此，在学习活动中，大学生必须明确自己的学习目的，培养合理正当的需要，以利于激发积极的学习情感。

第二，认识的不断深化。情感是在认识的基础上产生和发展起来的。它与认识相互促进，认识越丰富、越深刻，则情感也会越丰富、越深刻；同时，情感又可以反作用于认识活动，对某一方面事物的情感适当与否，也会对认识活动产生促进或妨碍作用。因此，人们要学会用理智来支配情感，做情感的主人，以克服自身消极的情感，防止它们对学习活动产生不利影响。

第三，发展积极的情操。情操一般有情绪和情感两种形式，情绪是比较低级的情感形式，其表现形式有激情、心境和热情，统称为情绪状态。而情操则是一种习得的、比较高级的情感，其表现形式有理智感、道德感和审美感，统称为高级社会情感。在学习活动中，适当的激情、良好的心境和饱满的热情是积极学习情感的重要保障，是取得学习成就的内在动因。在学习过程中，人们既要保持和激发良好的情绪状态，又要通过学习活动形成和发展自己的情操，以更加理智、主动的态度投入到学习中去。

（二）原有知识

一种学习对另一种学习的影响，在心理学的研究中称为迁移，学习迁移的实质是原有知识在新的学习情境中的运用，原有知识的特点影响学习迁移的效果。

（1）原有知识的巩固程度。原有知识如果不够巩固，则很难与新的学习建立起联系，原有知识越巩固，越容易促进新的学习。可以依据记忆的规律，通过科学复习、及时澄清等，增强原有知识的巩固性。

（2）原有知识的概括性。同化与顺应是皮亚杰从生物学移植到心理学和认识论中的概念。根据皮亚杰的观点，在认识过程中，同化是指把环境因素纳入主体已有的图式之中，以丰富和加强主体的动作，引起图式力量的变化。顺应则是指主体的图式不能同化客体，必须建立新图式或调整原有图式，引起图式的质的变化，使主体适应环境。因此，皮亚杰对同化和顺应所下的定义是："刺激输入的过滤或改变叫作同化；内部图式的改变以适应现实叫作顺应。"奥苏伯尔的认知结构同化论进一步认为，当学习新知识时，如果在学生原有知识结构中找到可以同化新知识的内容，那么原有知识结构对当前的学习就有更强的可利用性。奥苏伯尔认为，原有知识的可利用性是影响新的学习的重要因素，包容范围更大的、概括性更高的、上位的原有知识对新的学习作用更大。

（3）原有知识的可理解性。人们依据已有的经验对所学的知识进行加工处理，并用言语把它揭示出来，即是理解。如果学生的原有知识是没有理解、囫囵吞枣而机械学习获得的，或者对原有知识理解不准确，那么当学习新知识时就很难辨识新旧知识之间的异同，也就无法顺利将新知识纳入到原有知识的结构中去。

建构主义学习理论的学习观认为，学生不是信息的被动接受者，而是主动建构自己的知识经验的群体，这种建构是在原有知识经验的基础上实现的，所以每个人对相同的信息也会形成各自不同意义的建构，即使在同一堂课上，不同的学生收获也会不一样。如果学生在课前进行预习，将发现的问题和涉及的原有知识进行归纳和理解，那么在课堂上就会思路清晰，能更快地抓住问题的关键，并将新知识与原有知识建立联系，大大提高自身的学习效率。

（三）学习策略

学习策略是学习者为最有效地实现学习目标，自觉地对学习活动及其要素进行调控和策划的谋略。学习策略与学习方法属于不同层次的范畴，学习方法更直接、具体、单一，而学习策略有一定的概括性。从理论上讲，学习方法属于"战术"的范畴，学习策略属于"战略"的范畴。掌握科学的学习策略是提高学习效率的重要因素。

一般认为，学习策略包括认知策略、元认知策略和资源管理策略。

（四）个性品质

1. 能力

人的能力是各种各样的，按照能力表现的范围可分为一般能力、特殊能力。一般能力是指顺利完成各种活动所必需的基本能力。一般能力就是我们平时所说的智力，包括观察力、注意力、记忆力、思维力、想象力等，其中抽象思维能力是智力的核心因素。通常我们所说的一个人聪明与否，就是指一般能力，如果一个人聪明，特别是抽象思维能力强，学习效果就会更好。特殊能力是指在某种专业活动中所表现出来的能力，它是顺利完成某种专业活动的心理条件，如画家的色彩鉴别力、形象记忆力，以及音乐家的音乐表现能力、区别节奏的能力等，均属于特殊能力，学生学习音乐、美术等都需要特殊能力。知识技能的学习，也会促进能力的提高。

2. 学习风格

学习风格是学习者带有个性色彩的学习方式。学习风格包含生理、心理、社会等多方面的因素，其中心理因素中的认知、情绪、意志等是对学习影响显著的因素。

（1）认知风格影响学习效果

学习风格的认知要素，实质上是一个人的认知风格在学习中的体现。所谓认知风格，也称认知方式，指个体偏爱的加工信息方式，表现在个体对外界信息的感知、注意、思维、记忆和解决问题的方式上。研究较多的是场独立认知方式与场依存认知方式、冲动型认知方式与沉思型认知方式。

场独立型与场依存型这两个概念均来源于威特金对知觉的研究。第二次世界大战期间，威特金为了研究飞行员怎样能够更好调整身体的位置，专门设计了一种可以摇摆的座舱，舱内置一座椅，当座舱倾斜时，被试者可调整座椅，使身体保持垂直。研究发现，有的被试者主要利用来自仪表的视觉线索，不能使自己的身体恢复垂直状态，威特金将他们的知觉方式称为场依存型。还有的被试者则主要利用来自身体内部的线索，尽管座舱倾斜，仍能使身体保持垂直，这种称为场独立型。后来的研究发现，场独立型与场依存型是两种普遍存在的认知方式。场独立型的人对客观事物做判断时，倾向于利用自身内部的参照，不易受外来因素的影响和干扰；在认知方面独立于周围的环境，倾向于在更抽象和分析的水平上进行加工，独立对事物做出判断。场依存型的人对物体的知觉倾向于以外部参照作为信息加工的依据，难以摆脱环境因素的影响。他们的态度和自我知觉更易受周围的人，特别是权威人士的影响和干扰，善于察言观色，注意并记忆言语信息中的社会内容。

场独立型、场依存型与学生的学习有着密切的关系。研究表明，场独立型的学生一般偏爱自然科学、数学，且成绩较好，两者呈显著正相关关系，他们的学习动机往往以内在动机为主。场依存型的学生一般较偏爱社会科学，他们的学习更多地依赖外在反馈，他们对人比对物更感兴趣。场独立型的人善于运用分析的知觉方式，而场依存型的人则偏爱非分析的、笼统的或整体的知觉方式，他们难以从复杂的情境中区分事物的若干要素或组成部分。

此外，场独立型与场依存型的学生对教学方法也有不同偏好。场独立型的学生喜欢给无结构的材料提供结构，易于适应结构不严密的教学方法。反之，场依存型的学生则喜欢有严密结构的教学，因为他们需要教师提供外来结构，需要教师的明确指导与讲解。

（2）情绪风格影响学习效果

情绪状态是学习的动力因素。通常情况下，积极的情绪状态（如愉快）有利于提高学习效率，但如果不适度可能也会降低学习效率；消极的情绪也有利于学习的部分，如适度的焦虑。不论是积极的还是消极的情绪，对学习效率的影响如何，都要看情绪的水平。以焦虑为例，焦虑水平直接影响着学习状态。一般情况下，焦虑水平与学习效率之间呈倒"U"形关系，即中等水平的焦虑有利于学习效率的提高，过高或过低的焦虑水平都是对学习成果不利的。

（3）意志风格影响学习效果

意志是行动的保障，没有顽强的意志，注定无法攀登学业高峰。衡量一个人的意志一般从自觉性、果断性、自制性、坚持性四个方面衡量，心理学称之为意志品质。个体在这些方面表现出较大的差异，具有良好意志品质的人，表现在学习上，能自觉主动地去确定学习任务，迅速做出有利于学习的决定，并且尽快采取行动，自觉抵制干扰学习的诱惑，坚持到底，达到较好的学习效果。

3. 自我意识

个体对自己的学习情况的认知，由此产生的自我体验，以及自我调控的水平都影响着他们的学习方向、努力程度、创新精神等，也都影响着学习成绩。

此外，还有外部环境影响大学生的学习，如人际关系因素，教师与学生、学生与学生形成的以情感为特征的相互关系，都在影响学生的学习状态和效果；教师的领导方式也在影响学生的学习，民主型的领导方式比专断型和放任型的更利于提高教学效率。

四、大学生学习活动的心理机制解读

现实的学习活动总是呈现出不同的水平，而各种水平的学习往往都能引起学生身心适应性的变化。大学学习阶段是人才成长由"求学期"进入"创造期"的过渡阶段，与中学学习相比，学生接受的是具有专业性、独立性、探索性等特征的高层次教育。就大学生的学习活动特点而言，由于大学的教学目的、教学内容和教学方法与中学有着明显的不同，因此，大学生入学后必将经历由中学学习向大学学习转变的学习适应期，逐渐形成大学生学习心理的特点。

大学生学习活动的主要形式有四种：按教育大纲规定的课堂学习活动；补充课堂学习的活动；独立钻研的创造性学习活动；同学互相讨论、相互启发的互相学习活动。从心理活动的作用来看，大学生的学习心理结构主要由学习动力、学习智力、学习能力和学习自我评定力等要素组成。大学生的学习心理活动是一套能动的智能结构的运动，其中，学习动机是心理动力部分，学习智力是认知结构部分，学习能力是促进发挥物质能量部分，学习自我评价力是反馈自动调节部分。具体地说：

第一，学习动力。学习动力主要是学习动机的作用形式，学习动机是指学生个体内部促使其从事学习活动的驱动力。学习动机一般表现为强烈的求知愿望、对未知世界的好奇心及兴趣、认真积极的学习态度等，它集中表现为学习过程中的精神状态，以及诸如"愿不愿学""勤不勤学""乐不乐学"等心理活动。学习动机是一定的客观要求和社会意义在人脑中的反映，作为个体学习活动的内在驱动力，它对人的学习活动有驱动作用和维持作用。

第二，学习智力。学习者的智力是人脑中的各种认识组成的对客观事物稳固的、综合的反映，表现在人脑对客观事物的反映深度、广度、速度及准确度等方面。智力可以分解为七种基本的认识力：观察力、表象力、思维力、创造力、想象力、理解力和记忆力。

第三，学习能力。学习者的能力是受人的智力支配的改造客观事物的各种操作动作组成的个性心理特征，它是稳定的，并会影响活动效率。它表现在人实际改变各种物体的效率、速度及精确度等方面。学习者具有的最基本的能力是：定向能力、动手操作能力、表达能力、组织能力和创造能力等。

第四，学习自我评定力。学习自我评定，作为一种心理活动，是学习者以教育、教学的客观要求为标准，对自己的学习效果自觉进行的合理评价，它包括对自己的学习动机的性质、内容、方向、动力大小的自我评定，对智力、能力活动水平及效率的自我评定，对知识、技能掌握程度的自我评定。学习者自我评定力的作用是依靠自己学习活动的结果提供的反馈信息，对自己的学习活动进行的自动化调节与控制，从而发挥自我激发与自我控制功能。

第二节 大学生学习能力的培养

一、适应大学生活

（一）调整自己的方位

每个人在现实生活中，随着外界环境的变化，都要不断地调整自己的位置，使自身的需求和发展与社会的需求和发展相一致，这就需要我们尽快地调整自己，寻找自己在大学生活中的最佳位置。首先，要稳定情绪，不要被一时的不适应吓倒。其次，尽快从高考后的失落、成功的陶醉和入学后的新奇中摆脱出来。最后，努力去探索大学学习的特点和规律，做学习的主人。

（二）培养自信心

大学是人才云集之处，自己过去的某些优势已不再那么明显，甚至不复存在，许多大学生因此而产生强烈的自卑感，对自身的智力产生了疑问，甚至失去了学习的信心，所以培养自信心是至关重要的。

（三）寻找最佳的学习方法

寻找最佳的学习方法，是保证学习顺利进行并取得良好效果的一个重要前提条件。大学学习的一个突出特点就是以自学为主，所以围绕这个问题，大学生寻找最佳学习方法应在以下几个方面给予重视：

1.阅读

大家知道，阅读是获取知识的必由之路，当今知识的更新与发展越来越迅速，以个人的精力想要一切从头做起是不可能的。因此，掌握阅读的方法，特别是学习书本知识是十分重要的。

阅读是至关重要的。但是，能阅读不等于会阅读，凡识字的人都能阅读，但是大多数人都不会阅读，区别就在于"能"阅读的人只是视读书为一个过程，把自己的头脑变成了名家名著的复印机和保存室，而"会"阅读的人能在书中找到有利于自身发展的智慧，并以此为基础去发挥自己的潜能。

2. 积累文献资料

图书馆是知识的宝库，也是一位无声的老师，每一位大学生都要与它多接触，成为它的朋友和学生。充分有效地利用图书馆，可以采取以下措施：第一，要提高我们的检索能力。第二，做好索引和卡片。把有用的资料按自己的方式做成相应索引或卡片，一旦需要，就可以及时准确地查找到，这样既可以节省时间，又提高了学习的效率。第三，记好笔记。在记笔记的过程中，可以随时记录下自己当时的灵感和想法。

3. 科学运筹时间

（1）养成珍惜时间的好习惯。有人说，人的一生有 2/3 的时间是在睡觉、吃饭和娱乐中度过的，而真正用在学习和工作上的也只有 1/3。

（2）要善于安排时间。要充分利用有限的时间多去学习和工作，要巧用零碎时间，积少成多。

（3）丰富充实自己的生活。大学有形的学习只是其生活的一部分，我们还要善于从无形的学习中获取更多、更直接的知识和能力。要充分利用好法定节假日、寒暑假的时间到社会实践中去发现自身的不足，努力提高自己。

二、提高心理效能

（一）增强学习动力

增强学习动力需要内外部环境共同来调节。从外部环境而言，需要有一种重视教育、重视知识、尊重人才的良好社会氛围和学校浓厚的学习、学术风气。这还有赖于社会的发展、教育改革的深入，但这并不是一朝一夕就可以达到的，因此，增强学习动力更需要自身的调节能力。

1. 确立明确的奋斗目标

要根据大学学习的规律并结合自身的特点，制订出新的奋斗目标。目标的确立要注意使个人目标与社会责任联系起来，要把近期目标与长远目标结合起来，只有这样的目标才有生命力，由此产生的动力才会强烈。

2. 培养学习兴趣

兴趣是人们将注意力集中于某一对象，并伴有喜欢、愉悦的感情体验的心理状态。大家都知道，如果一个人对一件事有兴趣，那么他就会深入持久地去做。兴趣不是天生就有的，而是随着年龄和实践培养和发展起来的。

兴趣是求知的动力、热情的凝聚、行为的指向、成功的起点。所以，这就要求我们在学习中善于发现和激发自己感兴趣的问题，并由此深入其中，逐步地从中体会到奋斗与创造的乐趣。学习兴趣的培养方法有以下两个方面：

（1）培养明确而强有力的学习动机。学习动机对学习兴趣的形成起着积极的促进作用，只有具备明确而强有力的学习动机，有对知识的渴求和对成才的强烈愿望，才会对学习产生浓厚的兴趣。

（2）扩大知识掌握的深度和广度。知识的巩固和不断扩大、加深是兴趣产生的重要条件。大学生对某门课程的知识掌握越多、越牢固，产生兴趣的可能性就越大。大学生常有这样的感受：听懂了就有兴趣，听不懂就没兴趣。对专业的兴趣问题也是如此，对专业不感兴趣往往造成其对学习不感兴趣，而对专业前景有所了解，掌握丰富的专业相关知识，就有可能逐步培养起对专业的兴趣。

3.培养良好的注意力

可以有效地控制注意力的方法如下：

（1）提高对注意力作用的认识。俄国著名教育家乌申斯基曾把注意力比喻为"获取知识的门户"，这就是说要想获得大量的知识，进行创造，就必须最大限度地开放"注意"这一门户，高度集中注意力。

（2）要有不倦的好奇心。要保持不倦，首先就要对所学内容不断地回顾和发问，这样才能永葆好奇和新鲜感。

（3）要有顽强的意志。注意力说到底是个人意志的一种表现，学习中的挫折往往是集中注意力的劲敌。因此，我们要有"败不馁"的精神，在遇到困难时要冷静观察和思考，最后做出可行性的探索。

（4）要有健康的人格。注意力在学习中起着重要作用，其他心理活动依靠注意力才能逐渐完善起来。如果没有健康的人格，就很难控制自己的注意力。爱因斯坦说："我的所为，就是想给我存在的祖国留一点儿属于我个人的东西。"显然，没有崇高的心志，就没有爱因斯坦的相对论。

（5）建立有效的学习规律。这里包括规划固定的学习时间，选择合适的学习地点，学习要有劳有逸、有张有弛。每天必须规定一段时间来全神贯注地进行学习。在这段时间里，抱着坚定的意愿把注意力集中在一项学习任务上，这样才能明显地促进学习的进度。在选择学习地点时，无论是在学校还是在家里，地点必须要舒适、安静、光线好、通风好、无干扰。

要想使头脑保持清醒、精力充沛，生活就要有规律，不要搞疲劳战术。

（6）学会运用思维阻断法。人在注意力不集中时，常常会胡思乱想，及时阻断这种纷乱的思维，对于提高学习效率大有必要。当纷乱思想出现时，把眼睛闭上，反复握拳、松开，使肌肉收缩，同时对自己说"停止"，如此反复若干次，可以帮助我们集中注意力。

4.掌握记忆方法

记忆力是智慧的仓库。一些优秀人才的较高智能，是与他们具有很强的记忆力分不开的。然而在日常生活中，有的大学生常常因记忆力不佳而忧虑，有的同学在考试来临之前感到记忆力不够，有的同学在考试时忽然忘了考前已经记住的东西。针对这些记忆障碍，我们要采取积极的方式进行化解。

德国心理学家艾宾浩斯的记忆实验证明，记忆与遗忘总是相对出现的，在记忆的同时，遗忘就开始发生。要保持最佳记忆，就必须克服遗忘。识记后的一个小时内遗忘速度最快，遗忘量最大，而后逐渐变慢，学习过的材料过了一个小时之后，记住的材料仅剩下40%左右，再过一天，就会忘掉全部材料的2/3，六天之后只剩下5%左右。遗忘规律告诉我们，必须重视及时复习，从而提高学习效率。最好的办法就是趁热打铁，当天的功课当天消化。在复习时间上，对新学到的知识开始每次复习的时间要长一些，间隔时间短一些。

有些大学生认为记忆力好坏是天生的，因而不注意寻求记忆规律和技巧，致使学习效率不高，知识基础不牢。事实上，每个普通人都有强大的记忆力。现代心理学研究证明，目前，人的记忆力一般只发挥了全部脑机能的几十分之一或几百分之一。如果重视记忆，经常锻炼记忆力又掌握记忆规律和科学的记忆方法，人的记忆就会放射出奇异的光彩。下面介绍几种主要的记忆方法：

（1）目的记忆法。心理学研究表明，在所有条件相同的情况下，有意识记的效果比无意识记的效果好得多。因为记忆目的明确，大脑细胞处于高度活动状态，大脑皮层形成兴奋中心而注意力格外集中，接受外来信息显得主动，大脑皮层留下的痕迹也颇为清晰、深刻。比如第二天要考试，当天晚上记忆效率就特别高，因为此时的记忆目的性很明确。所以首先要加强记忆的目的性。

（2）选择记忆法。为了记忆有效，大学生还应对记忆材料有一定的选择性，去粗取精，有重点、有选择地记忆，这样才能扩大自己大脑的记忆容量。运用知识时要学会融会贯通、举一反三。因此，遗忘那些不需要的材料是一种积极的提高识记效率的方法。

（3）过度记忆法。现代记忆理论认为，进入脑中的信息开始时是一种神经冲动的回路活动，经过一段时间以后，记忆痕迹才得以固定。在此过程中需要多次强化才能记忆牢固，所以要反复记忆。有实验证实，识记50个外语单词，反复次数在4次以内记忆效果一般，超过4次，记忆量就会有一个突增，到7次时，差不多可以全记住。可见，多反复几次，记忆效果大不一样。

（4）联想记忆法。联想记忆指通过事物在时间、空间、性质、因果等方面的联系来帮助自身记忆。它利用事物之间的接近性、类似性、对立性、因果性等关系从一事物去回忆另一事物。如学习外语，就可以把同义词、近义词、反义词放在一起学，这样容易把这些词记住。

（5）歌诀记忆法。歌诀记忆法就是将有些记忆材料编成顺口溜，这样朗朗上口，易读易记。如把圆周率3.14159编成"山巅一寺一壶酒"等。

（二）保持适度紧张

心理学的研究表明，适度的心理紧张是心理活动所需要的，它能有效地发挥智力水平，调动心理潜能，提高学习效率。

首先，提高学习的紧张度。要有意识地脱离沉浸娱乐、混日子的人际环境，加入学习刻苦、学业优良的人际群体，多到图书馆、自习室、实验室等学习气氛浓厚的环境，制订内容具体、分量适当的学习计划，并保质保量地完成，利用对学习活动结果正、反两方面的想象产生奖惩的心理感受，从而增加学习压力，提高心理紧迫感。

其次，克服学习过程中的过度焦虑。要正确认识和评价自己的能力，调整自身抱负水平和期望目标，增强自信和毅力；要重视努力过程，淡化结果、价值，保持愉悦稳定的情绪；探索、掌握适合自己特点的学习方法；把握大学学习规律，提高学习效率。

（三）预防、消除心理疲劳

一是善于科学用脑。人的大脑左右两个半球有着不同的分工，一般来说，左半球主要负责语言、逻辑、数学、符号、线性分析等抽象思维活动，右半球主要负责想象、图形、色彩、音乐、情感等形象思维活动。而且人脑左右两个半球对身体进行交叉控制，即左半球控制身体的右半部活动，右半球控制身体的左半部活动。此外，大脑活动还有一种"优势现象"，即当大脑某一功能区的活动占优势时，可使其他功能区的活动处于相对休息状态。所以，根据大脑的活动特点，我们应该不同学科交替进行学习，这样就能有效地预防学习心理疲劳，提高学习效率。

二是注意劳逸结合。大脑工作时，神经细胞处于兴奋状态，根据神经活动兴奋与抑制过程相互诱导的规律，可以知道长时间兴奋就会转入抑制状态。当我们长时间看书学习，觉得头昏脑涨、注意力不集中时，如果不适当休息，就会使兴奋与抑制失去平衡，并有可能导致神经衰弱。因此，在学习之余应该多休息，或参加一些文体活动，使身心都得到放松和调节，保证充足的睡眠时间，培养广泛的业余爱好，使生活内容更加丰富多彩。

三、培养应试能力

（一）养成良好的学习习惯

学习是持之以恒的活动。因此，我们在平时就应该养成良好的学习习惯，考试时才能得心应手。

（二）正确对待考试

考试只是衡量学习效果的手段之一，是学校教育中的一个重要环节。但是，考试成绩并不能完全准确地反映出一个人的知识水平，特别是对能力的反映更欠准确。因此，我们既要重视考试，又不要把分数看得过于重要，不要为分数所累。许多研究表明，一个人的成就跟学习成绩并没有太大的关系。在人类历史上，许多著名的科学家、发明家也都曾经是考试失败者。

（三）提高应试技巧

（1）做好考前准备。首先，在考试前4~6周就要进行"强化复习"，将一学期所学的内容做系统的整理，边整理，边思考，边记忆。以面到点，以点到面不断深化，使学的东西形成一个清晰、完整、有逻辑联系的整体，加深印象。其次，列个时间表，合理分配各门课程的复习时间，并把相似学科的复习时间错开，以免各科间相互干扰。最后，临考试前一天晚上，再用两个小时做最后一次强化来加深记忆。

（2）合理安排作息时间。不要使大脑过度疲劳，以免影响发挥，尤其是临考前几天应保持充足的睡眠，这样才能保证自己头脑清醒、精力充沛。

（3）应付怯场的方法。第一，采取时间延搁。考试时，先做有把握的或较简单的题，这样可以缓解紧张情绪，还可以增强自信心（切记不要发完试卷后直接答题，要先从头到尾看一遍）。第二，积极的自我暗示。如果因考题太难而紧张，可暗示自己"考题对大家都一样，我觉得难，别人可能觉得更难，因此不必过分担忧"。第三，深呼吸。闭上眼睛做几次深呼吸，要做得深而缓，这样可以有效地缓解紧张、放松身心。第四，转移注意力。当感到紧张时，可向窗外看一看；也可以提前带些含化片、口香糖等进行咀嚼，以转移对紧张情绪的注意力，迅速稳定情绪。第五，寻求心理咨询。对于考试焦虑或怯场的同学，必要时应寻求心理咨询人员的帮助，通过有针对性的科学训练和心理调适改变这种状态，顺利完成考试。

第三节　大学生学习策略的掌握

大学学习的特点使人们不得不重视学习策略的掌握，所谓学习策略就是学习者为了提高学习的效果和效率，有目的、有意识地制订的有关学习过程的复杂方案。通过掌握学习策略能有效提高学习效率。

一、利用学习的正迁移作用

学习迁移泛指一种学习对另一种学习的影响。如果先前的学习对后来的学习产生影响，这就叫顺向迁移。反之，后来的学习对先前的学习产生影响，则叫逆向迁移。无论是顺向迁移还是逆向迁移，都会有正负两种效果。凡一种学习对另一种学习起促进作用，都是正迁移，简称迁移；凡一种学习对另一种学习起干扰或阻碍作用，都是负迁移，又称干扰。

（一）迁移与学习之间的关系

1. 迁移对学习的意义

迁移是指一种学习对另一种学习的影响，那么，凡有学习的地方就存在着迁移。因为新的学习总是在已有经验的基础上进行的，新旧知识经验之间必然相互发生作用，产生迁移效果。大学生了解和运用迁移的规律，就能够促进正迁移，做到举一反三、触类旁通，实现知识的概括化和具体化，扩大学习成果，提高学习效率。

2. 迁移对知识、技能的应用具有的意义

教育是为了未来，学生掌握知识、技能的目的在于应用，在于将来工作时，能解决面临的问题。而知识、技能的应用是与迁移分不开的。运用知识、技能解决问题的过程，也就是借助思维活动，分析概括出新的问题情境与原有的知识、技能之间的内在联系，并改组原有的知识、技能，找出解决问题的途径和方法的过程。因此，没有学习的迁移，就没有知识、技能的应用。迁移量越大，就越能顺利地应用知识技能解决问题。

（二）迁移的影响因素与促进迁移的方法

1. 迁移的影响因素

影响迁移的因素有主观的，也有客观的，主要有以下三个方面。

（1）对象之间的共同因素是实现迁移的主要因素之一，也就是说，两种学习对象之间，如果存在相同或相似的地方，主观上又能认识到这种共同因素，就可能产生迁移。因此，大学生在学习中，要善于认识并分析学习对象的相互关系，概括其共同性，以实现学习的迁移。

（2）已有经验的概括水平，是影响迁移效果的重要因素。经验概括水平越高，就越有利于迁移。

（3）学习的认识结构（即学生头脑中的知识结构）是影响迁移的重要因素。

因此，学习迁移的产生是受主客观因素制约的。

2. 促进迁移的方法

为了促进迁移，避免干扰，在学习中应注意以下三个问题：

第一，在客观上，要改革教材内容，促进迁移，改进教学方法，发展学生的思维能力。在主观上，要克服定式的干扰。在相同或相似的情境中，定式对问题的解决起积极作用，即产生正迁移，可是，在变化的条件下，定式则起消极作用，即产生负迁移或干扰。为了在变化的条件下克服定式出现的干扰，大学生在学习中要开阔思路，对一个问题的解决要从多角度去考虑方法。

第二，大学生要掌握学习方法，良好的学习方法能产生大量的正迁移。

第三，在学习中能自觉运用迁移规律，就能取得良好的迁移效果。如一位大学生已掌握英语，再进修法语时，就能自觉运用迁移规律，分析法语与汉语、英语在读音、语法以及学习外语方法等方面存在的共同因素和各自的特点，主动地促进正迁移，避免负迁移，就会大大提高学习的效果。因此，大学生自觉掌握学习迁移的知识并运用其规律，对促进当前学习及今后的知识更新是大有裨益的。

二、认真对待学习中出现的高原现象

高原现象是指在学习或技能的形成过程中，出现的暂时停顿或者下降的现象。其成长曲线表现为保持一定水平而不上升，或有所下降，但在突破"高原现象"之后，又可以看到曲线会继续上升。

遇到高原现象，有的学生产生了畏难心理，灰心失望，停滞不前；有的学生想逾越，却又感到步履艰难。

（一）找到产生高原现象的原因

一般来说，产生高原现象主要有以下三点原因：

（1）在学习过程中，在获得任何知识和特殊技能时，由于新、旧知识可能有许多共同的因素，因而成绩进步明显；随着新技能与旧技能的差别越来越大，人们仅仅依靠旧的技能已无法满足新技能的要求，提高成绩就比较困难了。

（2）因为学习者个人状态的影响，比如兴趣降低，对所学的内容容易产生厌倦情绪和疲劳，或者动机降低。

（3）因为初学时所用的方法养成了不良的习惯，随着所学知识和技能的不断深入，难度增大，会出现高原现象。

（二）找到克服高原现象的办法

在学习过程中，高原现象是对学生的挑战也是考验，如果能够善于利用，则可转弊为利。高原现象的到来，常常是由学习的一个阶段跃到另一个较高阶段的过程中的一个小小波折，正是进步的预兆。同时，学习是多方面的，在学会一方面转向另一方面，即学习的着重点有所变化时，进步必然迟缓，改用新方法学习，在新方法未能达到纯熟之前，总要反复尝试学习，这种反复尝试学习虽然有碍于学习进步，却是未来进步的准备阶段。

人们既然认识到高原现象是进步的预兆和准备，那么，遇到高原现象时，就千万不要气馁，只要坚定信心，保持学习热情，并注意总结经验教训，终会突破高原现象，使学习成绩达到更高层次。假如真的感到身体疲劳、学习厌倦，此时不妨停下来，充分地休息一下，待重振精神后，可能会更加顺利地突破高原现象。

（三）避免产生高原现象的办法

应明确的是，高原现象并非是一切学习必经的阶段。尤其在简单的学习活动中，只会有短期的波动。学习的材料如果能支配得当，由易而难，循序渐进，再加上教师指导有方，也可避免产生高原现象。

三、掌握良好的学习策略

下面介绍两种比较常用的学习策略：

（一）SQ3R 法

SQ3R 法代表浏览、提问、阅读、背诵和复习五个步骤。

（1）浏览（Survey）。这是学习的第一步，就是对学习内容进行浏览，从整体上把握文章脉络，为后续学习做准备。

（2）提问（Question）。将文章的标题及主要内容转化为问题的形式，带着问题深入阅读。

（3）阅读（Read）。根据问题提示阅读内容并寻找问题的答案。

（4）背诵（Recite）。经过上面的过程，学习者已经理解课文中的大部分内容，此时不看课本，通过回忆看自己有多少内容已经记住了，还有哪些没有彻底了解需要进一步加工并记下来。大学生可以采用大声陈述和一问一答的形式，也可以采用对标题、画了线的词和所做笔记来提问的形式进行回忆。

（5）复习（Review）。阅读过的内容如果想要在大脑中长期保持，就必须复习，通过复习加深对知识的巩固、理解，并建立有关内容的联系。可通过自问自答的形式进行复习，实在答不出来时，再重新阅读材料。

（二）PQ4R 法

PQ4R 法分别代表预习、提问、阅读、反思、背诵和复习。

（1）预习（Preview）。这是学习的第一个阶段，快速浏览材料，对材料的主题和副主题有一个初步了解。

（2）提问（Question）。针对阅读内容提出一些问题，如根据标题用"谁""什么""为什么""何时""怎么样""哪里"等疑问句提问。

（3）阅读（Read）。针对内容进行阅读，全面了解内容，试图回答自己提出的问题。

（4）反思（Reflect）。理解所学内容的意义，包括把现在所学内容与学习者已有的知识相互联系起来，把课文中的细节和主要观念联系起来，对所学内容做相应评论，试图用这些材料去解决联想到的类似的问题。

（5）背诵（Recite）。同 SQ3R 法的背诵。

（6）复习（Review）。同 SQ3R 法的复习。

第六章 大学生人际关系发展与教育

第一节 人际关系认知

与人交往和沟通，建立良好的人际关系，是每个人的基本社会需要，也是一个人健康成长的必备条件。当今社会，是一个合作与竞争的社会，可以说，人际交往能力已成为大学生最重要的基本素质之一。因此，掌握人际交往的基本规律和技巧，提高人际交往能力，建立良好的人际关系，这些都是大学生心理健康教育的重要内容。

一、人际关系及其类型

在心理学上，人际关系是指人与人在相互交往过程中，彼此间相互影响而形成的一种心理距离。人际关系通常反映了交往双方寻求满足其社会需要的心理状态。

人际关系的亲疏、友善与敌对等取决于人们心理需要满足的程度。如果交往双方的社会心理需要都能获得满足，那么人与人之间就能保持一种亲近的、信赖的、友好的关系。如果因某种原因一方对另一方表示不友好、不尊重，使另一方产生焦虑和不安，就会增大彼此间的心理距离，使原来的亲密关系变成疏远关系，甚至有可能发展成为敌对关系。

人际关系根据不同的划分标准可以分为不同的类型，如果根据人际关系形成基础的不同，可以划分为血缘人际关系、地缘人际关系、业缘人际关系等；根据人际关系心理联结的不同性质可以划分为以感情为基础的人际关系、以利害为基础的人际关系、缺乏任何基础的陌路关系。

二、大学生人际交往的重要性

大学生人际交往是其大学生活中一个不可忽视的重要方面。人际交往对大学生发展具有以下重要的作用和意义。

（1）有助于提高自我认知和自我完善。人的自我认知和完善的过程是在一定的文化环境中，通过个人与他人相互作用、相互认知再到认识自我、完善自我的过程。只有在与他人交往的过程中，通过他人对自己的评价和态度等与自己的认知相对比，才能真正、全面、客观地认识和完善自我。

（2）有助于增强信息交流和获取的意识和能力。人际交往本身就是一个信息传递、交流的过程。与不同的人或群体交往，是大学生增强自我表达交流能力、获得大量书本以外新知识的有效途径。

（3）有助于协调人际关系，便于以后走向社会。在人际交往中，每个人都或多或少存在着价值观以及行为习惯等方面的差异，由此可能会引发一些矛盾和冲突。正确处理这些不良影响，建立融洽和谐的人际关系就是一个协调的过程。这方面能力的锻炼、提高将成为以后迈向社会更复杂人际交往的一个演练和准备。

（4）有助于心理保健和身心健康。在与他人交往中，可以满足情感方面的需要。比如获得他人的尊敬、信任、支持，可以与朋友分享喜乐、分担忧愁。如果缺乏正常的人际交往，将产生负面情绪并且没有合理的疏导和宣泄渠道，最终将导致严重的心理问题，影响自身的身心健康。

三、大学生人际交往的影响因素

在大学生群体中，人与人之间的交往程度或深度往往有较大的差别。有的呼朋引伴，有的形单影只；有的情同手足、形影不离。这些差别是许多客观和主观因素共同影响的结果，存在着各种心理效应。

（一）非心理因素

1.时空因素

空间距离对人际交往有着重要的影响。人与人之间的人际交往需要在一定的时空范围内进行，距离和交往的频率是影响大学生人际交往的重要因素。

在日常生活中，人们更多地将喜欢的情感投向周围与自己有直接交往的对象，并在其中选择交往或合作的伙伴。因为空间距离越近，人们交往的机会就越多，交往的频率就越高，就越容易形成密切的关系。

大学生进入大学后，最初的人际关系一般都是从宿舍成员和老乡开始的。大学生最好的朋友往往都在同一宿舍，由于在一个屋檐下，彼此熟悉的程度显然高于非本宿舍成员，而老乡由于地域和文化的关系，在陌生环境里会产生心理上的亲近感。

但是，这里需要说明的是，空间距离并不是形成良好人际关系的决定因素，而只是首先起作用的因素。依然需要彼此之间的交往这个中介起作用，没有交往，其空间距离再近也不会形成良好的人际关系。

2.能力

一般而言，一个才能出众或在某方面有特长的人，对别人会有一种吸引力，使人有一种敬佩感，喜欢与之接近。人们对有能力的人，态度往往出人意料。在其他条件相等的情况下，一个人能力越高、越完美，就越受到他人欢迎。

还有一种能力特指的是交往的能力。人际交往不仅是一门科学，更是一门艺术，有些同学的人际交往失败与其交往能力不足有很大的关系。有些同学有人际交往的意识，内心有强烈的交往愿望，却不知道该怎样交往；想关心人，但不知道从何做起；想赞美人，却怎么也开不了口或词不达意。沟通能力和交往技巧的欠缺也是阻碍大学生和谐人际关系发展的一个重要原因。

3. 相似与互补

相似有着重要的意义，在日常生活中，共同的态度、价值观与兴趣；共同的语言、国籍、出生地；共同的文化；共同的教育水平、年龄、职业、社会阶层；乃至共同的遭遇，都能在一定条件下，不同程度地促使人们相互间的吸引。相似性可使交往双方在交往的过程中得到相互肯定、相互激励。

与相似相联系的是互补。当交往双方的需要和满足途径正好成为互补关系时，双方之间的喜欢程度也会在一定程度上增加。大学生中，外向型的人喜欢与性格内向的人友好相处，相互欣赏；依赖性强的人更愿意和独立性强的人交朋友等。这样使双方的关系更加协调，个人的特点正好适合对方的需要，各得其所。

从表面上看，相似与互补是矛盾的，但实际上，二者是协同的。建立在态度与价值观一致基础上的互补与相似就可以获得协同，无论是相似还是互补都体现了大学生交往的心理倾向，包括需求、兴趣还有价值倾向等。

（二）心理因素

1. 主体意识和归因

主体意识是指在人际交往过程中，交往主体对自身的存在、交往中所处的地位以及周围交往对象的意识。其从指导交往行为的层面来看，可分为三个层次：①主体认知，即自己对自身的认识，对自身在人际交往中的地位以及与交往对象的关系的认知；②主体情感，即伴随主体认知而产生的情感体验；③主体意向，即在自我认知和自我情感的影响下，对人际交往的思想和行为产生的倾向，它指导着交往行为的产生、取向、发展和维持的整个过程。三者之间密切联系，共同影响着交往行为。

其中归因方式对人际交往也有着重要的影响。归因方式是指个体对事件发生的原因习惯上倾向做出怎样的解释，具有个性的特点，通过个体对多个事件发生的原因进行判断来评定。归因方式包括内在 – 外在、稳定 – 不稳定、整体 – 局部以及控制 – 不可控制四个维度。

主体意识对自己的交往态度有着清楚的认识，指导交往行为；而在归因的影响下，又会反过来影响交往态度和最终的交往行为。两者相互独立又共同影响着人际交往。

2. 心理效应

在人际交往的过程中，常常会发生这样的情况：开始时很欣赏对方，觉得交到这样的朋友是自己的幸运。慢慢地，这种热情就会减弱，甚至逆转，觉得实际上他并不是那样完美。在心理学中有很多关于人际交往的效应，了解这些心理现象，可以对人际交往的改善起到积极的作用。

（1）首因效应和近因效应。首因效应一般指人们初次接触交往时各自对交往对象的直觉观察和归因判断，在这种交往情境下，对他人所形成的印象就称为第一印象或最初印象。首因效应时对人的印象的形成起着决定性的作用。初次见面时留下的第一印象常常是非常深刻的，而且对以后的交往往往有很大的影响。因此，在人际交往中留给人们的第一印象是十分重要的，无论好坏，都不容易改变。第一次和陌生人见面时，应穿着打扮整齐、干净，谈吐自然、有礼有节，这样才能建立良好的第一印象，展示自己最吸引人的品质。与此同时，也要警醒，在择友时不能完全只凭第一印象，而是要深入全面了解。

第一印象产生的首因效应，一般在交往初期，即双方还彼此生疏的阶段特别重要。而在交往后期，即双方已经十分熟悉的情况下，近因效应就发挥了很大的作用。所谓近因效应，是指在多种刺激一并出现的时候，印象的形成主要取决于后来出现的刺激，即在交往过程中，人们对他人最近、最新的认识占了主体地位，掩盖了以往形成的对他人的评价，因此，也称为"新颖效应"。因此，人们在看待人或事物时，要历史地、全面地看，不能只看一时一事，这样才能避免近因效应所导致的认知偏差。作为自身来讲，人们要认真对待每一次交往，要有好的开始，也要重视好的结尾，否则再好的"第一印象"也会功亏一篑。

首因效应和近因效应都是在顺序上产生的特殊心理效应，交往中沟通时的语序也会因这两个效应受到相应的影响。

（2）定式效应。定式效应是指以前的心理活动会对以后的心理活动形成一种准备状态或心理倾向，从而影响以后心理的活动。它是人们在认知活动中用"老眼光"——已有的知识经验来看待当前问题的一种心理反应倾向，也叫思维定式或倾向。在人际交往中，定式效应表现在人们用一种简化了的人物形象去认知他人。在对陌生人形成最初印象时，这种作用特别明显。这个效应给人们的启示是：在人际交往中，人们不要从对象的性格、地位、背景出发，也不要戴着"有色眼镜"交往。

（3）晕轮效应。晕轮效应是指人们在对别人做评价的时候，常喜欢从或好或坏的局部印象出发，扩散出全部好或全部坏的整体印象，就像月晕（或光环）一样，从一个中心点逐渐向外扩散成为一个越来越大的圆圈，所以有时也称为月晕效应或光环效应。在多数情况下，晕轮效应常使人出现"以偏概全""爱屋及乌"的错误，产生一个人一好百好的感觉。晕轮效应有可能来自交往对象的外貌、职衔等等。

（4）投射效应。所谓投射效应是指以己度人，认为自己具有某种特性，他人也一定会有与自己相同的特性，把自己的感情、意志、特性投射到他人身上并强加于人的一种认知障碍。即在人际认知过程中，人们常常假设他人与自己具有相同的特性、爱好或倾向等，认为别人理所当然地知道自己心中的想法。

第二节 大学生人际交往特点与常见问题

一、大学生人际交往的特点

心理学研究表明，人都有强烈的交往需要，都畏惧孤独，害怕离群索居。大学生更是这样。他们远离家乡，远离亲人，异地求学，心中难免有失落感和孤独感，同时在日常的学习和生活中也难免会碰到一些不顺心的事，这更增加了惆怅心理。因此，他们很需要找人倾诉、交流，从交谈中得到精神上的慰藉。人际交往是大学生生活的基本内容之一。大学生的人际关系主要包括个人与同学、教师、老乡、室友等之间的关系，这些错综复杂的社会交往，就构成了大学生人际交往的"网络系统"。

（一）大学生的常见人际关系

对于大学生而言，校园生活是大学生活的中心和重心，在同学关系、师生关系等方面都呈现出某些特点。

1. 同学关系

同学是大学生人际交往的主要对象，同学关系是大学生人际关系的主要内容。大学校园里的同学关系总的来说是和谐、友好的，同学之间的关系有亲情化、家庭化的趋势，即在日常生活、学习中创造一种如同亲属一般和谐稳固的同学关系。

2. 师生关系

教师与学生，是大学校园里两大基本群体。教师是学生人际交往的重要对象，师生关系是学生人际关系的重要内容。师生关系如何，将会直接影响到学生能不能健康地学习、成长，并在很大程度上决定了学校能不能对学生的身心产生符合社会要求的影响。

和谐的师生关系在教育过程中十分重要。学识渊博、多才多艺、工作能力强的教师易使学生接受他的观点；工作认真负责、关心并尊重学生、性格开朗、果断的教师往往能赢得学生的喜爱。对学生而言，教师则应正确对待教育过程中的缺点和不足，谦虚诚实。这样，师生之间互相尊重、互相理解，就能建立良好的师生关系。

在大学校园里，学生普遍做到了尊敬教师。随着社会的发展，人们的很多观念都发生了变化，但学生中"尊师"的主流一直没有变。教师在建立新型师生关系中处于主动地位，他们对待学生的态度直接影响着师生关系发展的方向与速度。如今，为师者也逐渐破除"师道尊严"的旧观念，而是尊重学生，理解学生，将学生视为独立人格主体，这样就缩短了师生之间的心理距离。

3.学生交际圈

在今天的大学校园里，大学生根据各自兴趣、爱好、性格等的不同，结成一个个或松散或紧密的交际圈。在一个个或明或暗的交际圈中，同学之间有亲疏之分，有好朋友与一般朋友之分。大学生的交际小圈子，大概可以分为学习型、娱乐型、生活型、社团型等几种。

（1）学习圈。在这个圈子里的学生，有一个共同的理想，就是学习。但真正为了学习学校开设的课程而形成学习圈的并不多，大多是为了考取某种证书、资格或者参加某种公共考试，如律师资格考试、考研等，而形成一个个大小不一的学习圈。

（2）娱乐圈。在这个圈子里的学生，都爱好某种娱乐活动，如体育运动、文艺活动、休闲娱乐等。他们课余时间经常在一起活动，不仅内部"操练"，还经常主动"出击"，力求把圈子的活动举办得丰富多彩。

（3）社团圈。学生社团是大学校园里一道亮丽的风景，是校园文化的重要组成部分。社团有理论类、实践类、文艺类、体育类，涉及文、史、哲、音、体、美等各个方面。许多大学生通过社团走出校园，将自己和社会、自然融为一体，培养各类能力，增长才干。

（4）合租圈。近年来随着大学扩招等改革，学校对学生的管理有某种程度的放松，有些学生在校外租房合住，形成了一个个的生活圈。合租圈是在社会转型时期大学校园里出现的新的学生交际圈。

4.网络人际关系

网络人际交往是人们在网络空间里进行的一种新型人际互动方式，大学生作为"易感人群"，网络人际交往给他们的生活方式、价值观念带来的挑战和改变是前所未有的。据中国互联网络信息中心发布的统计报告，目前学生在中国的网络用户中占21%，是上网用户比例最大的一个群体。

网络空间好比一个巨大的城市，有图书馆、大学、博物馆、娱乐场所，里面有各种各样的人；无论什么人，都可以到这个"城市"去逛逛。在这个空间里不仅可以获取和发布信息，还可以通过 E-mail、QQ、BBS、网络虚拟社区等方式进行聊天、交友、游戏、娱乐等网络人际交往。网络是一把"双刃剑"，网络人际交往对大学生的健康成长既有正面效应，同时也有负面效应。

（二）大学生人际交往的特点表现

大学生的人际交往活动有其自身的特点，主要表现在以下几个方面：

1.主动追求开放式交往趋势

在中学阶段，学生的注意力都集中在学习上，没有时间和精力进行很多的人际交往。进入大学后，由于学习模式转换，他们迫切需要走出家门，走进公共场合，结交更多的朋友，交流更多的信息，接受更多的新思想。在这种心理的作用下，大学生的人际交往呈现出前所未有的开放式交往趋势，表现在以下几方面：

（1）交往的范围扩大。过去的交往，对象多限于亲戚、邻居、成长伙伴、同宿舍或同班同学，现在的交往对象早已超越家庭、宿舍、班级、学校，不再受地域的限制，范围在不断扩展。例如，大学生交往的对象不仅包括大学同学，也包括在社交场合认识的其他人；同学之间的交往也不只局限于同班同学，已发展到同级、同系甚至是同校接触的所有同学；不仅是同性之间的交往，异性交往也很平常。

（2）交往的频率提高。过去的交往通常是偶尔的相聚、互访。现在的交往，已发展为经常性的聊天、社团活动、举行聚会、体育活动、娱乐、结伴出游以及其他的一些集体活动。

（3）交往的方式多样。过去的交往通常是同学之间的互访、通信。现在大学生的交往已普遍使用一切现代化的通信设备、交往工具、交往场所等，交往手段有了很大的发展。这也使得大学生的人际交往变得更方便、更快捷，交往距离更远，交往范围甚至可以扩展到世界范围。

2.追求人际交往的独立性与选择性

（1）从交往的特征看，过去的人际交往主要是在师长的指导下，在高年级同学的协助下进行。随着独立意识的增强，大学生交往的对象、范围都有了选择，交往的自由度也在加大。此外，大学生交往心理由情绪型向理智型转化。过去的人际交往主要是受情绪不稳定的影响，表现为情绪型的特征；随着社会经验的丰富以及心智的成熟，大学生不但学会了如何调节情绪，而且交往活动不再被情绪左右，在交往中能理智地择友。

（2）从交往对象看，通常以寝室同学的人际交往为中心，社会工作和网络社交的人际交往占主导。大学生虽然主动追求开放式的人际交往，但由于时间、精力、生活环境、经济条件等方面的限制，交往的主要场所仍然在校园内，中心是学生的寝室。这是因为大学生过着朝夕相处的集体生活，摆脱了对父母、教师的依赖。众多的交往机会、相似的人生经历、共同的学习任务，使得大学生的交往对象更多地选择同寝室、同班、同乡等有相似背景的同学。

（3）交往的内容基本上围绕共同的话题，如学习、考试、娱乐、思想交流、情感沟通而展开。

3.情感型交往和功利型交往并重

随着社会的发展变化，大学生在社交目的上也趋于"理性化"，选择什么样的人交朋友，并不纯粹是出于交流情感和志同道合，交往的动机已经开始变得很复杂。过去交往多是为了交流情感、寻找友谊、寻觅爱情，交往的目的相对单一，而现在随着社会的多样化，大学生人际交往的目的和内容也更加丰富多彩，交往涉及衣、食、住、行、学习、工作、娱乐等方面。可以说，大学生的人际交往在注重情感交流的同时，越来越注重与自身社会利益相关的务实性，呈现出情感型交往与功利型交往并重的趋势。

4.从注重纵向交往转为扩大横向交往

进入大学后，大学生的生活空间大大扩展，与家长、教师的联系慢慢减少，交往的重点从交往的方向看，从注重纵向交往转向扩大横向交往，即转向同龄人，从以往同班同学之间的交往扩大到同系、外系、外校的同学交往。

另外，从交往效果看，大学生对自己社交能力和人际关系环境的评价不高，他们虽然从心理上积极主动地去与他人交往，并且很注意学习社交知识，但实际效果却并不理想，与自己的预期要求还有较大差距。

第三节　大学生人际交往的原则与调适

一、大学生人际交往的原则

（一）遵循平等原则

在人际交往中，平等待人是建立良好的人际交往的前提。如果没有平等待人的观念，就不可能与人建立密切的人际关系。交往要平等指的是人与人之间的相互交往应该平等，做到一视同仁。同学之间不要因为家庭、经历、特长、经济等方面的不同而对他人"另眼相看"，也不要因为学习成绩、社交能力等方面存在差异而看不起别人，更不要因为自己获得了荣誉和拥有良好的社会背景而傲视别人。只有把每个人都看成是和自己同等的人，像求助别人一样帮助别人，才能与他人形成真正平等互助的正常交往关系。

（二）遵循互利原则

互利原则要求人们在交往过程中，交往双方都得到好处和利益，心理上获得满足。互利包括三个方面：物质互利、精神互利和物质与精神兼利。大学生交友中的互利虽然也有一定的物质互利，但主要还是精神互利。大学生的生理和心理特点决定了他们最希望得到别人的理解和支持，喜欢引人注目，渴望出类拔萃。大学生精神互利，与他们本身需求系统中的精神需求所占比重较大有关。

大学生在同他人交往的时候，要想从他人那里获得关心、注意和爱护，就必须考虑他人也有这种需要，这同时也是互利原则所需求的。因此，建立良好的人际关系要互相关心、互相爱护、互相帮助、互相理解、互相尊重。

（三）遵循信用原则

所谓信用，是指在人与人的交往中，要说真话而不要说假话，要遵守诺言，兑现诺言。

信用是忠诚的外在表现，讲信用是相对于他人而言的，没有交往便无所谓信用问题，单独的个人就不存在信用问题。但是，人是离不开交往的，而交往离不开信用。在大学生的人际交往中，取信于人是非常重要的。由于大学生群体的特殊性，他们的信用一般不像在社会政治与经济交往中那样受法律的约束，而主要是依靠道德力量来约束。大学生在人际交往过程中，只有真诚待人，才有可能与别人建立和保持良好的人际关系。社会经验证明，为人与交友最重要、最根本的就是要诚实，诚实才能使人放心，才能取得他人的信任，别人也才能同自己推心置腹地交心。信用是大学生结交知己良朋必不可少的前提。大学生也都喜欢同诚实正派的人一起交往，这样的交往有一种安全感，不用担心什么。

取信于人的主要方法概括为守信、信任、不轻诺、诚实、树立自信心。无信而不立，守信是第一步。树立自信心，就是为了获取信用，自信被视为成功的第一要诀。因此，大学生在交往过程中，既要自信，又要信人，做到互相之间以信相待，以诚相待。

（四）遵循兼容原则

兼容原则是指人们在交往过程中出现矛盾、遇到冲突时要有耐心，能够宽容他人，做到包容并蓄，包括容忍对方的个性和缺点。大学生在人际交往过程中应该学会宽以待人，不计较他人的细枝末节，如物质利益的损失、某些性格上的差异，甚至一些言词方面的冒犯等，这样才能在学习、生活和工作中保持融洽的人际关系。

大学生主要过集体生活，他们来自全国各地，每个人的个性、兴趣爱好基本上各不相同。有人外向，有人内向；有人热情，有人深沉；有人大方，有人小气；有人学习成绩优秀，有人文体特长较多。因此，要想关系融洽，需要每一个大学生都能够尊重他人的习惯、爱好，而不是把自己的主观意志强加给别人。同时还要充分理解对方的心理，谅解别人的过失，对别人不求全责备。只有这样，同学之间才能避免和消除猜忌、纠纷、傲慢和自卑，形成协调的、融洽的、和谐的人际关系，使大学生集体成为一个温暖的集体，而这一切都是离不开兼容原则的。

兼容不仅表现为对非原则的问题上不斤斤计较，而且表现为在别人明显亏待了自己的时候也能做到以德报怨；兼容不仅表现为容忍别人的短处，也表现为能够容忍别人的长处。当别人不如自己的时候不轻视怠慢，当别人优于自己的时候不嫉贤妒能。当然，兼容也不是软弱无力，恰恰相反，不以牙还牙，抑制狭隘的报复心理本身就是力量和勇气的表现。大学生有文化，知书识礼，应该达到"有理也让人"的心理境界，严于律己，宽以待人，兼容并蓄。

（五）遵循尊重原则

尊重是由"人人平等"的社会伦理规范所规定的人际交往原则。它包括自尊与尊重他人两个方面。自尊就是在各种场合都要自重、自爱，不做有损于人格尊严的事。尊重他人就是重视他人的人格和价值，承认他人在人际交往中的平等地位。一个不尊重他人、经常损害别人利益，或把别人当工具的人，人们是不愿与之交往的。人都有友爱和受人尊重的需要，大学生的自尊心都比较强，他们希望在社会中有一定的地位，受到人们的信赖与尊重，使自己成为社会中平等的一员。

第七章 大学生心理健康教育课程改革初试

第一节 大学生健康教育课程现状

大学生的心理问题主要表现为自我意识的不稳定性、易变、不能正确评价自己、缺乏自信、缺乏学习的动力。这个年龄阶段的大学生既希望拥有自己的私密空间，又担心被孤立，常出现既想封闭自己又渴望建立良好的人际关系的矛盾心理。在职业选择方面，面对激烈的竞争和巨大的就业压力，常出现心态失衡，表现出嫉妒、自卑和焦虑等，既有共性的心理问题，也因为家庭环境、成长经历的不同而存在个体问题差异。

一、教育课程改革的提出

随着经济社会的发展，高等教育应该如何适应时代发展要求、满足社会发展需求，与时俱进地培养德才兼备、身心健康的复合型人才，已成为高等教育面临的重要任务和亟待解决的问题。新时期，心理健康教育已被列为大学素质教育的一项重要的教育内容。但长期以来，我国大学生心理健康现状不容乐观，如何提高心理健康教育的实效性备受关注。在高等院校设置心理健康教育课程、开展心理健康讲座、开展心理咨询活动是提高大学生心理健康教育水平的主要途径，其中设置心理健康教育课程已成为高等院校大学生心理健康教育的重要手段。但在具体的实施过程中还存在一些问题，主要是课程定位不清、对教育对象缺乏了解等，这严重影响了大学生心理健康教育的有效性。

随着"深化教育改革，全面推进素质教育"要求的提出，为了使21世纪的基础教育课程体系和人才更加符合素质教育和新时代的要求，新一轮基础教育课程改革正式启动。到今天为止，新课改的实行已有十年有余，在改革的浪潮中，一代又一代的学生在新模式中被培养出来，作为我国重要的评价制度的高考也随之出现大幅度的改革，以适应挖掘新人才的需要。近年来，不少大学还拥有了高考的自主选择权，可以在众多考生中选择符合该校选拔标准的学生进行培养。这种种举动都体现了新课改的理念和目标，使我们的学生真正成为"会认识，会做事，会生活，会生存"，具有独立创新意识的合格高中毕业生。

高校的课堂教学正在接受新的挑战——如何改革，才能更好地促进学生的发展，达到培养人才的真正目的。

教育质量是大学的命脉，课堂教学又是教学质量中的重中之重。近年来，我国高等教育的改革与发展正在逐步深化，推动课堂教学改革，成了提升高等学校教学质量的必要措施。

二、国内外课堂教学的研究历史与现状

课堂教学作为一种集体教学形式出现至今已有多年的历史了，在这漫长的发展历程中它经历了不同阶段的变化与发展，从最初的以教师"教"为中心到后来的以学生"学"为中心，再到目前提出的"双主教学"，课堂教学不断进行着改革以适应新时代的要求。但是，不论如何革新，课堂教学在世界各国依旧是学校教学最基本的教学形式，依旧在教学中发挥着至关重要的作用。分析和整理课堂教学的历史发展，了解其特点才能让我们在未来的改革中更好地面对所产生的问题，更好地解决它。

（一）国外课堂教学发展史

课堂教学这种形式是在 17 世纪开始兴起的，在漫长的发展历程中它大致经历以下四个阶段。

1. 原始发展阶段

17 世纪初期至 19 世纪初期，课堂教学的形式取代个别教学形式初步形成并开始兴起。17 世纪时，资本主义工商业的迅猛发展，使得社会对人才的需求急剧增长，以往的个别教学已经不能满足社会对于教育的需要，这时候一些类似于班级教学的组织慢慢出现，新的教学方法很快得到人们的认可。捷克教育学家夸美纽斯将其形式进行总结，在《大教学论》一书中正式提出"班级授课制"这一教学组织形式，并阐述和设计了符合班级授课的统一的教学要求、教材和时间等。这之后他所倡导的班级授课制在英国和美国的教育发展中起到了很大的推动作用，并在各国逐渐推行开来。这是人类有教育活动以来第一次在统一的教学目标下，在统一的时间和空间范围内进行的大规模的人才培养，是教育史上一次大革命。这是课堂教学的雏形，它只是单一的知识的传输，教学组织也较为松散。

2. 初步发展阶段

19 世纪初，人们不再满足原始的只在课堂上听教师的讲授，并开始对这种教学方式进行批判和进一步深入的认识。人们除了逐渐加深对教学组织的外在形式的研究之外，也渐渐开始关注课堂教学的对象，探索学生的学习心理和知识掌握过程成为新一阶段教学发展的特征。瑞士著名的教育家裴斯泰洛齐在他的研究中明确指出，"教学必须遵循直观教学原则"，不是单一的知识的增加而是智力的累积，他认为教学的开展应根据不同阶段的儿童心理，启发人们根据儿童心理开展有效地组织教学。18 世纪末，德国著名的教育家赫尔巴特则将他的教学理论与心理学研究结合起来，强调在学习过程中对学生学习兴趣的激发和培养，并总结出三种教学方法：叙述教学法、分析教学法和综合教学法。这三种方法构成了较为完整的教学方法体系。同时，赫尔巴特还创立了阶段教学理论，指出学生在学习中掌握知识要达到"钻研"和"理解"，将教学阶段划分为"明了、联想、系统、方法"四个阶段，并在日后发展成为著名的"五段教学法"。19世纪德国另一位著名的教育学家第斯多惠根据教育学与心理学主张要将教学和生活经验结合起来，强调要增加对学生思维的培养，提出"发展性教学"的观点。这几位教育家的研究和探索掀起了课堂教学改革的第一个浪潮。在这一阶段中，人们对课堂教学的研究不再仅仅局限于表面形式，还探讨了教学的组织原则和教学方法，认识了课堂教学的本质，同时将理论应用于实践课堂教学中，推动了课堂教学的发展。

3. 稳定发展阶段

19世纪后期，课堂教学的发展由高潮阶段进入了稳定发展阶段。在这一阶段中，欧洲出现了一种"新学校运动"，该运动更加强调学生的地位，在教学中更注重学生判断力和研究力的培养，还研究了学生学习的兴趣与需要。在这期间，心理学研究迅速地发展起来，与教育学结合为课堂教学提供了更为科学的指导。进入20世纪后，美国教育理论和课堂教学有了很大的发展，其中最具代表性的两个人物就是杜威和克伯屈。杜威创办了"芝加哥实验学校"，并创立了自己的教学理论体系，提出了实用主义教学主张。针对当时教学的弊端，苏联对以往的教学理论进行了批判和修正，肯定了分班教学的课堂教学组织形式和教师在教学中的主导地位。这期间最具代表性的人物是凯洛夫，他强调基础知识和基础技能在学生知识体系中的重要位置，提倡以讲授为主的教学方式。他提出了著名的"五环节"课堂教学模式：组织教学—复习旧课—讲授新课—巩固新课—布置作业。但是他过于注重教师的传授，却忽略了学生的主动性。

4. 现代改革阶段

"二战"以后，工业的发展得到喘息的机会，一切都百废待兴，科学技术这时得到迅猛的发展，知识大爆炸的经济时代很快来临。这时的教学理论发展处于百花齐放、百家争鸣的状态，越来越多的教学理论逐渐涌现出来，相互补充，相互辩驳。如早期兴起的新传统派教育理论，包括要素派主义流派、永恒主义流派等。这之后又有存在主义教学哲学、分析主义教学理论等相继推出，为课堂教学的实践提供了更多的科学性指导。这期间对现在课堂教学影响最深的要数结构主义理论，它为课堂教学提供了一些颇具现实价值的观点。结构主义理论的代表人物是瑞士的心理学家皮亚杰和美国著名的心理学家布鲁纳。皮亚杰提出了"发展认识论"，认为教学不只是简单的知识的传授过程，必须与儿童的心理发展结构结合起来，促进其智力的发展。皮亚杰鼓励在课堂教学中学生发挥主动性，主动积极地学习；教师在教学方法上运用"发现法"，鼓励学生从学习动机出发，努力探索求知，发现问题、解决问题。20世纪70年代，美国心理学家斯金纳提出要对课堂教学进行改革，在批判现有课堂教学效率低下的同时，提出了强化理论。总之，这一阶段的课堂教学发展具有三个特征：恢复了学生的主体地位，知识传授的同时注重学生智力的发展，课堂教学组织发展更为科学化。

　　纵观课堂教学的发展史，每一次变革都是为了适应时代的要求，为时代提供足够的优秀人才。我们只有清楚了课堂教学的发展方向，才能将已有的经验和时代的发展结合起来，为新的课堂教学改革提供有效、科学的依据。课堂教学目的从注重知识向知识与能力并重的方向发展；课堂教学的组织方式从统一大班授课向集体授课为主、小组教学和个别教学为辅的方向发展；课堂教学的师生关系由以教师为中心向"双主教学"发展；课堂教学方法则是从单一讲授法向各种方法有机结合发展。

（二）国内课程改革研究

　　课堂教学观包括教学价值观、教学目的观、教学过程观、教学内容观和课程观等方面的内容。在课堂教学价值观的研究中，李长吉指出教学价值的两个构成要素是教学的属性和人的教学需要。茅坪荷论述了教学价值的定位，其宗旨是弘扬学生的主体性。在教学目的观的研究中，杨波等学者认为教学的目的在于促进学生个性的全面发展，万伟、叶澜等人认为教学的目的在于促使学生实现精神自由，程胜认为教学的目的在于师生间的共同理解。在教学过程观的研究中，古良琴、叶澜、周海银、李朝晖等学者认为教学的过程可以看作是知识传播与生成的过程，是生命成长与形成的过程，是师生间、生生间互动的过程，是师生间共同参与的精神游戏。在教学内容的研究中，有学者认为教学内容应注重知识与能力的并重，科学与人文的并存，知识与情感的交融，知识与生活的交汇。在课程观的研究中，任亚方提出教师要善于处理教材，把向学生传授知识的过程变为学生主动发展的过程。

　　关于高校课堂教学模式的研究，在对课堂教学模式的研究中，不少学者详细阐述了现存的和创新的教学模式，基于探究的课堂教学模式，论者提出了探索式课堂教学模式、研讨式课堂教学模式、研究性学习模式和问题学习模式。此类教学模式都是将探究和讨论作为教学的主要手段，以培养学生的探究精神和创新性思维。主体教育课堂教学模式是指教师调动学生积极性去主动参与教学过程，在教师的指导下学生的主体作用得到充分发挥。合作学习模式，有论者认为群体性是合作学习的主要特征，学生之间的互助学习有助于个体提高学习效率。还有小班化教学模式、案例教学、"五环节"教学模式、"四导三疑一创"的课堂教学模式、教师指导下自学为主的课堂教学模式、自主合作创新的课堂教学模式等等。

第二节　大学生健康教育课程相关研究

一、课程改革的相关概念界定

（一）教学的含义

"辞海"中对"教学"一词有三种释义：一是指教师传授给学生知识、技能的过程；二是指教育；三是指教书。各国教育学家对教育的解释也各有不同。苏联教育家斯卡特金认为，"教学是一种传授社会经验的手段，通过教学传授的是社会活动中各种关系的模式、图式、总的原则和标准"。美国教育心理学家布鲁纳认为，"教学是通过引导学习者对问题或知识体系循环渐进的学习来提高学习者正在学习中的理解、转换和迁移能力"。王策三认为，"所谓教学，乃是教师教、学生学的统一活动；在这个活动中，学生掌握一定的知识和技能，同时身心获得一定的发展，形成一定的思想品德"。李秉德认为，"教学就是指教的人指导学的人进行学习的活动。进一步说，指的是教和学相结合、相统一的活动"。

虽然大家对"教学"给出了不同形式的解释，但是在众多定义中，基本都包含了以下几点：一是都强调了"教"与"学"的统一性。教学不能被单看成是"教"或者是"学"，只有教师"教"，没有学生"学"，是没有目标、没有意义的"教；"只有学生的"学"，没有教师的"教"，学生就不能准确快速地掌握知识和提高技能。二是都明确了教学中实施者和接收者之间的关系。"教"是一种外化过程，以教师的行为作为主导，"学"是一种内化过程，以学生的行为作为主体。教师不能代替学生成为学习的主体者，更不能剥夺学生的主体地位，只能在教学过程中起到主导作用，指导学生更好地学。而学生只有借助教师的指导，才能更好地学习。三是都强调了教学的全面性。教学不仅仅是教授学生知识、技能，更重要的教会学生"做人"，在教学过程中让学生的情感得到升华，注重培养学生思想品德的形成，使其得到全方位发展。

教学具有两方面的功能：一方面是教学促进社会的进步和发展。教学将社会与个人有机地联系在一起。通过教学，人们可以短时间、高效率的掌握人类在历史长河中留下的宝贵知识财富，并在科技高度发达的今天学会学习的技巧，为未来从事的各种社会实践和创造新的知识打好基础。另一方面是教学可以培养学生的个性，使其全方面地发展。教学对个体的影响是直接且具体的，学生从无知懵懂成长为一个思想健全、拥有足够知识储备的个体，需要长时间的学习来增加认识，同时还受到很多空间上及个人经验的限制，但教学可以缩短学习的时间，提高学习的速度，扩大学习的范围。教学不仅仅包括知识的传授，也还包括对学生世界观、价值观、道德观的培养，使其得到全方位的发展。

（二）班级授课制的概念

班级授课制也被称为班级教学、课堂教学，是课堂教学的基本组织形式。班级授课制是指把年龄和学习程度大致相同的学生，收编成固定人数的班级，教师按照各门学科的教学大纲规定的内容，组织教材和选择恰当的教学方法，按照课程表规定的时间，向全班学生进行授课的教学组织形式。

班级授课制产生于近代资本主义兴起时期，17世纪捷克著名教育学家夸美纽斯在他的《大教学论》中最先对班级授课制进行总结和论述，将其定义明确下来。18世纪教育学家赫尔巴特提出了教育过程的形式和阶段等理论，进一步补充和完善了班级授课制的概念。直到以凯洛夫为代表的教育学家提出"课"的类型和结构概念，班级授课制才成为一种完善且有效的教学组织形式。

班级授课制的优势在于：同一班级学生可以由一名教师进行集体授课，大大提高了教师的教育能量；以"课"为教学活动的单元，提高了学生学习知识的完整性和系统性；根据授课时间和计划，可以更好地安排教学，提高了教学效率；充分发挥了教师的主导作用；相同年龄和学习程度的学生之间可以更好地相互交流、讨论、切磋。但也有一定的局限性：以教师为主导的课堂，往往忽视了学生主动性，将学生置于被动的位置；统一制订的教学计划，课堂的多样化、开放性不够；教学内容单一；集体化教学限制学生的个性发展等。针对以上可能出现的问题，各国长久以来都在探索和研究更加符合现代化社会新形势的教学组织形式。世界各国相继掀起缩小班级规模的运动，同时强调加强班级授课制与其他形式教学组织形式结合，完善其本身的不足之处，变革课堂教学的环境，以使班级授课制变得更加弹性化。

（三）课堂教学的含义

课堂教学是一个复杂的系统（如图7-1所示），其基本组织形式是班级授课制，其结构要素包括很多，诸如教学目标、教学内容、教学主体等，这些要素大致可以分为构成性要素和过程性要素两大类。

构成性要素由学生、教师、教学内容、教学媒体四个要素构成。其中学生是主体要素，在课堂教学中学生是教学信息的接受者，在教学活动中起主体作用。其相关的因素有：学习情感意向、学习智能、基础知识、个性品质。教师是主导因素，教师在课堂教学中承担着组织教学内容、设计教学方法和指导学生学习的任务，其子因素有教学态度、教学技艺、个性品质。教学内容是教学的信息要素，其子因素有内容选择、内容组织、内容展开与内容表达。教学媒体是教学媒体的物质要素，它是教学信息传递的媒介，其子因素有媒体选择、媒体组合、媒体质量、媒体运用等。

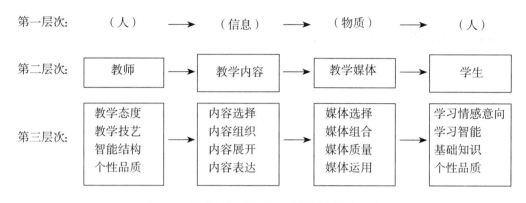

图7-1 课堂教学系统的构成性要素及其层次

过程性要素由教学目标、教学方法、教学内容、教学形式、教学结果这五大要素构成（如图7-2所示）。教学目标中包括认知目标、情意目标、发现目标，是教学活动指导要素；教学内容包括知识技能、人生观、价值观以及思维方法的培养；教学方法是多种多样的，其中有体验式教学、发现式教学、探究式教学等，意在传授知识、陶冶情操。教学形式以班级授课制为主，辅以其他形式的教学形式，如参观、实验研究、社会活动等；教学结果则通过教学评价得以体现。

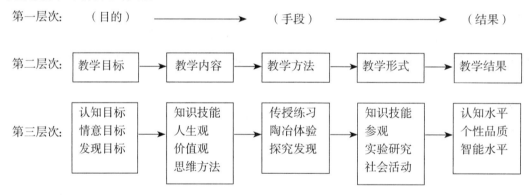

图7-2 课堂教学系统的过程性要素及其层次

二、课程改革相关理论依据

高校课堂教学改革的进行，必须要以一定的教学理论作为依据。立足于教育心理学和教育技术学等理论，建构主义观点被越来越多地用到一些问题的研究中。它对传统的认知论进行了批判，并在已有的理论上形成了新的认识论、学习论和教学论。高校课堂教学改革应结合现代教育理论的成果，参考建构主义理论各派的观点，吸取有益于改革的部分，从知识观、学习观、课程观、教学观、评价观等方面指导教学改革。

（一）建构主义的学习观

1.建构主义的知识观

建构主义知识观认为知识是主动建构的，而不是被动接受的。心理学家奥苏贝尔强调学习者已有经验的作用，认为新知识的建构就是将新旧知识联系起来，将新知识纳入到原有知识体系中。因此学习者只有通过自身的建构，赋予知识自己的理解，才能吸收知识。建构主义知识观还认为知识是个人经验的合理化。每个学习者对于知识的建构都是在已有知识经验的基础上进行的，每个主体所建构出的知识不一定是真实世界的反映，因此知识并不能完全说明世界的真理性。知识是个体与他人经过协商达成一致的社会建构。建构主义虽然认为知识是个体经验的合理化的体现，但是对于知识的建构也不是这么随意的，需要与其他人所建构的达成共识。

2.建构主义学习观

第一，学习不只是把知识搬到学习者的脑中，也不是学习者被动接收信息，而是以自身已有经验为基础，主动对所接受信息进行加工、整理、分析，从而将外界信息构建成为自己的内部知识。因而学习是主动建构意义的过程，所以这个建构过程是别人所无法代替的。第二，构建新知识的过程，就是外部信息与内部已有经验之间的相互作用的过程。外部的知识只是基于纸质基础上的知识，没有什么具体的意义。只有将外部知识进行重新解读、编码，使之成为内部的经验，才能获得新的意义。同时也不能无视已有的知识经验，而是应将已有的知识经验作为新知识的"生长点"，通过建构新的知识经验不断调整已有知识结构。第三，建构的意义根据各自的理解各不相同。每个学习者过去储备的知识数量和程度都有很大差别，甚至对某些问题的经验完全为零。面对这样的问题时，学习者都会将对这个问题的理解加注在相关的经验之上，建构新的意义。不同的经验建构出的新知识都是不同的，体现了学习者的个体差异性。第四，建构主义者很注重学习过程中的讨论和交流。通过合作学习，学习者可以看到每个人对相同问题的不同理解，从而充实自己已有的知识结构，加深对问题的理解；对于与自己认知相向的理解，可以通过比较判断正误，纠正自己错误的认识。通过相互讨论，学习者还可以得到更多的看法，开阔思维，学到新的知识，重建新的知识经验。第五，建构主义学习观要求学习者积极地、有目的地进行积累性学习，同时还要经常对学习过程进行诊断和反思。在建构主义学习中，学习者应当积极主动地开始学习，并且鼓励学习者确定明确的学习目标，并通过各种不同的途径达到相同的目标。学习的积累不是量的积累，而是质的飞跃。

（二）建构主义的教学观

从教学目的来看，学生是知识的主动建构者。传统教学通过教学目标制订教学内容和教学计划，甚至以教学目标的完成度来评估教学质量和教学结果。传统的教学目的是帮助学生了解世界、认识世界，而不是鼓励学生自己分析解决遇到的问题。在建构主义学习环境中，教学的目标是学生对知识的建构过程，强调学生的主体地位，注重学生创造性思维的发展。教学就是要为学生创建一个主动构建知识的环境，培养学生的主动性和创新性。

从教学模式看，建构主义就是要为学生构建一个以学生为中心的教学环境。在教学环境中，教师作为指导者、引路人引导学生建构知识体系，利用多种教学模式刺激学生主动积极地学习，最终使学生达到知识有效构建的目的。

从教学方法看，建构主义理论为了使学生能够有效地建构知识意义，开发了多样化的教学方法，如支架式教学、随机通达教学、自上而下的教学、情境教学等。

1. 情境教学

首先，情境教学法将教学放置到具体的现实情境之中，以学生解决现实生活中遇到的问题为目的。情境教学的内容应选自现实生活中真实的问题，不能将其处理成简单的模型使其失去现实意义。在解决此类问题时，可能会涉及多学科的知识，情境教学主张弱化学科之间的界限。其次，情境教学所解决的问题不是教师事先准备好的，它的提出过程类似于现实中专家研究某类问题的探索过程，教师建构与之相适应的学习环境给学生，引导学生发现问题的矛盾点，并通过积极探索去寻求解决方案。以大学生的认知发展水平来看，基础知识的获得可以由自学为主，他们完全具有这样的能力。因此，教师可以将课堂的重点放在情境的构建上，更多地去培养学生的思维能力。

2. 支架式教学

在支架式教学中教师的作用类似于支架，帮助学生建构和内化所学的知识和技能，以提高学习者的认知水平。通过教师的支架作用，慢慢将任务由教师转移到学生身上，教师引导学生逐渐将知识内化为自身的经验，并在建构过程中加以矫正使其建立正确的知识结构。

3. 随机通达教学

学习者在对知识信息的建构中，根据以往经验的不同，对所建构的知识理解也各不相同。随机通达教育就是对同一问题建立不同的学习情境，在不同的背景下让学习者对同一知识建构不同的意义，从多个角度全方位理解问题。教师要指导学生对不同意义进行比较和判断，进而搭建出属于自己的知识体系结构。

4. 自上而下的教学

传统的教学是从基础知识出发，逐级向上探究问题，但是建构主义遵循完全相反的路线，自上而下的教学，以问题为出发点，探索和研究解决问题的方法，最终在探究过程中建构知识意义。建构主义更加注重合作学习，鼓励教师和学生之间相互交流，在交流中做到教学相长。

三、大学生心理健康教育课程改革建议

（一）丰富教学方法

教师在教学过程中应关注大学生的心理需求，提高大学生的环境适应能力、自我管理能力和情绪调节能力，提高大学生心理素质。要做到这些的关键在于在具体的教学过程中根据教学目标实施有效的课程教学方法。教学过程中应改变以往的"一言堂"的教学方法，将心理教育课程性质定义为实践技能课。教学过程中可灵活运用讲授法、心理测试法、心理游戏等。丰富、灵活的教学方法能够充分调动大学生学习的主动性、积极性，能够引导大学生带着积极的情感体验参与课堂教学，形成师生的互动、交流，使学生在轻松、愉悦的气氛中习得知识，有利于提高大学生的理解、应用、分析、解决问题的能力。

（二）课堂教学与课外实践有机结合

为实现心理教学目标，应将课堂教学与课外实践有机结合，高校心理健康指导教师应注重心理健康教育课程知识的延伸和挖掘，把课堂教学与课外实践视为一个完整的教学体系，经常组织学生参加社会、学校组织的各类专题讲座和公益活动，鼓励学生积极参加学校和班级开展的各种活动。教师应引导学生挖掘讲座和活动的积极的思想、向上的动力，结合课堂教学内容，循序渐进培养学生积极、健康向上的心理状态。

（三）关注评价，及时指导

为提高大学生心理健康教育的有效性，更好地实现大学生心理健康教育的目标，高校教学管理人员和心理健康指导教师要关注心理健康教育课程的评价。心理健康教育一方面要关注学生对课堂心理健康知识的掌握，另一方面也要关注大学生心理健康教育课程的教学效果。不能武断地仅用考试分数作为衡量教学效果的唯一标准，具体的教学实践可结合实际采用心理测量、行为观察等方法来对教师的"教"和学生的"学"进行客观、公正的评价。客观的教学评价有利于及时指导"教"与"学"的方法和策略。

（四）利用网络平台，渗透心理教育

随着社会的发展和科技的进步，网络被广泛地运用于生活的各个领域和教学的各个环节。高等院校可利用大学生乐于通过网络进行交流的契机，充分发挥校园网等丰富的网络教育资源的作用，建立心理健康教育网络，给广大师生提供一个开放式学习、交流心理知识的现代化网络平台。心理健康指导教师可开展网络心理辅导，从而方便学生随时进行心理咨询。

第三节 大学生健康教育改革的必要性

一、新课改对高校课堂教学改革的要求

（一）基础教育课程改革的提出

1999 年 6 月，党中央、国务院召开改革开放以来第三次全国教育工作会议，做出了"深化教育改革，全面推进素质教育"的决定。2000 年初步形成现代化基础教育课程框架和考察标准，改革教育内容和教育方法，推行新的评价制度，开展教师培训，启动新课程实验。"2000 年秋季，我国基础教育课程改革正式启动，按照计划，在五年内试验和修订新教材，十年内一个全新的基础教育课程体系将在全国推广。2001 年 6 月 11 日，国务院召开改革开放以来第一次基础教育工作会议，并颁布了《关于基础教育改革和发展的决定》，明确提出"加快构建符合素质教育要求的新的基础教育课程体系"。同年，教育部颁布了《基础教育课程改革纲要（试行）》，并于秋季在我国 27 个省区市 38 个试验区进行课程改革试验。此次基础教育课程改革，在我国教育理论界和实践界均产生了广泛的影响，不少教育理论工作者纷纷参与课程研究，阐发自身观点；广大的一线教师，更是从此次课程改革中的体会和认识出发，探讨、评价自己学习新课程、实施新课程、参与课程改革的实践和经验。

（二）基础教育课程改革的理念

课程改革在本质上是对课程系统中理论与实践进行的有计划的、复杂的改革，使其达到预期目标的过程。原有的课程理念只重视传授和积累知识，而不注重搜集、处理信息，只重视教育结果而不重视教育过程，因而若想要适应知识信息急剧增加的社会发展现实，需要建立新型的课程理念。由于未来社会对人才的素质要求是多方面的，因此，要使新课程能够促使学生更好的发展，未来的课程改革应该贴近时代脉搏，注重学生素质的提升，关注课程试验和德育课程改革，促进信息技术与课程的整合，加强基础学科和综合课程的建设，设置多样化的课程，并使课程评价多元化，课程体制弹性化。

（三）基础教育课程改革的目标

1.学生的均衡发展

新的课程计划确立了我国基础教育"两段设计"的新架构，课程结构要求对学生学会求知、学会做事、学会共同生活、学会生存和发展的能力的培养。新课程所要培养的是德智体全面、和谐、均衡发展的人。新课程应在课程结构上均衡安排各学科，将分科课程和

综合课程结合起来，在课程内容上要进行合理的取舍和规划。

2.学生的个性发展

新课程在促进学生均衡发展的同时，还需要关注学生的个性发展。个性发展更重于知识、技能的发展，学生应首先是一个有个性的人。学生的这种个性需要从学生与自我的关系、学生与他人和社会的关系、学生与自然的关系三方面进行培养。

3.学生的自主发展

基础教育课程改革要关注学生的主体性发展，教师应成为学生自主发展的引导者，积极实现学生学习方式改革。在教学上教师应尊重学生，在学习方式上要发展学生的探索能力，使学生成为学习的主人，在评价上要促进学生的发展，从而进一步提升学生的自主性、能动性、创新性，为学生的终身学习打好基础。

（四）中学课程改革推动高校课堂教学的改革

从基础教育发展趋势来看，当前国内正在推行的中学新课改对大学课堂教学提出了严峻挑战。中学新课改是基础教育改革的发展方向。在中学新课改中，已经涌现出一大批名校。这些学校的课堂教学虽然形式各异，但有一个共同特点就是老师在课堂上讲授的内容大大减少，主要的教学内容都是由学生通过合作和探究的方式来学习的。调查研究发现，课改后的学生不但自主学习能力强、思维活跃、善于独立思考问题、口才好，而且具有强烈的自我展示欲。

基础与课程改革能否顺利有效地进行，教师在其中起着关键的作用。《基础教育课程改革纲要（试行）》指出："师范院校和其他承担基础教育师资培养和培训任务的高等学校和培训机构应根据基础教育课程改革的目标与内容，调整培养目标、专业设置、课程结构，改革教学方法。中小学教师继续教育应以基础教育课程改革为核心内容。""地方教育行政部门应制定有效、持续的师资培训计划，教师进修培训机构要以实施新课程所必需的培训为主要任务，确保培训工作与新一轮课程改革的推进同步进行。"新课程改革对高等师范院校课程和教学提出了新的要求，对此，教育部已相继出台了一系列与高等师范院校课程与教学改革相关的措施，要求各级各类高等师范院校要认真学习关于基础教育改革的文件，要密切关注和了解当前基础教育改革特别是基础教育课程与教学改革的动态和走向，研究它们对教师培养和培训提出的新要求；要进一步更新教育观念，转变自己的教育思想，积极探索和改进教师培养和培训工作。

二、学生心理发展对高校教学改革的要求

（1）新课改下大学生心理思维发展的特点：大学生思维的发展是在高中生的基础上进行的。在新课改的背景下，现今高中生较之以往的学生出现了新的特点，在此基础上发展起来的大学生的思维也具有新的特征——思维独立性更强，遇到问题喜欢独立思考并能

独立分析解决的办法，寻求多种解决途径；初步形成批判性思维，对接受的知识不是照单全收，而是会经过初步的思考和判断才接受，在判断过程中能提出新的想法；思考问题时的广度增大，考虑问题时能从多个角度去衡量，同时较之高中阶段思考的深度也不断加深，更注重探究事物的本质；形象思维和逻辑思维向较高的阶段发展，在学习新知识时，根据新高中课程已建立的知识体系，学生能主动将抽象问题与已有经验结合，总结归纳新的知识，抽象思维向更高的阶段发展并占主导地位；创新性思维在高中课堂教学中得到了初步的培养，且具有一定的创新性思维的基础，能更快地适应改革后的高校课堂教育。

（2）课堂教学是师生双方的教与学。只有更清楚地了解当下学生的学习心理和思维发展，才能更好地提出对策以提高课堂教学质量。对于新课改背景下培养出来的学生，教师不能以旧的眼光去看待，不能以旧的标准去要求，不能以旧的课堂去教育，只能革旧出新，探索出新的适应当下学生发展的新课堂，努力培养符合时代发展的新人才。高校的教学方法从注入式教学到启发式教学、创意式教学，不同方法的运用都应与学生的身心发展水平相适应，同时又具有一定的超越性。它应灵活多样，以促进不同发展水平的学生共同发展，应有利于促进学生创新能力的发展，有利于体现学生主体地位，促进学生自主学习能力的发展。在教学中要注意教学的广度和深度，注意所学课程与其他学科之间的联系，在提高理论知识的基础上增加深度。总之，要以学生发展为中心，促进高校课堂教学改革，就要充分考虑学生的学习心理和发展思维。

第八章 大学生心理教育课程改革后的教学设计

教学设计是提高教学质量的重要手段，是指导教学实践的一门教育实用技术，是连接教学理论与教学实践的桥梁。作为心理健康教育课程教师，了解教学设计的基本概念，学习教学设计的基本方法，掌握课堂教学设计的基本要素，对教学实践有着十分重要的意义。

第一节　课程教学设计的基本特点和功能

有学者认为，教学设计是指教师在教学工作开始之前，根据现代教育理论的基本观点与主张，依据教学目的和要求，通过对课堂教学过程中各要素的系统分析，确定合适的教学起点，创造一种教学活动模式，并形成有序的操作流程，其目的是指导教学工作的有效实施。良好的教学设计是优化教学资源、提高教学效率的重要措施。

一、教学设计的基本特点

（一）教学设计是为课堂教学活动指定蓝图的过程

教学设计规定了课堂教学的方向和大致进展，是师生课堂教学活动的依据。课堂教学活动的每个步骤、每个环节都将受到教学设计方案的制约。通过教学设计，教师可以对课堂教学活动的基本过程做到整体把握，可以根据课堂教学情境的需要和教学对象的特点设定合理的教学目标，实施可行的评价方案，从而保证课堂教学活动的顺利、高效进行。另外，通过课堂教学设计，教师还可以有效地掌握学生学习的初始状态和学习后的变化情况，及时调整相关教学策略、方法，采取必要的教学改进措施。

（二）教学设计的基本方法是系统的方法

系统的方法是指把对象放在系统当中，从系统和要素、要素和要素之间的相互联系和相互作用的关系中综合地、精确地考察目标对象，以达到最优化处理问题的一种方法。教学设计是一种全方位的系统的科学设计，它由各个部分有机地构成一个整体，各个环节相互关联，共同运转。教师在教学设计时需要分析课堂教学系统各因素的地位和作用，使各因素实现有机结合，发挥最佳效用。

（三）课堂教学设计是一项富有创造性的工作

创造性是教学设计的一个基本特点，也是它的一个最高表现。面对千差万别的学生，课堂教学不可能有一套刻板的程式。教学设计的过程，也就是教师在创造性地思考、深入钻研教材的基础上，根据不同学生的特点，创造性地设计教学实施方案的过程。

（四）教学设计具有灵活性和具体性的特点

教学设计具有一定的模式，需要按照既定的流程进行，但是教学的实际工作往往不一定按照特定模式展开。教师应该根据课堂教学的不同情况和要求，决定重点解决哪些问题，略去一些不必要或者无法完成的步骤。此外，教师面对的是一个个鲜活的生命个体，在课堂中就有可能出现一些意外的、无法预知的新情况，故而需要有灵活性。教学设计的具体性是因为教学设计针对的是课堂教学中的具体问题，它的每一个环节都是相当具体的。比如，教学内容的选择，教师要根据教学目标的要求，结合学生的实际水平，对学习材料进行再加工，通过取舍、补充、简化，重新选择有利于目标达成的材料。另外，教师对选定的教学内容还要进行序列化安排，使之既合乎学科本身的内在逻辑序列，又合乎学习者认知发展的顺序，从而把学习材料的认知结构和学生的认知结构有机地结合起来。

二、课堂设计的功能

（一）有利于课堂教学的科学化

现代教学设计是从教学的科学规律出发，对教学问题的确定、分析，对解决问题方案的设计、实行乃至评价和修改等系列教学设计的内容和程序都建立在科学基础上，从而使教学活动的设计纳入科学的设计轨道。

（二）有利于课堂教学效率和效果的提高

教学设计的主要目的就是要设计出低耗高效的教学过程。在教学设计中，一方面，需要对学习需要、学习内容和学习者进行客观分析。在分析的基础上，对内容的再提炼和对方法的选择，使得课堂教学活动得到最优化。另一方面，教学设计让教学活动更富有吸引力。教师运用相应的教学策略，采取有效的教学方法和教学形式，能更好地促进学生的学习。这一系列巧妙安排、精心策划，无疑会增强学生的学习兴趣，提高其学习的积极性。

（三）有利于教学理论和教学实践的结合

教学设计不是一种直觉的冲动，而是一种理论和方法的统一。它既有一定的理论色彩，同时又是明确指向教学实践的。一方面，教学设计可以把已有的教学理论和研究成果运用于课堂实际教学当中，指导课堂教学工作的进行。另一方面，也可以把教师的课堂教学经验升华为教学科学，充实和完善教学理论，这样就可以把教学理论和教学实践紧密结合起来了。教学设计成了一座沟通教学理论和教学实践的"桥梁"。

（四）有利于教师的成长和发展

课堂教学活动不仅是一种信息传播过程，更是一种艺术表现过程。没有高超的教学技巧，把握不了教学的艺术性，也不可能有好的课堂教学。我们知道，知识经验和实践是教师专业技能发展的重要因素。教学设计则为教师的成长提供了一条有效途径，教师通过教学设计可以迅速地掌握教学的基本原理和方法，最终可促进教师的成长。

三、心理健康教育课程教学设计理念

心理健康教育课程化并加强课程教学设计的研究，就是为提高学生的心理素质提供设计蓝图。学校心理健康教育课程教学，应该突破传统的认知模式和教学方式，代之以开放性、建构性和创造性的教学新理念。

1. 重新定位心理健康教育的价值取向

由重障碍排除、重差错矫正的教育模式转变为重发展、重预防的教育模式，由服务于少数人转为面向多数人，由以消除心理障碍为目的转变为以培养积极心理品质促进心理发展为目的，从而树立一种真正意义上的心理健康教育理念，以全面推进学校的素质教育。

2. 充分发挥心理健康教育的主渠道作用

营造轻松愉悦、富有安全感和充满艺术性的课堂心理氛围，建立民主、平等、尊重的师生关系。运用多种适合学生的教育策略方法，让学生浸润在心理体验和心理感悟当中，从这种体验和感悟当中发现心理成长的契机，转化为生活、学习当中的实际行动。

3. 以开放的课堂教学接纳学生

以开放的课堂教学接纳学生包括：（1）师生关系的开放。人格上建立一种民主、平等、和谐的师生交往关系，视教学的需要而进行调整和转换角色，教师可以是指导者、学习者和兄长、朋友。（2）教学空间的开放。教学空间可以由课内向课外乃至校外延伸，变固定空间为弹性空间。（3）教学过程的开放。把学生的课堂表现、课堂需要作为教师调整课堂教学的基本依据，教学全程是动态的、发展的。

4. 探寻建构式教学的新型教学观和教学方式

鼓励学生积极主动参与、主动探索，积极主动地获取有关心理健康的知识，提高心理素质，以适应学生的认知方式，满足其求知探究的进取精神，这是心理健康教育课程设计的主要目标。

5. 通过创造性教学全面提高学生的素质

教师要留给学生以广阔的思维空间，鼓励学生提出新颖的创意，尊重学生的不同意见。

同时，注意教学内容的组织，运用变式教学，激发学生的学习动机和学习兴趣。特别要从提高学生认识、情感与行为技能的角度设计教学活动，强调学生的主体地位与主体需要，通过课堂教学促进学生潜能的开发、创造性的培养。在以创新教育为主的现代教学中，更应以培养学生的创新精神和实践能力为重点，这也是学校心理健康教育课程设计的基本出发点。

第二节　心理健康教育新课程教学设计的基本要素

教学设计应包括以下要素：第一，学生及其需要的分析；第二，教学内容的分析；第三，教学目标的确定与阐述；第四，教学策略的制订与教学方法的选择；第五，教学媒体的选择和运用；第六，教学评价的设计。

一、学生特征分析

学生特征分析就是要了解学生的学习准备状态和学习风格。学习准备包括初始能力和一般特征两个方面。初始能力是指学生在学习某一特定的课程内容时，已经具备的有关知识与技能的基础以及他们对这些内容的认识和态度；而一般特征是指在学习过程中影响学员的心理和社会的特点，其中包括年龄、性别、经历、学习动机、个人对学习的期望、家庭背景等因素。针对学生之间的个个体差异，教师在教学时要做到心中有数，沟通和教育方法也要做相应调整。

二、教学内容的分析

学习内容分析指根据总的教学目标来规定学习内容的范围和深度，并揭示学习内容中各个组成部分之间的联系，以实现教学效果的最优化。学习内容分析以学员的学习结果为起点，并以起点为终点，这是一个逆向的分析过程。

三、教学目标

教学目标是预期学生通过教学活动可获得的学习结果，即学生通过教学活动要达到的学习标准。也正因如此，教学目标常被教师表述为学生的学习目标，具有指导教师进行教学评价、选择教学策略、指引学生学习等一系列功能。因此，教学目标是教学活动中应该最先考虑的要素，是教学设计的首要环节。心理健康教育课程教学目标的表述应是大学生的学习结果，包括语言信息、智力技能、认知策略、动作技能和情感；并且力求明确、具体，可以进行观察和测量。按布鲁姆的目标分类体系，可分为认知学习目标、动作技能学习目标和情感学习目标。前两类目标中的行为具有可观察性和可测量性特点，而情感学习目标表述有一定难度。

四、教学策略

教学策略是指教师教学时旨在优化教学效果的教学操作指南，是对完成特定的教学目标而采用的活动的程序、方法、形式和媒体等因素的总体考虑。教师对于可操纵的各种教学变量，都可探索其相应的教学策略。这里的教学策略涉及教材的讲解、教学媒体的使用、问题及解答方式、测试及反馈原则、师生互动等。具体来说主要涉及以下内容：首先，教材处理策略，即如何做到用学生可接受的方式呈现心理学教材，以加深学生对教材的理解、接受。其次，心智技能提高的教学策略，即如何使学生有效把握心理健康教育课程中的概念和它们之间的关系。再次，教学方法运用的策略，即如何根据实际情况引导学生做好学习的准备，维持他们的兴趣，强化和调节他们的行为。最后，教学组织形式选择的策略，即心理学教学要根据主客观条件，恰当选择集体授课、个别化学习、小组相互作用等形式。

五、教学媒体

对教学媒体的选择，是教学准备工作的一项重要内容。要符合教学目标、教学任务和教学内容的要求，不同的教学目标需要使用不同的教学媒体去传递教学信息，不同的教学任务要求教师采用不同的媒体和方法去完成，而不同性质的教学内容对教学媒体也有不同的要求。同时要考虑学生的需要和水平，不同年级的学生有着不同的认知能力和思维特点。另外要考虑教学媒体的功能、特点和教学条件的影响，不同的媒体在不同的环境下会产生不同的教学效果。

六、教学评价

教学评价是指系统收集、分析有关学生学习行为的资料，以确定其达到教学目标程度的过程。从根本上说，就是对学生行为变化的教学价值判断。在进行心理健康教育课程的教学设计时必须重视教学评价，从而为师生调整教与学的行为来提供客观依据，使教学效果越来越接近预期的目标。而教学评价的首要条件就是确定统一的指标。由于教学设计的成果较多地体现在课堂教学中，所以心理健康教育课程教学评价就必须要考虑课堂教学中的两种极为重要的评价指标。一是与目标因素有关的指标。这种指标一般分为知识、技能和情感三个方面。二是与学生因素有关的指标。这种指标一般可分为学生表情、课堂提问、课堂秩序三方面。根据以上评价指标，对教学进行诊断性评价、过程性评价和总结性评价。

其中，诊断性评价在检查学情分析时就应该进行考虑，为进行教学分析和制订活动提供依据。过程性评价则要贯穿整个学习过程，通过教师的适当反馈，鼓励学生进一步去参与课堂活动。总结性评价是指在教学未结束之前，为了解学生学习状况所做的评价，以便及时发现问题，调整教学有关环节，采取补救措施。

第三节　心理健康教育新课程的设计原则

一、以学生为中心

学校心理健康教育课程要以学生为中心，学生是心理意义的主动建构者。心理健康教育课程是一种"为我"的课程，它要求从主体的需要、兴趣、动机出发，而不是依据外在的目标来组织和实施课程。主体始终处于活动的中心位置，要在活动中实现主体性发展和心理成长。因此，"自主性"是心理健康教育课程的精髓，心理健康教育课程促进学生心理品质发展的前提是学生的自主性获得发展。

要充分尊重学生的主体地位，充分发挥学生的作用。这是因为：首先，心理健康教育的目的在于促进学生的成长和发展，而成长和发展从根本上说是一种自觉和主动的过程。如果学生没有主动意识和主动精神，始终处于被动的状态，教育就会成为一种强制性行为，变得毫无意义。其次，心理健康教育是一种助人与自助的活动，"助人"是手段，让学生"自助"才是目的。要达到自助的目的，只有让学生以主体的身份直接参与这一活动。

二、以情境为中介

学习总是在一定的情境下进行的，不同的活动情境对人心理成长发挥着不同作用。真切的情境氛围为学生提供了易于感受、易于体验、易于激发的心理空间，使置身其中的每一个人都受到感染和熏陶，并被激发起探究的意愿。学生的心理发展是无法通过直接传授心理知识而实现的，它必须借助良好的发展情境。情境设计的关键是强化主体的积极能动性，使之自主地投入活动，实现心理的自主建构。心理健康教育课程要提供真切的情境，把学生带入"可思可感"的境界，使之直指自身的心理世界，进而建构心理结构，生成价值理念。心理健康教育课程还强调心理知识的情境性和特异性，鼓励学生把学到的心理知识合理应用到自己的生活中，在生活的具体情境中总结和检验所学的知识，使学习走向"思维中的具体"。

三、以经验为起点

　　学习是学生通过新经验与原有经验反复、双向的交互作用从而主动建构起自己知识经验的过程。正如冯·格拉塞斯费尔德所指出的："我们应该把知识和能力看作个人建构自己经验的产物，教师的作用将不再是讲授事实，而是帮助和指导学生在特定的领域建构自己的经验。"学生只有自己亲身经历，才能聆听到发自自身本性的、自我完善的声音。学生也只有在经验中才能使自己全身心地投入到对生命意义的追求中，才能使自身的知、情、意、行获得和谐发展。据此，学校心理健康教育课程的设计不能无视学生的原有经验，而要把学生原有的知识经验作为新知识的增长点。学校心理健康教育中一个很重要的任务就是了解学生原有的心理经验。学校心理健康教育的根本途径不是教育者长篇大论式的说教，而应转向给学生提供丰富多彩的活动，在活动中发现学生的各种心理问题，并适时给他们提供帮助。

四、以活动为核心

　　学习是知识内化为经验、经验外化为知识的过程。离开了作为主体的活动，知识建构就无从谈起。心理学研究和生活实践表明：人的心理品质是在活动中展示和发展的。活动是主体与客观事物交互作用的过程、个体内部心理外显的过程，同时也是外部客观信息内化的过程。学生心理品质的发展是主体借助一定的教育引导在活动中自主定向、自主选择、自我完善、自我建构的结果。因此，通过活动来实施心理健康教育最为真实、最为自然。学校心理健康教育课程要求教师设计自主性活动，让学生在自主活动中实现自我教育。

五、以过程为重心

　　学校心理健康教育课程具有过程性特点，它要求课程设计遵循生态化的过程视角，即以一种互动的、成长的、延展的生命观来建构课程内容，使课程能够获得生命关怀的整体意识，激发学生的生存意志和生命智慧。生命活动、生活事件是个体心理品质发展的平台，心理品质的发展存在于个体生命活动的过程中，存在于个体生活的具体场景中。心理健康教育课程不能依据理论逻辑而应依据生活逻辑来建构，要让学生经历个人的经验积累过程，并基于自我的生活经验来建构心理品质。在这个过程中，个体的主体自我（当下的我）与客体自我（过去的经验）互动，主体进行自我觉察，反思过去的经验并对之加以调整和提升。

六、以合作为主线

在心理健康教育课程中，师生是民主平等的协作关系，教师是"平等者中的首席"。教师与学生的"对话"，是彼此相互尊重、沟通、理解的基础，内含相互的信息传递、思想启发、观点更迭、情感激发和智慧提升等内容。教师要尊重、理解、信任学生，以平等、宽容、发展的眼光看待学生，重视个体发展的独特性；要给学生充分表达的自由权利，让学生倾听"异己"的声音，"从外在于学生的情境转变为与学生情境共存"。而学生也不是被动地接受教师传授的知识和现成的理论，而是与教师共同探讨成长中遇到的各种心理困惑。

第四节　心理健康教育新课程的教学方法

心理健康教育课的教学方法，不同于一般的教学原则和教学规律，它更具有可操作性以及实用性，它主要解决教师如何教的问题，对教师搞好教学工作有十分重要的指导作用。目前，心理健康教育课程的教学个别化倾向十分明显，每位教师对同一课题的教学方法差异很大，这就可能造成教学内容的传授有多有少，甚至有偏差。作为一名教师，如果思考得不够深入，研究得不够具体，往往会给学生留下了一种印象——心理健康教育课程的教学不太讲究方法。其实，心理健康教育课程的教学规范性决定了它必须强调教学方法。只有教学方法不断建立与完善，才能使心理健康教育课程的教学科学化，才能改变心理健康教育课程的教学瓶颈，保证心理健康教育课程的主体地位。

一、教学准备方法

心理健康教育课程不同于一般的文化课，教学主要体现的是学生心理活动的轨迹。因此，教师应创造一种融洽、和谐的氛围，让学生积极参与教学活动，真诚沟通，说出自己的心里话。教师的教学准备内容主要包括：确定教学目标，选择教学内容，设计教学活动，收集相关资料（如案例等）支撑教学，指导学生做好必要准备（如小品表演、歌曲舞蹈、道具奖品等）。教师在教学之前的周密设计和充分准备是取得教学成功的根本保证，也是教师良好教学态度的真实体现。

精选教学内容是一个相当重要的工作。在构建和选择学校心理健康教育的内容时，我们不但要遵循教学内容选择的六条一般标准，即科学性、基础性、发展性、可接受性、时代性和多功能性，同时，还必须以适应和发展两个基本目标为主线和以本节课所要达到的具体的心理和行为目标为准绳，进行综合安排。所谓"综合安排"，主要考虑以下三个方面：一是根据个体心理发展的阶段性和连续性，结合总体和局部建构心理健康的内容体系；二是以生理、心理、社会性发展的水平、特点为出发点，针对学生学习、生活、交往和成长中普遍存在或可能出现的心理问题，进行各有侧重的教育，安排教学内容；三是照顾个别学生的特殊情况并结合课题研究，有针对性地安排教学内容。

二、课堂教学方法

我们所熟悉的课堂教学方法一般都是以教师控制任务为中心的教学方法，如讲课方法、示范方法、问答方法和讨论方法。这类方法教师采取权威式或家长式的姿态，而学生具有较低的自由度。在心理健康教育课程中，除上述方法外，我们还提倡采用以项目为中心的个别或合作教学方法，如角色扮演方法、游戏方法、测验方法等灵活的学习方法。教师采取参与者或旁观者的姿态，这样学生具有较高的自由度。然而，把"控制权"交给学生并不表示教师职责的放弃，也不表示教师不再需要仔细地安排教学活动。教师仍然要时时刻刻为学生的实践及心理安全负责。除了课堂讲授方法之外，用得较多的有以下几种。

1. 案例分析法

案例分析法是一种理论联系实际的教学方法。案例是案例分析法的核心，是学生分析讨论的依据，是理论与实践联系的纽带。案例，在心理健康教育里常常称为个案，它是指对现实生活中某种现象、事件或情境的真实记录和客观描述。案例有以下几个特点：首先，应该是真实的，来源于学生的生活实际情况，是学生可能真切经历过或观察得到的，是一种真实情境的再现；其次，它应该具有典型性，能代表生活中的一类问题或事件，是学生在生活中可能会遇到的问题、可能会做出的行为表现；最后，案例还应该具有启发性，能够引导学生深入思考，启迪他们的思路，进而深入理解教学内容。案例分析法，就是在教师的指导下，根据教学目标的要求，精心选择若干个案例作为学生学习的基本内容，组织学生认真研读、深入分析、讨论交流、碰撞观点，从中找出需要解决的心理问题，分析心理问题产生的原因，找出解决问题的办法，最后归纳提炼，再延伸到实际生活中的一种教学方法。案例分析法以案论理，以理解惑，教师在教学中扮演着设计者和激励者的角色，以利于激发学生的学习兴趣，充分调动学生的学习积极性。学生通过对案例的分析、讨论和交流，领会掌握有关心理健康的基本知识，灵活运用相关的知识和技能，有利于提高学生运用心理健康的理论知识解决实际问题的能力。教学实践证明，案例分析法既保留了传统教学经验的精华，又赋予其生动直观、理论联系实际的特点，它是一种开放式、互动式的新型教学方式。

2. 心理测验法

心理测验法是指在课程中选择合适、科学的心理测验量表，组织测量学生的心理健康状况，以诊断学生的心理发展水平。可以从以下两个方面开展心理测试：一方面量表的选择要有科学性；另一方面量表题量不宜过大，以免学生因做题疲劳而影响测试效果。在众多的测量中，心理健康量表、心理适应量表和生活事件量表是必需的。心理健康量表可以了解学生在新入学的一段时间内的心理健康状况，心理适应量表可以了解学生对大学生活各方面的适应情况，生活事件量表可了解对学生影响较大的生活事件，为查找学生心理健康及适应方面的问题根源提供依据，同时为预防学生心理问题的发生提供参考。这些量表的测试结果都可以为教师开展心理健康教育课程设计提供相关依据。课程要有针对性，教学内容要从学生中来，而不是从书本、从教师中来，回归学生、贴近学生、适合学生的教学内容才能引起学生的共鸣，教学过程和结果也才能有效。

3. 心理电影赏析

心理电影赏析，就是从心理学的角度走进片中人物的内心世界，感受角色的心灵言语，通过对电影中人物的心理活动与行为表现进行剖析，揭示其心理内涵和深层次的生活启示，从而推动参与者对人类自身的再认识，学会在别人的故事里解读自己的生命体验，在深层次自我探索的基础上完善自我，促进个体的健康发展。而欣赏电影、剖析电影中的角色，这种寓教于乐的方式，比传统的课堂讲授，往往更能增加学生的兴趣和热情，使学生在分析过程中获得感悟和提升，并延伸至日常生活中，达到知、情、意合一。心理电影中的主人翁就像一个个现实的案例，他们的挣扎、彷徨和困扰，他们的奋起、抉择和成长，就像发生在我们身边或我们自身的故事一样，能够引起我们情感的共鸣，促进我们对自己的思考。在他人生命故事的延伸中，观众反观自我，更能看清楚自己，更深入地进行自我探索。观后分享感悟，在无形中拉近了师生间彼此的距离，促进了沟通和交流。

4. 心理健康教育主题活动设计

特别要注意的是活动内容与教学目标的一致性，不要为活动而活动，活动只是一种媒介，活动之后的讨论和分享才是重点，这样才可以把感性的认识上升到理性的高度。可以开展建立信任的主题活动。"分享的喜悦是加倍的，分担的痛苦是减半的。"进入团体内的成员在初步相识后，需要进一步互相接触、互相了解，以逐渐建立信任的关系，互相接纳，减少防卫心理。这样的活动可以增进成员之间的理解，发展团体动力。可以开展自我探索的主题活动。让学生在适度的自我开放中，通过自我检查、自我觉悟、自我实践促进自我成长，鼓励学生做深入的自我探索，而不是依靠教育者说教或社会规范的灌输，这是课程设计与实施是否体现心理辅导实质的关键所在，比如"别人眼中的我"活动。可以开展价值澄清的主题活动。价值澄清的目的不是灌输给学生一套事先安排的、严谨的价值观，而是通过心理帮助指导学生掌握一种过程，这种过程可以用来反省自己的生活经历，对自己的行为负起责任，从而澄清自己的价值观，使学生减少价值认识的混乱，比如"生存选择"活动。还可以设计脑力激荡的主题活动。脑力激荡活动允许学生对一个问题自由地考虑可采用的方法，它可以帮助学生产生很多的概念，它的目的是在一种兴奋、有趣、安全及宽容的气氛中，鼓励学生真诚地发表意见，不管有无价值，甚至类似开玩笑或引人注意的意见都要接纳它，比如"比谁想得多"活动、"铅笔的用途"活动。

　　总之，教师需要选择适合教学内容的，而且是他认为对学生最有效的教学方法。最重要的是要不断调整教学方法以保持学生的学习兴趣。其规律是与以教师控制任务为中心的使学生变得不够积极的教学方法相比，以项目为中心的个别或合作教学策略，可以使学生的参与性与积极性达到更高的水平，但重要的是应记住教学方法是没有对错之分的。

第九章　高校心理素质教育模式研究

第一节　心理素质概述

一、心理素质的定义

谈到心理素质，我们就要先要了解什么是素质。

素质原是生理学的概念，是指个体先天生理解剖的特点，主要指神经系统、脑的特点以及感觉器官和运动器官的特点。现在，它在教育领域被广泛使用，被认为是在先天禀赋基础上，经过与后天环境相互作用而形成的内在的较为稳定的身心组织结构的要素、特征或属性。

什么是心理素质？

关于心理素质的概念，国内学者有许多不同的论述。在诸多论述中，本节更倾向于学者张大均的论述。张大均认为，心理素质是以生理条件为基础的，将外在获得的东西内化成稳定的、基本的、衍生性的并与人的社会适应行为和创造行为密切联系的心理品质。

二、心理素质的结构

关于心理素质的结构，张大均认为，它是由认知品质、个性品质和适应性三个维度构成的。从结构－功能角度来看，心理素质是心理和行为的内容要素与功能价值的统一体，其中内容要素包括认知和个性两项基本内容，而功能价值就是以内容要素为基础衍生形成的适应性（或叫适应能力）。具体来说，认知品质表现在人对客观事物如何反映的活动中，直接参与对客观事物认知的具体操作，是心理素质的基本成分。个性品质表现在人如何对待客观事物的活动中，虽然不直接参与对客观事物认知的具体操作，但是对认知操作却具有调节机能，是心理素质要素的动力成分。适应性是个体在认知品质和个性品质的基础上通过与社会生活环境的交互作用，向外进行学习、应对和防御，对内进行控制、理解和调适所表现出来的习惯性行为倾向，是心理素质结构中最具衍生功能的因素。因此，心理素质实上是一个由认知品质、个性品质和适应性构成的心理品质系统。

三、心理素质与心理健康的关系

心理素质与心理健康究竟是什么关系？

张大均认为，心理素质与心理健康的关系是"本"与"标"的关系，即心理素质是心理结构的核心层，是心理活动之本（起支配作用），而心理健康是心理结构的状态层（表层或外显层），是一定心理素质的状态反映。具体来说，心理素质是人稳定的、内在的心理品质，而心理问题则是受心理素质支配的、消极的、负性的心理状态；心理素质水平的高低与心理健康水平的高低有直接的关系，心理健康是心理素质良好的标志之一。在一般情况下，心理素质水平高的人，将很少产生心理问题，心理经常处于健康状态；相反，心理素质水平低的人容易产生心理问题，心理易处于不健康状态。

我们只有对大学生进行良好的心理素质教育，培养他们良好的心理素质，才能使他们心理健康。

四、心理素质与人的全面发展

心理素质在人的全面发展中起着重要的作用。

（一）心理素质是人的全面发展的基础

首先，人的心理素质会影响人的体能。人的身心是一个统一的整体。一个自信、积极乐观、人际关系和谐、意志坚强、热爱生活的人往往身体健康；而心理不健康，就会影响身体健康。巴甫洛夫曾经说过："一切顽固沉重的忧郁和焦虑，足以给各种疾病大开方便之门。"例如，人长期处于紧张、焦虑、抑郁、悲伤、恐惧、愤怒情绪之下，就会影响食欲，导致身体过胖或过瘦，影响体能，甚至会导致消化系统疾病，如肠炎、胃溃疡的发生。长期的焦虑、愤怒还会使血压升高、心脏受损，导致高血压、心脏病的发生。

心理素质也会影响人的智力的发展。例如，人在高度焦虑时，智力会受到抑制，会出现记忆力下降、反应迟钝，最常见的是考试焦虑时，不能正常发挥自己的智力水平，导致考试结果不理想。

心理素质会影响人的活动能力。一个人的活动能力，即做事能力，是在不断地尝试迎接新挑战、勇于克服困难、突破自我的实践活动中，通过不断地积累经验发展起来的。当一个人缺少自信，不敢尝试做新的事情，缺少克服困难、经受挫折的勇气时，纵使他拥有潜在的智能和体能，也不能在实践中提高自己的能力。当一个人个性孤僻，不能与他人和谐相处时，则会影响各种活动信息的获得，缺少他人的帮助，其结果必定影响其做事的能力和做事的效果。

心理素质也会影响人的道德品质。当一个人过度自我认同，为人处世以自我为中心，不考虑他人的感受和利益时，就难以形成良好的道德品质。

因此，心理素质在人的全面素质中具有基础性的作用。

（二）其他素质对心理素质具有促进作用

心理素质影响人的其他素质的发展，即影响人的全面发展；反之，其他素质也能影响心理素质的发展。

当一个人身体强健、充满能量时，往往会对自己的身体比较自信，拥有积极的情绪。强健的身体可以帮助个人投入到更多的实践活动，使自身从中获得自我价值感，增强自信。

良好的智力，可以使人拥有敏锐的感觉能力和灵活而深刻的思考能力，使人们更好地认识自我、他人和外在世界，拥有较强的适应能力。良好的智力可以使人拥有更好的活动能力，帮助人获取成功，实现自我价值。

人的道德品质也会影响人的心理健康。那些尊重、关心他人的人，总会赢得他人的尊重和喜爱，拥有良好的人际关系，从而也更容易拥有积极乐观的情绪。

五、心理素质教育是现代教育的必然要求

良好的心理素质是大学生成长发展的需要，是培养国家现代化人才的需要，学校应当重视和加强对大学生的心理素质教育。

（一）大学生成长发展的需要

大学生的成长发展是伴随着人的身体发育成熟，人的认识、情感、能力和社会性等方面获得完善的过程。

埃里克森认为，人出生后与社会环境接触，并在与环境的互动中成长。一方面由于个体的自我成长需要，他希望从环境中（特别是在人际关系上）获得满足；另一方面又受到社会的限制，他在社会适应上产生一种心理上的困难。埃里克森称之为发展危机。他认为，人一生随年龄发展经历不同的发展阶段，每个年龄阶段都可能产生不同的心理危机，即遇到不同的社会适应问题。这就需要人们不断地学习，在经验中不断调适自我，使自己不断地完成每一个阶段的适应任务，从而不断发展。

埃里克森认为人的心理发展有八个阶段。大学生处于人生发展的青年后期和成年早期阶段。大学生在这一时期适应和发展的主要任务是确立一个正确的自我概念，即能够独立地做决定，并能够承担起社会责任；能够与别人建立亲密的关系，或在其中获得相互的认同。埃里克森认为，发展亲密感，建立良好的社会关系对于个人能否进入社会具有重要的作用。这一阶段心理发展任务的完成，是奠定大学生一生发展的心理基础，因此学校应当通过心理素质教育，协助他们获得心理的更好发展。

对于大学生的发展，西方学者戚加宁提出了七项任务：

1. 发展能力

在大学期间，大学生可以发展多方面的能力，使他们更有信心来表现这些能力，包括智力、体力、社交及人际交往能力等。

2. 管理情绪

大学生每天都要面对许多挑战，有些来自学习，如考试、写论文，也有些来自人际关系、家庭等方面，从而产生种种不同的情绪，有积极的也有消极的，大学生要充分了解、认识自己的情绪，并以恰当的方式来处理情绪。这对整个人生都有着深远的意义。

3. 从独立自主迈向互相帮助

作为大学生，学习自己独立承担责任是十分重要的。在学习独立的同时也要学习如何互相帮助，如何互相包容，因为个人的每一个行动都会影响自己和他人，在有些情况下个人需要做出牺牲、让步以达成共识。

4. 发展成熟的人际关系

与别人建立关系对大学生的生活有很大的影响，建立良好的人际关系十分重要。一是要容忍和欣赏别人与自己的不同，二是要有能力与别人发展亲密关系。维持这样一种甜蜜、亲切的关系需要自我认识、有自信心、支持及沟通等。

5. 确立自己的角色

确立自己的角色对于大学生来说十分重要，它既影响自尊心、自信心的建立，也影响他人对自己的满意及接纳的程度，还会影响自己对自己的评价等。

6. 发展目的

发展目的包括制订计划，确定方向、目标。其包括三个方面，一是职业上的计划及期望，二是培养个人兴趣，三是建立良好的人际关系。人生目标的制订往往与大学生自己的价值观及信念有关。

7. 发展整合

大学生的价值信念是引导他们行为的方向，也是他们为人处世的原则。整合的意思指的是行为与价值一致、顾及别人的利益、尊重别人的意见，同时能够肯定自己的价值观及信念。

联合国教科文组织提出了教育的四大目标，即学会求知、学会做事、学会合作、学会生存与发展。这是对当代大学生的适应和发展提出的任务和要求。

（1）学会求知

求知是一个终身的任务。大学生应当热爱学习，不断用新的知识充实自己，不但要学好本专业的知识，而且学习与之相关的各种人文和自然科学知识，拥有跨学科的交融能力，拥有综合分析问题、解决问题和在复杂信息环境下检索和判断的能力，拥有不断创新的能力。学会学习，不仅是为了获得知识本身，更重要的是获得一种认识世界的手段和能力。

（2）学会做事

大学生要有敬业精神和社会责任感，要有独立的生活能力、独立选择的能力、独立决断的能力、独立处理问题的能力和应付各种情况和各种环境的能力，能够不断积累做事的相关经验，使工作富有成效。

（3）学会合作

在现代社会中，人与人必须合作。学会与人和谐相处与合作，既是一种人际交往的能力，也是人生成功的一种人际资源。大学生应当尊重他人，能够接纳他人的长处与不足，能够与他人进行良好的沟通，在沟通中建立亲密的合作关系，在相互交流与分享中促进自我和他人的成长与发展。

（4）学会生存与发展

学会生存与发展，也就是要学会做人。适应与发展的目的在于使人日臻完善，使人格成熟，不断增强自主性、判断力和个人的责任感。

大学生要拥有正确的人生观、价值观，拥有正确的伦理道德观念和是非观念，能够遵守社会公德，使自己的各项行为符合新时期大学生的行为规范。

心理素质教育是协助大学生完成以上成长发展任务的需要。

（二）大学生适应现代社会的需要

我国正在经历历史上从未有过的巨大变革，社会竞争日趋激烈，生活节奏日益加快，社会变化多元、复杂，都给现代人适应和发展带来了许多挑战和压力。高科技引发国家经济结构调整，带来了职业发展上的不平衡，一些新职业兴起，旧职业减少，给大学生就业和择业带来很多压力；知识、学历、能力的竞争使得学历贬值；收入、贫富差距日益拉大，使许多人的内心失去了平衡；市场经济诱发的急功近利，使许多人内心浮躁不安；传统与现代、东方与西方的价值观冲突搞得人们眼花缭乱、无所适从；竞争压力下人际关系的日趋紧张和淡漠，使人们普遍感觉到内心的孤独和寂寞。人们的社会适应问题比以往任何时候都突出。现代社会压力增大，人们的心理问题增多。压力即动力，挑战也是机遇，现代社会发展提出了一些新问题，如何才能拥有充分的自信和顽强的意志品质，以承受竞争的压力和迎接高科技发展带来的挑战？如何才能拥有敏锐的感受力和预见能力，善于捕捉有利于发展的新信息？如何才能有果敢的选择和判断能力，善于把握发展的机遇？如何才能拥有不断创新的能力，在社会的飞速变化中不断实现自我的价值？

处在人生发展转折时期的大学生，面对社会的迅速变革，必然会承受来自学习、人际交往、求职择业、事业发展、恋爱婚姻等各方面的巨大压力。大学生想要战胜压力，在社会上有很好的适应和发展，就必须要具备自信、乐观、创新、合作、进取等良好的心理品质。学校培养的人才必须拥有在现代社会中生存和发展的能力，这就需要加强心理健康教育。

（三）培养国家现代化人才素质的需要

美国著名的社会学家英格尔斯认为，在国家现代化的进程当中，人是其中最重要的因素。他认为，如果一个国家的人民缺乏一种赋予这种制度以真实生命力的广泛的现代心理基础，如果执行和运用这些现代化制度的人自己还没有从心理、思想、态度和行为方式上经历一个现代化的转变，那么失败和畸形发展的悲剧是不可避免的，再完美的现代制度和管理方法、再先进的科学技术也会在传统人的手里变成一堆废纸。在以英格尔斯为代表的现代化研究者的倡导下，国内外很多学者都把现代化定义为一种与人密切相关的心理态度、价值观和生活方式的改变过程。学者一致认为，人的现代化是整个国家现代化的核心和基础。一个国家只有实现人的现代化、实现人的素质的全面提高，使人从心理和行为上都转变为现代化的人，这个国家才能真正实现现代化。人的健全人格的培养，犹如一座大厦的基石，只有坚硬的基石才能托起高耸的大厦，而人们却往往只向往大厦的雄姿，忽略了埋在地下的基石。我们在看到现代化的时候，不要只看到现代化的物质外壳而忽视了现代化的人，忽视了对人的健全人格的培养。在我国推进现代化建设的过程中，一些地区出现了只重视经济发展，忽视人的整体素质提高的现象，出现了贪污腐败、弄虚作假、自私自利、违法违纪、道德退化等问题。这些问题不解决，不但会影响我国现代化的进程，甚至还会将已经取得的社会主义现代化的成果毁于一旦。大学生是国家的栋梁，是国家的未来，是先进道德、精神文明的体现者和传播者，所以我们要建设一个现代化的强国，就必须培养他们良好的心理素质。

第二节　高校心理素质教育模式的内容

一、目标

（一）高校心理素质教育的目标

高校心理素质教育的目标是以教育和发展为主，增强全体学生的自信，开发学生的潜能，提升学生的适应发展能力，提高学生的心理素质。

（二）目标的积极性

高校心理素质教育的目标以教育和发展为主，具有积极心理学的特征。首先，从人的发展来看，人的本质是积极的，每一个学生都有发展自己的愿望，都希望自己的身心健康发展。考入大学这一件事本身，就表明学生希望自己获得更高层次的教育，让自己可以得到全面发展，以在未来的职业发展中实现自身的价值，因此，发展性的心理素质教育目标符合人性的本质，符合大学生的内在需要；其次，大学生在成长的过程中会遇到很多困惑，如自我意识的困惑、人际交往的困惑、学业上的困惑、恋爱中的困惑、就业择业上的困惑等，这些困惑都是暂时的。透过这些困惑，我们可以看到他们渴望成长发展、追求自我价值实现的需求。而且处在大学阶段的青年，从心理发展规律来说，正是发展自我认同的阶段，一方面，他们心理趋于成熟，另一方面，他们还没有走向社会，还缺少社会的磨炼，缺乏社会经验，情绪还不够稳定，当遇到外界的种种压力时，容易产生困惑心理。因此，大学生的心理困惑是成长中的困惑，是发展中的困惑。这些心理困惑不能完全等同于心理障碍和心理疾病。著名心理学家萨提亚说："问题本身不是问题，如何应对才是问题。"因此，高校的心理素质教育能够帮助学生开发自己的潜能，增强适应发展能力，走出困惑，实现个人成长。最后，高校的心理素质教育是面向全体学生的教育。虽然我们也要帮助少数学生克服心理障碍、干预心理危机，但是我们的教育对象是全体学生，目标是提高全体学生的心理素质。当学生整体的心理素质提高了，出现心理问题的学生会越来越少。因此，高校心理素质教育的原则是面向整体、兼顾个别。

（三）目标的独特性

第一，高校心理素质教育不同于医院的心理治疗。医院的心理治疗对象是有心理障碍和心理疾病的病人，他们的治疗方式是生物医学模式，关注的是病症，往往要依靠药物治疗。第二，高校的心理素质教育也不等同于社会上的心理咨询。社会上的心理咨询只是关注人们的心理问题，帮助方式主要是心理咨询。而高校心理素质教育的对象是广大心理发展正常的学生，教育的方式是全面的，包括心理健康课程的教学、心理素质教育的宣传、心理咨询、心理危机干预和心理素质教育的科学研究。

（四）目标的主动性

高校心理素质教育的目标是主动为学生提供心理教育，使学生学会运用心理学的理念和方法，调整自己的心理，保证自身的心理健康，这样就可以起到我国中医理论所说的"治未病"的作用，而不是被动地等待学生有了心理问题才为其提供心理帮助。因此，我国高校的心理素质教育符合我国传统文化的要求，优于国外一些高校的被动式心理咨询服务。

以这一目标为指导，我国高校心理素质教育的教师在实践探索中创建了一套教学与教育、咨询、科研"四结合"的心理素质教育模式。这套工作模式，将各种有利于学生心理发展的教育因素整合在一起，不仅符合学生的心理发展规律、符合高校心理素质教育实践的要求，而且相比国外，也具有本土化的价值。

二、"四结合"心理素质教育模式的内容

"四结合"心理素质教育模式的内容包括心理素质教育课程的教学、心理咨询、心理素质教育活动和心理素质教育的科学研究四个方面。这四个方面相互结合、相互渗透，共同统一于大学生的心理素质教育当中。课堂教学中心理知识的系统学习和心理体验，增强了学生的心理健康意识，使学生能自觉关注个人的心理发展，主动寻求心理咨询；心理咨询中发现的共性问题成为心理素质教育课程的重点，心理咨询中的具体个案为教学提供了丰富的资料；课外的心理素质教育活动拓展了课堂教育的内容，培养了一大批学生心理社团的骨干，推动了全校心理素质教育活动的开展；心理素质教育课程的教学、心理咨询及心理素质教育活动的开展，为科学研究提供了丰富的实践资料；科学研究的理论成果，又深化了心理素质教育。

（一）开设心理素质教育课程

为了帮助学生运用心理学的知识调整自己的心理，高校陆续开设了大学生心理健康公共选修课和大学生心理健康必修课程，并在此基础上不断拓展课程内容。一些学校甚至还开设了"性心理与人格发展""大学生的人际交往""大学生职业生涯发展规划"等课程，通过教学这一主渠道培养学生的心理素质，"大学生心理健康"课程不同于传统的知识教育课程，它具有以下特点：

1. 内容体系

以素质培养为重点，从学生的实际需要出发，即以大学生心理成长发展中的常见问题设计课程内容体系，而不是以理论知识本身的逻辑体系来设计。例如"大学生心理健康"课的内容为"大学生的自我意识""大学生的人际交往""大学生的情绪管理""大学生的性心理""大学生的恋爱心理"等。从实际问题出发，选取与此相关的理论知识内容。课程内容贴近学生实际生活，因此他们爱学，学了就能用。

2. 教学形式

采用多重体验互动式教学方法。为了发挥学生在教学中的主体作用，调动他们自主学习的积极性，使心理健康知识转化为学生内在的素质，可以采用多重互动式的教学方法，把学生在课堂中的互动体验和知识讲授有机结合，让学生在做中学、在学中做、在参与中体验，在体验中领悟、在领悟中理解、在理解后内化、在内化后转变为自己的行动。教师探索了多种互动体验方式，如案例分析、互动游戏、角色扮演、心理剧等，这些互动体验活动配合课程的理论教学，使学生更有兴趣，参与积极性更高，加深了对理论的理解，学会了心理自助与助人的方法，获得了心灵启迪，提高了心理素质。

（二）开展心理咨询

心理咨询的专业性、保密性，对帮助学生深入认识自我，解决他们成长发展中的学习、交往、择业等心理困扰具有独特的积极作用。在心理咨询中发现的学生心理中存在的共性问题，是心理素质教育课的教学重点。高校心理咨询注重积极取向心理咨询。积极取向心理咨询的特点是协助学生认识并开发个人潜能，让学生运用自己的积极资源，自己解决心理困惑，获得自我成长。积极取向心理咨询符合高校心理素质教育的整体发展性目标。

1. 注重规范性

我们要吸收国外的先进经验，结合本国的实践经验，制定出一套既达到国际水准又符合我国高校特点的科学规范的管理制度。其中包括心理咨询的原则、工作规程，心理咨询员的职能与要求，来访者预约咨询程序及注意事项，危机干预办法及规程，心理测试评估工作、专业督导制度等，以使心理咨询获得科学化的发展。

2. 注重专业性

高校专职心理咨询教师要有健康的人格特质，要有专业的资质，至少具备心理学专业的硕士以上学历，并不断接受专业的培训和督导，提高心理咨询的专业能力和专业水平，以期更好地为学生提供高质量的心理咨询服务。高校心理咨询也可聘用受过严格专业训练的兼职心理咨询师，但要确保他们具有合格心理咨询师的专业资质。

3. 注重个体性和团体性

在做好个别咨询的同时，积极开展团体咨询与团体辅导。团体辅导活动方式新颖，相对个别咨询参加人数较多，符合大学生的心理发展需要。

（三）开展多种心理素质教育活动

心理素质教育活动不受时间、地点的限制，形式多样，是对大学生进行心理素质教育的重要渠道，也是广受大学生欢迎的教育方式，对学生的心理健康发展起到重要的作用。高校心理素质教育的活动有很多，如利用校报等媒体，广泛宣传普及心理健康知识；举办心理健康知识展览、专家讲座、心理沙龙、现场心理测验、现场心理咨询、团体训练、征文比赛等活动。学生朋辈辅导是高校大学生心理素质教育的重要方式，学生社团、学生助理心理员、班级心理委员、宿舍长等学生骨干经过专业的培训，在大学生心理素质教育中发挥了"自助"、助人的作用。

（四）开展科学研究

结合心理素质教育的实践，开展大学生心理素质教育的科学研究。例如，开展对大学生心理健康状况的调查，探讨大学生心理发展的规律，总结教学、教育、咨询的实践经验，将其升华为自觉的理性认识。这些都能将丰富的实践经验转化为科学的理论，起到创新心理素质教育理论的作用，同时，用这些理论去指导实践活动，可以进一步深化心理素质教育。

第三节　高校心理素质教育模式构建的原则与方法

一种教育模式构建依据什么原则，遵循什么样的方法论，决定了这种教育模式能否实现教育的目标。

一、高校心理素质教育模式构建的原则

高校心理素质教育模式构建要遵循主体性、整体性、发展性和系统性四个原则。

（一）主体性原则

高校心理素质教育必须坚持以学生为主体的原则。主体性在这里包含三层意思：

第一，学生是心理健康教育过程中的主体，是具有自我意识的人，而不只是被动接受教育的客体。心理素质教育过程是把心理健康的理论、方法，转化为学生主体内部的心理品质的过程，这也就是内化的过程。如果没有内化的过程，再好的教育内容也只是外在的存在，或是教育者的一厢情愿。在以往的思想政治教育中，存在着教育者视自己为教育的主体、学生为教育的客体的现象。上课时，教师不管学生是否爱听，只要自己按照讲义讲完了，就算完成了任务；在教育活动中，不管学生是否喜欢，教师只要自己举办了活动，就是进行了思想政治教育。对于这种情况，学生常常戏称"你们自己'玩'吧，我们不跟你们'玩'"。心理素质教育，是让学生心理内化的过程，必须摒弃那种以教师为主体、以学生为客体的教育观念，要牢牢确立以学生为主体的思想。

第二，要尊重学生的主体性。尊重学生的主体性，每一个学生都是独特的生命个体，要尊重每个学生自身的价值。由于每个学生各自先天的遗传和后天的生活背景、成长经历不同，每个人的性格都有其独特性。因此，我们在进行心理素质教育时，既要考虑他们的共性，又要考虑他们各自的差异，尊重他们的独特性。要努力做到共性和个性兼顾，而不是采用整齐划一的教育方式。尊重学生的主体性，还意味着教育者要保持一种开放的心态，多倾听学生的意见，不把自己的主观意愿强加给学生。

第三，要发挥学生的主体作用。要信任学生，相信他们有自我成长的能力，有创造力，要发挥他们自身的积极性。无论在心理健康教育的课堂互动中，还是在心理健康教育的各项活动中，我们常常看到学生惊人的领悟力和创造力。在心理咨询当中，我们也常常看到来访学生具有自我转化能力。因此，我们要充分发挥学生的主体作用，调动学生的积极性。

尊重学生的主体性，发挥学生的积极性，并不意味着放任自流，也不意味着削弱教师的引导作用。相反，发挥学生的主体性，对教师的要求会更高。要求教师激发学生的内在需求，研究学生的心理机制，调动学生自我教育的主动性和积极性。

（二）整体性原则

高校的心理素质教育针对的是全体学生。有些高校领导认为，有心理问题的学生毕竟是少数，因此不必那么重视，也没有必要让全校师生都来参与其中。对这个问题的认识涉及学校的培养目标，涉及是否需要心理素质教育的问题。

我们在前文已经阐述了高校的培养目标是让每一个学生都成为全面发展的人，那么，就意味着让每一个学生都成为心理健康的人。因此，心理素质教育是为了全体学生的健康发展，而不仅仅是为了少数有心理问题的学生。有心理问题的学生我们固然要格外关心和关注，帮助他们的身心健康发展，但是，这并不是我们工作的全部。让每一个学生心中充满阳光，让每一个学生心理健康，是学校教育的职责，是学校心理素质教育的目标。正因为如此，我们才要全方位地开展心理素质教育，即要进行包括心理健康课程建设、心理健康教育活动、心理咨询等在内的各种教育。我们只有着力于服务全体学生，对广大学生进行心理素质教育，才能使学生拥有心理健康的理念，学会心理调解的方法，提高心理健康水平，有效地预防心理障碍和心理疾病的发生。否则，不但影响教育目标的实现，而且会使有心理问题的学生数量逐渐增加，影响学生的健康发展。

（三）发展性原则

高校的心理素质教育是以促进学生心理健康的发展为目标，以积极心理学为指导，以发展为取向的心理教育。然而，由于我国的心理素质教育起步较晚，在发展过程中受到西方生物医学模式心理治疗观的影响，一些学校的心理素质教育关注的是学生在学习生活中产生的问题和困惑，认为心理素质教育的主要内容就是解决心理问题。在这种消极心理学模式下，高校心理素质教育存在着以解决学生的心理问题为目标取向，将心理素质教育的内容放在针对那些行为失调、适应困难的个体心理咨询上，而对大学生群体的积极心理品质的发展性教育引导不够，对学生积极的心理体验和积极心理潜能的开发不够的问题。

这种生物医学模式的心理素质教育在现实性上不符合大学生的心理发展规律。因为，从大学生整体角度来看，绝大多数学生的心理是健康的。大学生出现的恋爱冲突、就业心理冲突等，都是他们在成长发展中不可避免的矛盾，是他们成长过程中必然遇到的困惑。对于这些问题，我们不能只是停留在被动地等待学生来寻求心理咨询上，而是应当通过全方位的教育、咨询，提升他们的自信，开发他们的心理潜能，促进他们的自我成长。

从理论上来讲，随着人类对自身认识的深入，人们更倾向于从积极的视角认识人性，从发展的取向促进人们的心理发展。因此，积极心理学成为当代心理学的最新发展趋势，它挑战了心理学界几百年来以研究心理疾病为主的思潮，倡导从积极的视野、以积极的心态重新解读心理现象，关注人类的健康、幸福与发展；关注人的潜力与创造力的发挥，帮助人们寻求和掌握获得幸福生活的方法与途径。积极心理学也研究心理问题和疾病，它对心理疾病的治疗和预防有独到的见解，也更注重研究人性中的优点与价值，并采取更加科学的方法来挖掘人自身的潜质，增强人们的自信心，坚定人们生活的信念，帮助人们过健康的生活。在预防方面，积极心理学提出了积极预防的思想。它认为单纯地关注个体身上的弱点和缺陷不能产生有效的预防效果，而是应通过发掘处于困境中的人的自身的力量，系统地塑造各项能力，并培养出美好的品质，这样，才能进行有效的预防。

积极心理学的思想与高校培养目标是一致的。当前高校心理素质教育应以积极心理学为指导，确定一个发展性的目标，培养学生自尊自信的自我形象、积极乐观的情绪情感、和谐友善的人际关系、成熟完善的人格，努力创造有利于其心理成长的环境，使个体能够最大化地发挥出潜能，促进自我关爱、自我成长。

（四）系统性原则

大学生心理素质教育是一项系统工程。大学生心理健康课程的教学、心理咨询、心理素质教育活动、科学研究几个方面相互结合、相互渗透。课堂教学中心理知识的系统学习和心理体验，使大学生能自觉关注个人的心理发展，运用心理调解的理论和方法增进心理健康，减少心理问题的发生，而且课程教学增强了大学生的心理健康意识，他们也会主动去寻求心理咨询；心理咨询中发现的学生的共性问题成为心理健康课程和心理素质教育的重点，心理咨询中的案例为教学提供了大量的资料，使课堂教学更具针对性；校园内外开展的心理素质教育活动拓展了课堂教育的内容，也为课堂教学提供了广阔的实践平台；大学生心理健康的课程教学、心理健康教育活动的广泛开展、心理咨询的有效进行，提升了学生的心理素质，使学生拥有积极乐观的人生态度，有效地预防了心理危机；而心理危机预防干预工作的深入开展，更能增强大学生的心理健康意识，使学生能够更自觉地参与到各项教育、教学、咨询活动之中。

大学生心理素质教育的各项工作组合为一个有机联系的整体，而且课程教学、教育活动、心理咨询、科学研究各项工作本身都有其内在的规律性，每项工作的内在因素，各项工作的配合，都是彼此联系的。因此只有精心设计、认真扎实地做好每一项工作，并兼顾彼此之间的关系，才能搞好心理素质教育。

二、高校心理素质教育模式构建的方法论

大学生心理素质教育的目的是促进学生心理的成长与发展，因此在方法论上必须符合大学生的心理发展规律和特点，因此心理素质教育的方法主要有互动、体验、实践。

（一）互动

所谓互动，是基于对教与学关系的审视和思考，以建构主义和认知学习理论为基础而建立起来的教育方法。互动式教育方式与传统式教育相比，在于互动，强调师生双方主动参与。在传统的教学中，强调教师的教，教师是主动的传授者，学生是被动的接受者。而

在互动式教育中，学生从单纯接受者的角色转变为学习过程的主体，从"要我学"到"我要学"，从接受式学习改变为发现式学习、探究式学习，激发学生的创新欲望，培养学生自主产生新认识、新思想的能力。因此，在教育、咨询等活动中师生双方都是有意识的、能动的交换或传递者，都以积极主动的状态参与活动，相对于传统灌输式教学，互动式教育的主要特征在于教学过程中的"沟通"与"对话"，强调师生及学生互相之间平等地开展讨论和交流，在交互、反馈和融合中，使教育过程成为一个协调的整体。互动式教育是对话的过程，是理解的过程，是创新能力形成的过程。

互动式的教育，强调"动"，即要有师生共同参与的教育活动，在活动中达到手动、脑动、情动，使学生能够充分体悟、理解和内化所学的理论，在实践活动中去应用，达到理论与实际的结合，提高理论认识和实践相结合的能力。

"动"，就要创设多种教育情境。例如在教学活动中设置师生角色互换、情境模拟、小组讨论、案例分析、游戏活动、课外实践等，在教育活动中设置心理情景剧的自编自演、心理电影赏析、心理沙龙等。这种互动能够促进学生理论和实践的有效结合，激发学生的创新精神。相对于传统的教育来讲，互动式教育是多种构成因素的多元互动，它包括教师与学生之间的互动、学生与学生之间的互动、人与情境的互动等。这彼此间的多元互动，使师生获得了多方面的信息，相互教育、相互触动、相互启发、相互学习，从而获得个人能力的提升。

（二）体验

大学生心理素质教育的各项内容都要坚持体验式的教育方法。体验式的教育方法与传统的说教方法不同，它强调学生在体验中学习。

体验式学习，即从个人经验中感悟和理解，它既是学习过程，又是学习的结果。体验中的"体"，是强调运用我们的大脑、眼、耳、鼻、舌等身体的各部分，参与学习过程，通过身体的感官获得充分的"亲身体验"，然后再上升为理性知识。体验式学习的"验"，指经验，既包括获得经验的过程，又包括获得的结果。

体验式学习重视让学生亲历，让学生在参与中去经历、去接触，产生即时的感受，在此基础上，再去思考、理解、运用，这是自主的学习、内化的学习，而非只是像旁观者那样机械地记忆。

体验式学习注重感受，激发情感。传统教育教学中，主要是大脑的认知教育，所调动的主要是大脑左半球的逻辑认知活动，体验式学习是让学生先感受而后用语言表达，或边感受边促使内部语言的积极活动，激发学生的情感，以此推动学生认知活动的进行。这样就调动了大脑右脑和左脑协同工作，大大挖掘了大脑的潜在能量，使学生可以在轻松愉快的气氛中学习。

体验式学习注重团体合作分享。在团体的讨论分享中，每个人都能走出自己封闭的思维空间，接收团体成员多方面的信息，对自我进行反思与完善，获得自我成长，同时也可以向团体贡献自己的力量，促进他人的改变与团队的成长。这不仅仅是一个学习知识的过程，更是一个迈向成熟的过程。

体验式学习注重师生共同成长。在体验式学习中，师生是共同的参与者。学生在体验学习中的感悟与思考不仅使学生自身获得了新的学习，还使教师受到了启发，丰富了教师原有的认识和教育资源。体验式学习是师生共同成长的学习过程。

（三）实践

大学生心理素质教育的最终目的在于提高学生的自我心理适应、自我发展能力。而能力的培养，只有经过实践，才能转化为个人的自觉行动。因此在心理生态环境建设的各项工作中都要安排实践环节，都要让学生"在学中做，在做中学"，在实践中把所学的心理学调解的理论和方法都应用于实践：学会自助——解决自己的心理困惑，提高自己的心理素质；学会助人——帮助周围的同学或其他需要帮助的人，给别人带来快乐。在心理健康课上，教师应创设多样情境，进行训练，如宿舍人际冲突的解决，提升学生处理人际冲突的能力；课下布置实践作业，让学生参与班级团体辅导等活动，让学生在实践中深化对课上所学知识的理解和运用。

第四节　心理素质教育与思想政治教育

在我国，心理素质教育和思想政治教育是高校培养大学生整体素质的两项重要工作，二者有着密不可分的联系，将心理素质教育与思想政治教育有机结合，既可以提升心理素质教育的效果，也能使思想政治教育开展得更加深入。

一、二者的相同点与不同点

心理素质教育与思想政治教育都是教育整体中有机的组成部分，二者在总的目标上是一致的，都是为了促进大学生的全面发展和健康成长，都是为了培养高素质的人才，使大学生成为社会主义的合格建设者和可靠接班人。现代观点认为，"全面发展的人"不仅仅是指有知识、有能力的人，还必须是有社会责任感和历史使命感、有良好心理素养和适应能力及健全人格的人。这才是心理素质教育的终极目标，也是思想政治教育的最终目标。但是，心理素质教育和思想政治教育是从不同的侧面来影响人的全面发展的。二者在具体的教育目标、学科体系和教育内容上又有许多不同。

心理素质教育重点关注的是在心理层面个体的成长与潜能开发、人格的发展和完善；主要是帮助学生认识自己，认识自己与社会的关系，发挥个人的潜能，更好地适应学校、家庭和社会。心理素质教育侧重于对学生个体良好心理素质的培养，其功能更多地体现在学生心理健康的发展性、预防性和矫正性上。心理素质教育的内容包括对学生进行心理指导、智力训练、情感教育、意志教育及人际关系指导，包括各种心理问题的咨询，如学习、生活、工作、恋爱等等；其中还包括各种心理危机干预。心理素质教育解决的是心理健康发展问题，以健全受教育者的心智为宗旨。它只存在健康与否、正常与否的问题，不存在对与错、是与非的道德评价问题。

思想政治教育重点关注个体的思想层面，帮助学生树立科学的世界观、人生观和价值观，逐步提高大学生的思想政治素质。思想政治教育是教育者根据一定的社会要求和受教育者的个体需要及身心发展的特点和规律，有目的、有计划、系统地对受教育者施加影响，并通过受教育者积极主动地内化与外化，逐步提高思想政治素质的过程。思想政治教育的内容包括对学生进行马克思主义、毛泽东思想和中国特色社会主义理论教育，使学生能够拥有坚定的理想信念和良好的道德规范，树立科学的世界观、人生观、价值观。思想政治教育最鲜明的特点是具有阶级性和时代性，具有鲜明的价值取向和道德评价标准。

二、相辅相成

心理素质教育与思想政治教育的相辅相成是由心理素质和思想政治素质之间的关系决定的。首先，心理素质是思想政治素质的基础，因为心理素质是在先天的生理基础上形成的，是先天和后天的"合金"，相对比较稳固，而思想政治素质是后天培养的，要使思想政治素质稳固，就应当以心理素质为基础。其次，心理素质和思想政治素质相互渗透，即心理素质渗透在思想政治素质当中，思想政治素质中又含有心理素质。学生在接受思想政治教育时离不开他们的知、情、意，而思想政治教育也会促进他们知、情、意的发展。

心理素质和思想政治素质之间的关系决定了心理素质教育和思想政治教育在其内容上相互联系、相辅相成。高校在对学生进行思想政治教育时，要研究学生的心理发展特点和规律，激发学生的情感，由情感体验到认知内化，再转化为良好的行为表现，使他们成为有正确的理想信念和正确思想认识的人。而心理素质教育中也必然包括理想、信念、价值观的引导，因为每个人深层的心理都是在探寻"我是谁""我活着的意义是什么""我有无价值"等问题。这些人生的信念、价值观问题与思想政治教育的内容是一致的，只不过教育的途径和方法不同罢了。从现实层面来看，在实践过程中，学生表现出的思想认识问题往往源于内在的心理，本质上是心理问题；有些表面上是心理问题，实际上是思想认识的问题；还有些问题往往既有内在的心理原因又有思想原因。因此，心理素质教育与思想政治教育紧密相连，在解决问题时，需要把两者结合起来，多角度分析和解决现实中遇到的问题，增强解决问题的针对性和实效性。心理素质教育与思想政治教育在解决问题上的交互作用也体现了两者在作用和效果上的相互促进，提高学生的心理健康水平，有助于思想政治教育的落实，而学生正确的世界观、人生观和价值观的确立也可以促进心理素质教育的开展。

心理素质教育与思想政治教育在教育途径上是相通的。二者都要通过课程、集体活动、课外实践活动、家长配合等来具体实施。学生的某些心理问题只依靠心理素质教育是无法彻底解决的，还需要借助思想政治教育；学生的某些思想问题光靠思想政治教育也无法彻底解决，还必须依靠心理素质教育来协助解决。心理素质教育与思想政治教育之间的关系是相互制约、相互促进的，因此，二者不可能完全被分割开来。在具体的实施方法上可以互相借鉴，各展其长，相互配合，共同为培养学生成为具有良好思想品德和健全人格的人而努力。应该明确的是，思想政治教育与心理素质教育在不少方面存在相似及关联之处，并常常在实际教育工作中互相渗透、交织融合。因此，我们"不能用思想政治教育来代替心理素质教育，也不能用心理素质教育来取代思想政治教育"，高校心理素质教育的主要内容包括向大学生普及心理科学知识，对其进行自我认知教育、情绪稳定教育、意志品质教育、个性健全教育、人际交往教育、积极适应教育。在大学生的生活和学习中，通常会把心理问题和思想问题混合在一起，因此高校必须将思想政治教育和心理素质教育联合起来解决大学生的综合问题。很多学生在形成心理问题之前，往往是因为缺乏正确的世界观、人生观和道德观的积极引领。比如有些学生通常以自我为中心，从而不利于良好人际关系的有效构建，还有些大学生对人生的奋斗目标没有规划或者就没有具体的奋斗目标，从而陷入抑郁的状态等。因此，只有把思想政治教育和心理素质教育结合起来进行考虑，才能有效地解决问题。

三、相互结合

由于我国高校思想政治教育开展的时间比心理素质教育开展的时间长，积累了许多丰富的实践经验，又由于心理素质教育和思想政治教育之间有着许多关联，因此，我国高校开展心理素质教育，可以汲取思想政治教育的成功经验，使心理素质教育和思想政治教育有机结合，共同促进大学生的健康发展。

第一，科学地认识心理素质教育的重要性和必要性是搞好心理素质教育的重要前提，在认识上存在误区则会严重影响心理素质教育在我国高校的深入开展进程。高校应该把大学生的心理素质教育纳入高校素质教育，加强人文关怀和心理疏导，引导学生正确对待自己、他人和社会，正确对待困难、挫折和荣誉。

第二，加强目标的相互渗透。高校心理素质教育与思想政治教育虽有一致的根本目标，但在具体目标上各有侧重。目标是行为的方向，要实现高校心理素质教育与思想政治教育的整合，首先要加强两者目标上的相互渗透。学生的思想对行为有指导作用，科学的世界观、人生观和价值观对大学生健康心理的形成和发展有重要的作用。科学的世界观、人生观和价值观是大学生心理健康发展的重要条件，学生的世界观、人生观和价值观指导着个体的行为。因此，在心理素质教育过程中应注意培养学生正确的世界观、人生观和价值观，在思想政治教育过程中同时注意培养学生良好的个性特征和坚强的意志等。

第三，整合有效的教育形式。从教育方法上说，心理素质教育与思想政治教育在手段上有共同之处，应在共同的基础上充分发挥二者的优势，在实施的过程中注重方式的相互渗透和有机整合。心理素质教育在注重个体教育的同时，也要选择恰当的时期进行心理健康知识的普及教育。在心理素质教育过程中也可引用思想政治教育的一些方法，来提高心理素质教育的实效性。

大学生思想政治教育的方式有课堂教学、宣传教育等，心理素质教育的方式有课堂教育和个别咨询等，要加强两者的整合，除了在课堂教学过程中相互渗透外，也可以从以下几个方面做到相互整合：

1. 在素质教育过程中用思想政治教育的宣传方式，加强心理素质教育的宣传

宣传教育是思想政治教育的常用形式，在心理素质教育中引用宣传教育形式，开展心理健康知识的宣传，有利于强化学生的心理健康意识，提高学生的自我认识，弥补心理素质教育中的不足，扩大心理素质教育的范围。例如，可运用专题讲座、宣传橱窗、报刊、广播和网络等，针对特定时期大学生的心理问题、心理现象进行分析，给出解答方案。另外，也可通过校园报刊、校园网络等宣传教育的形式加强宣传，提高学生的心理健康意识和保健意识。

2. 通过校园文化建设加强心理素质教育和思想政治教育的整合

积极、健康的校园文化，对于促进大学生心理的健康发展和情操的陶冶、良好思想品质的形成均有重要作用。在校园文化建设过程中，重视心理素质教育与思想政治教育的共同作用，有利于形成积极、健康的校园文化；同时，积极、健康的校园文化的形成将促进心理素质教育与思想政治教育的有效整合。

3. 通过网络教育形式促进心理素质教育与思想政治教育的整合

网络的产生和发展促进了社会的发展，同时也会对学生产生一些负面影响，相应地就出现了一些心理和思想方面的问题。运用网络教育形式开展心理素质教育和思想政治教育的必要性越来越突出。教师应充分利用网络与学生进行交流，对学生的思想和心理状况进行积极引导，实现思想政治教育与心理素质教育的紧密结合，促进大学生健康成长。

第五节　构建高校心理素质教育模式的策略

（一）领导重视

培养学生良好的心理素质是学校培养现代化人才目标的要求，是学生成才发展的需要。

因此，高校领导应当进一步提高认识，切实加强大学生的心理健康教育，重视心理素质教育工作，完善工作机制，各部门之间形成合力，将提升大学生心理素质的工作落到实处。

1. 完善心理素质教育工作领导机构

学校领导要高度重视大学生的心理素质教育工作，成立以校党委书记为组长，以相关职能部门负责人、院系党政领导、有关专家为成员的心理健康教育工作领导小组，加强领导小组对心理素质教育工作的领导。

完善院系心理素质教育工作领导机构，成立院系心理素质教育工作领导小组，院系党政领导要重视心理素质教育工作，定期研究学生的心理健康状况，并长期有效地开展心理健康教育活动，为院系心理健康教育提供相应的支持和保障。

2. 重视制度建设

制度建设是心理素质教育实施的制度保障。学校领导要建立和完善相应的制度，如心理素质教育工作的规章制度、师资队伍建设制度、危机预防及干预制度等，将心理健康教育工作纳入学校日常工作中去，使学校的心理素质教育规范化、制度化。通过制度的有效实施，加强心理健康课程建设，为担任心理健康课程的专兼职教师提供良好的政策支持；加强心理危机的筛查、危机预防及干预工作，重视对院系教师进行心理危机培训，注重发挥全体教师在心理危机干预及预防中的作用等。通过建立与完善相应的制度，及时了解学生的心理健康状况，了解各院系的心理健康教育工作效果，为做好心理健康教育工作提供制度保障。

3. 加强对心理素质教育的督导评估

为了更好地落实心理素质教育工作，学校心理素质教育工作领导小组要加强对学校各部门心理素质教育工作的督导评估力度，及时发现心理素质教育工作落实过程中遇到的问题并予以解决。

（二）队伍建设

为了保障高校心理素质教育工作的可持续发展，需要建立一支高素质、有能力的心理素质教育工作队伍，不断加强高校心理健康教育的师资队伍建设。

1. 配备专职教师

心理健康教育工作是一项科学性、专业性较强的工作，必须由具备较强专业能力的专职教师来承担。学校要设置心理素质教育教师岗，解决心理素质教育教师的编制，并按照学校师生比不低于 1 ∶ 3000 的要求配备心理素质教育专职教师。

2. 保障教师的专业化发展

由于学校心理咨询中心大多隶属于学生处，因此有些学校的心理素质教育教师属于行政编制，评职称便只能走行政系列，不利于心理素质教育教师的专业发展和他们获得职业归属感，因此，有必要将专职教师纳入思想政治教育专业技术职务系列，根据工作特点制定相应的评聘标准，科学设置专业技术职务结构比例，为教师队伍持续发展创造优势条件。

3. 加强专业培训

为了提升心理健康教育效果，有必要建立一支由专职教师、心理学相关专业教师、校外相关专家以及各院系负责学生心理工作的辅导员组成的专兼职教师团队，学校要创造一定条件为这些教师提供参与专业培训或研讨会的机会，使专兼职教师能够根据心理健康教育工作的需要及自己的实际需求接受不同类型的培训，得到不断提升自己、学习充实的机会，从而培养一支既有较扎实的心理健康教育专业知识，又有较强科研能力的专兼职教师队伍。

学校要定期召开专兼职教师的心理素质教育工作交流会，及时总结并推广各院系的好经验、好做法，或围绕教师在工作实践中遇到的困扰，进行讨论和分享，不断提升心理健康教育工作的水平，从而提升广大学生的心理健康水平。

（三）整体协调

学校要加强工作统筹，将心理素质教育纳入高校人才培养体系，与大学生的思想政治教育、文化素质教育相融合，努力把工作做深、做细、做实，增强心理健康教育效果。

1. 开展深度辅导

充分发挥院系辅导员、班主任的作用，对学生开展深入且细致的访谈工作，形成学生全面覆盖、重点精细处理的工作网络，确保每名学生每年至少得到一次有针对性的深度辅导，为学生健康成长成才提供良好的服务。教师在进行访谈工作时，要了解学生当前的学习、思想及心理健康状况，精心设计访谈主题和目标，根据学生的性格特点，选取合适的交流方式有针对性地与学生进行谈心。通过深入访谈，解决学生的心理困扰，帮助学生解决学习生活中遇到的困难，及时发现学生存在的问题。

2. 心理疏导与思想政治教育相结合

人的心理是客观现实的反映。大学生在学习和生活中，如果不能适应，遇到学业压力大、家庭贫困或就业困难的问题，而自己又没有足够的能力解决时，就会产生心理波动和情绪困扰，如果大学生存在人生目标缺失、没有上进心等问题时，会有学业发展不顺利、求职就业困难、人际关系不良等情况出现，进而产生心理困扰。可见，生活中的实际困难、思想问题、心理困扰之间密切相关，都会在很大程度上影响大学生的心理健康。

因此，教师要努力帮助学生解决实际困难，如扎实开展深度辅导和学业辅导工作，提升学生的学习能力；做好学生资助工作，切实减轻大学生的经济压力；开展就业指导服务，给大学生提供更多的就业机会和就业信息等，解决学生存在的实际困难和问题。建立校领导接待制度，经常召开各种学生代表座谈会，及时发现和解决学生遇到的各种问题；解决学生的思想问题，充分利用大学生的党课、班级主题活动等机会，发挥党员学生、班干部的积极带头作用，发挥班级心理委员的朋辈辅导作用，利用学生的积极力量去帮助学生，从而实现共同成长。

3. 整合教育资源

完善全员参与的工作体系，加强统筹，充分发挥学校各方力量，汇聚成心理素质教育的合力。第一，辅导员、班主任是心理素质教育的骨干力量，要主动开展工作，对有心理困扰的学生进行疏导，或者建议去心理咨询中心接受心理咨询，及时筛查心理危机情况。第二，发挥任课教师的育人作用，关心学生的心理健康，重视学生的心灵成长。第三，充分发挥心理骨干的作用，开展院系、班级、宿舍的心理知识宣传和心理危机排查工作，形成心理危机预防及干预工作网络。第四，完善专任教师、管理干部、后勤人员参与心理素质教育的工作机制，形成人人关注学生心理健康的生态环境。

（四）物质条件保障

心理健康教育的开展离不开必备的物质条件保障，其中包括心理咨询室的软硬件保障、心理健康教育工作的经费保障等。

1. 硬件保障

心理咨询中心的硬件建设包括场地建设、环境要求、基础设施等。目前，各高校根据自己工作中的实际需求配备基本的设施及仪器，尚没有统一的国家标准。因此，有必要对高校心理咨询中心建设设置国家标准，规范心理咨询中心的建设工作。一方面，心理咨询中心应有专用场地，选址适当，心理咨询室的使用面积要与在校生人数相匹配，根据各校实际情况设置个体、团体心理咨询区等。此外，心理咨询室的周围环境还应整洁、幽雅，内部环境温馨、舒适，让来访者有足够的安全感。另一方面，心理咨询室要配备电脑、录音笔、电话机、摄像设备、隔音设备等基础设备，以及根据需要配备音乐治疗椅等心理学硬件设备。

2. 软件保障

心理咨询中心的软件包括心理测评和档案管理软件、心理咨询教师资质要求等。

第一，心理咨询室要配备科学的心理测评系统和档案管理软件，建立学生心理健康信息库及心理危机信息库，动态监控学生心理健康状况的变化，以便能够及时帮助有心理困扰及陷于心理危机的学生。心理咨询中心要有规范的档案管理制度及配套软件，以便对心理咨询面谈记录、热线咨询记录、心理危机信息库及危机干预记录、心理咨询效果反馈等档案资料进行及时的整理归档。

第二，教育行政部门应明确规定心理咨询教师的任职资格。为了促进高校专职心理素质教育教师队伍的科学化和专业化发展，教育行政部门要针对心理素质教育教师制定从业标准和资格认定标准，包括对从业人员分别从基本资质、人格特质、专业基础、基本技能等方面进行评定，对已经从业的心理素质教育教师进行初级、中级和高级资格认定，这样才能建设一支高素质的高校专职心理素质教育教师队伍，保障高校心理素质教育工作的顺利进行。

3.经费保障

要按照相关的标准设立专项经费，纳入经费预算，确保专款专用。并且学校要落实各项工作，逐年增加心理健康教育专项资金，统筹继续教育经费，支持教师心理健康教育培训和学校心理辅导师认证培训等。此外，教育行政部门要按时对各高校的心理素质教育经费进行审核要评估，以确保经费专款专用。

第十章　高校心理素质教育活动研究

第一节　心理素质教育活动与大学生心理素质培养

什么是心理素质教育活动？心理素质教育活动对大学生心理素质培养有什么作用？研究这些问题对于我们科学运用心理素质教育活动，开展大学生心理素质教育具有重要的意义。

一、心理素质教育活动的内涵和特点

把握高校心理素质教育活动的内涵，了解心理素质教育活动的特点，是开展心理素质教育的前提。

（一）心理素质教育活动的内涵

心理素质教育活动是学校心理健康教育的重要环节和常见组织形式，是以增进大学生心理健康、提高大学生心理素质为目的，以校园文化活动为形式，针对不同大学生群体的心理发展需要，开展的不同主题的活动。心理素质教育活动与心理健康课程教育、心理咨询、心理危机预防干预、学生心理骨干队伍建设等方面相互融合、相互作用、相互促进，构成了一个促进大学生心理健康发展的校园心理生态环境。

（二）心理素质教育活动的特点

心理素质教育活动具有贴近学生、注重体验、关注发展、广泛参与、不断创新等特点，已成为心理健康体系中不可或缺的一部分。

1. 贴近学生

心理素质教育活动是以学生为主体设计和开展的活动，在内容、形式及实施上均是以学生的需求为出发点，使学生乐于参加。

在内容上，心理素质教育活动以能引起学生关注与兴趣的主题为切入点。学生对发生在自己身上、生活环境的事往往会十分关心，因此，在开展心理素质教育活动时，以大学

生普遍关心的、在自己发展中已遇到或可能会遇到的主题为依托，如新生适应、人际交往、情绪管理、恋爱与性、专业定向、求职就业等主题，将贴近学生学习、生活实际的典型事例作为心理素质教育活动的内容，可以极大地调动学生的兴奋点，从而引起他们深刻的心理体验。

在形式上，心理素质教育活动有别于正规的课程教育方式，既具备专业性，也带有休闲与娱乐性，博采众长、形式多样，有单向宣传也有双向互动，有纯粹知识传递也有参与体验性活动，有丰富多彩的大型活动也有隐性的日常渗透。目前高校普遍采用的心理素质教育活动有橱窗、板报、报纸、手册、电台与广播的宣传，有讲座、座谈、影评等主题对话，有借助多媒体的网上对话、心理情景剧、心理游戏与心理素质拓展训练等。

在实施上，大部分心理素质教育活动是在教师指导下，由心理委员、班干部、心理社团等自行操作进行的，从活动主题的确定、方案的设计到操作的实施全部过程都以学生为主。学生是主要的活动设计与组织者，也是主要的参与者，他们在实践中体验，不断提高认识，从而提升自我的心理素养。这个过程充分体现了大学生的自我教育过程。在这个过程中，教师的主要作用是专业指导、行政审核、工作协调与支持。当然，教师也能在与学生的互动中接受到一定的心理教育或是反哺教育。

2. 注重体验

体验在心理学中的一般意义，是指一种由诸多心理因素共同参与的心理活动。体验这种心理活动是与主体的情感、态度、想象、直觉、理解、感悟等心理功能密切结合在一起的。在体验中，主体不但去认知、理解事物，而且会因发现事物与自我的关联而产生情感反应，并由此生发丰富的联想和深刻的领悟。

体验在心理健康教育中的应用是在真实或模拟环境中的具体活动，促进学生获得亲身体验和感受，并通过与团队成员之间的分享和交流达成共识，然后通过反思、总结，最后积累为自己的认知理念并把它合理运用到学习和生活之中。它由五个密切关联的环节组成，即体验、分享、交流、整合和应用。心理素质教育活动大多数都会运用这五个环节，首先创设一定的情境让学生对某些心理主题产生体验，然后促进学生之间的互动、分享和交流，从而促进学生的整合和应用。比如心理剧的表演，就是让学生在表演和观看的过程中再次体验现实生活中的问题情境，然后在交流和互动中学习到新的有效的应对方式。

3. 关注发展

心理发展是心理健康教育的主要目标，也是实施素质教育的重要目标。在大学期间，所有的学生都会不断经历发展性课题的考验，如各种适应问题、情绪问题、人际关系问题、恋爱问题及各种应激问题等，这些发展性课题既是一种挑战也是一种机遇，如果可以得到有效的解决，会促进大学生的心理成长，提高大学生的心理素质，如果没有解决好就可能会导致严重的心理问题。

开展心理素质教育活动就是通过丰富多彩的形式，培养学生具有正确的自我概念，树立自信心，能对学习、人际关系和社会环境都做出积极的适应，以积极的、健康的心态来对待学习和生活，在遇到考验的时候，可以将困难变为机遇，从而获得更好的成长。

4.广泛参与

心理健康课程通常需要选修才能参加，心理咨询通常需要预约才能进行，而心理健康教育活动既不需要选修也不需要预约，几乎很少有限制参与的条件，每个学生只要有意愿都有机会参加，这使心理健康教育活动有着广泛的参与性。各项活动的参与人数少则几十人，如心理专题讲座、心理情景剧表演、心理团体辅导等；多则可能达到几百人甚至几千人，如全校性的心理知识竞赛、心理班会评选等。广泛的参与性让学生在活动中互相启发、互相促进，在单位时间里接受良好的心理健康教育。

5.不断创新

大学生是充满好奇、不断追求创新的群体，因此，以大学生为主题的心理健康教育活动也与时俱进、不断创新。比如，随着智能手机的普及，对心理健康知识的宣传方式，也启用了手机应用程序；心理微电影、心理微博短故事评选等也是新兴的心理健康教育活动形式。

二、心理素质教育活动对大学生心理素质培养的作用

对于心理素质教育活动对大学生心理素质培养的作用，高校心理素质教育工作者做过许多研究。笔者概括了他们的观点，主要有以下几点：

（一）让全体学生受到教育

廖冉等认为，应通过多渠道去宣传心理知识，使用学生喜闻乐见的媒介（诸如校报、学生心理刊物、学校的心理网站、微博、微信等）来提高学生对心理健康的认识；邀请知名的心理学专家和精神科医师来校开展主题讲座，这些都是对大学生进行心理素质教育的重要方式。

在参加的心理健康活动中，70.09%的大学生参加过心理健康知识讲座，31.05%的大学生参加过拓展训练，22.51%的大学生参加过团体心理辅导活动，这些数据反映了高校对心理健康教育的重视。

为满足大学生的需要，高校举办多种多样、活动内容丰富的心理素质教育活动，极大地扩展了心理素质教育，解决了心理素质教育课程教学时数不足的问题，而且能够使学生在心理素质教育课堂上学到的知识，在课外活动中得到丰富与拓展，并且在组织参与活动中得到实践和运用，实现课内外的相互结合和补充。心理素质教育活动向广大学生宣传普及心理健康知识，将心理素质教育覆盖全体学生。

（二）提升心理健康意识

长期以来，由于学校、家庭、社会过于关注学生的学习成绩，关注知识的学习，忽视心理素质的培养，使得学生本人在成长过程中，欠缺心理健康意识，不重视自己的心理发展，所以当出现心理冲突时，毫无察觉；甚至出现心理异常时也不求助。心理健康活动的广泛开展，使学生学习到了心理健康知识，能够拥有心理健康意识，学会主动关注自我的心理状态，自觉维护自身的心理健康。

（三）培养能力

心理素质教育活动为学生提供了培养各种能力的机会。他们在参与各种活动中展示着自我，增加了自信；他们在组织各种活动时和同学相互合作与交流，培养了与人合作的能力；他们在准备和参与活动过程中克服困难，迎接挑战；在比赛类活动失利时面对失败的结果，培养了他们应对挫折的意志品质；他们在参与活动设计中开发智慧与潜能，培养了创新能力；他们通过参与社会志愿者活动，如到打工子弟学校服务，慰问孤寡老人，为临终老人服务，参与各种社会公益活动，培养了关爱他人的能力，实现了自我价值。高校心理素质教育活动是培养学生各种能力的重要途径。

（四）预防心理危机

对自杀学生的追踪调查表明，大学生自杀与他们不经常参加团体活动有密切关系。高校心理素质教育活动的开展让学生接受了心理健康知识，拥有了心理健康意识，学会主动调节自己的情绪。在心理素质教育活动中学生锻炼并培养了自身适应环境的能力，当发现自己有了心理问题时主动寻求心理咨询师的帮助，就可以从根本上预防心理危机的发生。

三、澄清认识，高度重视

关于高校开展心理素质教育活动，一直以来，不同高校的心理素质教育专业人员中有着不同的认识。多数人认为开展心理素质教育活动，是向大学生普及心理健康知识，让学生提升心理健康意识，学习心理调节，提升自我认识，培养人际交往与合作能力，学会管理情绪的重要途径。这是高校心理素质教育专业人员的一种主流认识，是一种积极的心理素质教育理念。这种认识的出发点是以学生为中心，以促进全体学生的心理健康发展为本。他们认为，只有通过开展形式多样的心理素质教育活动，广泛深入地普及心理健康知识，让每个学生都健康成长，才能更好地预防心理障碍和心理疾病，预防心理危机，因此，高校开展心理素质教育活动是非常必要的，是高校心理素质教育工作的一项必不可少的部分。而也有少数人认为高校开展心理素质教育活动不太必要，他们认为这些工作的专业技术含量低，自己把精力投入这方面不值得，因此更愿意把精力投放在心理咨询工作上，认为心理咨询是更专业的工作。心理咨询固然很重要，专业能力要求也确实很高，但是，毕竟在高校寻求心理咨询的学生相对于全体大学生来说是少数，很多大学生不会主动去寻求心理咨询。因此在高校开展心理素质教育活动不太重要的认识背后，存在着传统的"以问题解决为中心"的心理素质教育理念。这种教育理念是一种受传统医学模式影响的消极教育理念，不符合以学生为中心、以促进全体学生心理健康发展为本的教育目标。在心理层面，也许会有一种以咨询师为中心。关注自己专业技能提高，而非关注大多数学生成长的价值理念。因此，明确高校开展心理素质教育活动的目的及指导思想尤为重要。

第二节　高校心理素质教育活动设计原则

要使高校心理素质教育活动开展得更有效，使活动更能切合大学生的心理特点，满足大学生的心理成长需要，发挥心理素质教育的功能，在设计及实施心理健康教育活动时应注意以下五个原则：

一、尊重主体需要

心理健康教育活动的目的是提升学生的心理素质，是以学生为主体，在设计及实施心理健康教育活动时，一定要尊重学生主体的需要。

（一）活动设计贴近学生需求

活动的设计贴近学生的需求，主要体现在三个方面：

一是活动内容应符合学生心理发展水平和特征。学生心理素质的发展必须以他们已有的身心发展水平为依托。同时，每个学生对主客观世界的认识方式和作用方式，均受到其已形成的思维模式和行为习惯的影响，表现出个体的特征。因此，在开展心理健康教育活动时，活动内容必须适合不同年龄阶段学生的心理发展水平。只有这样，才能调动他们的主动性和参与性。

二是活动设计必须适合主体的需要。心理健康教育活动只有满足了学生的需要，才能有效地激发学生的内部动机，促使他们积极主动地参与到活动中。实现心理健康教育活动适合学生的需要的目的，要求我们设计的活动内容一定要贴近学生的生活和学习。活动内容一定要有时代感，触及学生所熟知、所关心的领域，只有结合学生的兴趣，才能使心理健康教育活动得到预期的效果。

三是活动难度适合。难度过高或者过低的活动均不能有效调动学生参与的积极性。只有那些高于个体现有发展水平，而他们又有能力进行的活动，才能有效地激发其参与动机。因此，活动设计者应该认真研究学生的发展状况、最近发展区，有序地安排心理健康教育活动的内容。

（二）让每个学生都成为积极参与者

教师应充分调动学生参与活动的独立性、能动性和创造性，让每一个学生都成为活动的积极参与者。在活动过程中，教师只能起指导作用，而不能包办代替，要注意防止以下两种倾向：

一是对活动插手过多，学生失去了自主性，只能按教师意图行事，最终失去对活动的兴趣。

二是教师将活动看成学生自己的事而袖手旁观，这实质上是一种不负责任的表现。教师既要确定学生在活动中的主体地位，又不能放弃自己的主导作用。

（三）充分体现学生的自主性

学生在心理健康教育活动中的自主性主要表现在两个方面：

一是活动方式选择的自主性。教师要允许学生凭自己的经验、兴趣去选择自己认为最好的活动方式。或者在主动参与中获得成功从而积累经验；或者在协同参与中获得兴趣，从而认识探索的价值；或者在被动参与中得到启发，从而获得某种情感体验。教师的主要任务是让每一个学生都能自主地参与活动。

二是活动过程中主体的自主性。心理健康教育活动是一种由下而上的活动，所以，教师应将那些自上而下的指令更多地转化为与学生平等参与。只有当学生感到教师也在与他们一起平等参与时，才能从活动中获得最好的情感体验，才能最大限度地发挥自己的潜能。

二、坚持开放性

心理健康教育活动的开放性表现在形式和内容两个方面。

（一）形式上的开放

在形式上，可以向不同的对象开放，尽可能地将能够促进大学生心理素质提升的资源整合起来。

一是向校内开放。以班级集体活动为例，既向同年级开放，又向其他年级开放，这样既可加强班级联系，又可促进集体活动质量的提高。

二是向家庭开放。活动可以延伸至家庭，请家长也来参加。有时家长忙，不便参加活动，则可请家长献计献策，指导学生搞好活动。这样做，既得到了家长的帮助和指导，又提高了家长对心理健康教育的认识。

三是向社会开放、走向社会。这既能提高学生参与活动的积极性，又可引导学生正确地认识社会。因此，在设计争取社会力量配合的活动时，可采取"请进来""走出去"的方法；或者请先进人物来校开展座谈；或走出去调查、参观、访问、提供社会服务等。

（二）内容上的开放

内容上的开放是指在设计活动时要善于从学生的学习、生活实践中选材。

一是从平凡的生活中挖掘活动素材。生活尽管平凡，但并不枯燥，因为我们周围的世界每时每刻都在发生变化。作为活动设计者，更应注意观察，对生活中的凡人小事"小题大做"，深入开掘，巧妙策划，设计相应的活动。比如，"寻找最美的笑容"摄影活动，就是通过收集笑容的照片，促进学生发现生活中的美好。

二是从周围的环境中寻找活动素材。学生总是生活在一定的社会空间里。每一个社区都有自己独特的自然风光、风土人情和历史，其中蕴含着丰富的教育资源，只要能因地制宜、有的放矢地选择，就可以找出相应的活动内容。

三是从重大节日中选择活动素材，一年 365 天中有许多节日、纪念日、节气，可以将这些特殊的日子和心理健康教育活动结合在一起，会达到特殊的效果。

三、倡导多样性

多样性是指设计活动时要以丰富多彩、生动活泼的形式赢得学生的欢迎，调动他们参与活动的积极性，力求让他们在欢歌笑语中陶冶情操、接受教育。设计活动要体现多样性，要求设计者必须不断创新，通过"加""变""改""移"等思路来变换形式。比如，在传统的班会中加入心理小活动，这样，活动不断以新面孔出现，使学生感到新颖有趣，能够增强活动的吸引力。

四、保证有效性

为了使活动有效，在设计心理健康教育活动时，一方面要能针对学生的实际来设计活动。例如，针对刚入学的大学生，可以开展新生班级辅导活动，促进学生更快融入大学校园。另一方面，设计时要考虑所设计活动的可操作性。为此，要注意活动规模不宜太大，活动节奏要适度，比如针对失恋者的团体辅导应以 8~10 人的小团体连续多次的活动为宜；而新生班级辅导则可以在几十人的班级中开展，并且一次 2 个小时的活动效果较好。

五、注重系统性

学生心理素质的提升不是一朝一夕可以实现的，它是一个系统工程。在设计心理健康教育活动时，要注意内容的系统性，使单个活动组成系列活动，具有指向集中、主题鲜明、内容丰富的特点，从而使全体学生都受到深刻的心理健康教育，也注重学生知、情、意、行诸方面的全面发展。例如，在入学时开展新生班级辅导活动；在大二、大三时开展自我探索、确定职业发展的活动；在大四时开展求职辅导，适应社会的活动。

第三节　高校心理素质教育活动的类型

高校心理素质教育活动的类型很多，为了方便使用，我们将从四个不同维度进行划分。

一、从活动的组织时间划分

从活动的组织时间划分，高校心理素质教育活动有日常性的活动和集中性的活动两种。

（一）日常性的心理素质教育活动

日常性的心理素质教育活动，指不受时间限制的心理素质教育宣传活动。其主要有心理报刊、心理橱窗、心理网页的宣传，心理讲座、团体辅导活动、各种志愿者活动的开展等。这些活动没有时间限制，根据学生需要，可以随时开展。日常性的心理素质教育活动，可以随时让学生学习到心理健康知识，起到对学生的心理教育不断重复、不断强化的作用，日积月累，润物无声，让学生逐渐增强心理健康意识，学会关心自我和他人的心理健康，学会自助与助人。

（二）集中性的心理素质教育活动

集中性的心理素质教育活动，指高校在限定的时间内，集中组织的系列心理素质教育活动。最有代表性的是"5·25首都高校大学生心理健康节"。每年在4~5月举行，每年一个主题，设计10余项活动集中对大学生进行心理素质教育。近年来北京高校已经举办了十几届"首都大学生心理健康节"。每一项活动主题都紧紧配合当年的社会心理环境及大学生的心理特点。

各高校也在这期间举办本校的"心理健康节"或"心理健康月"活动。集中性教育活动的好处是能够造成一种宣传教育的强大影响力，丰富多彩的心理教育活动在同一时间段进行，能够引起学生更大的关注，引发学生积极参与的想法。

二、从活动的人群范围划分

从活动的人群范围来划分，高校心理素质教育活动可分为在个人、宿舍、班级及全校不同层面开展的心理健康教育活动。

（一）在个人层面开展的活动

在个人层面开展的心理健康教育活动主要是面向个体开展的，注重个体在活动中的体验及参与，旨在提高个体的心理健康意识，增强个体对自我的理解，提升心理适应能力。例如，开展心理专题讲座、现场心理咨询、心理测试、心理电影赏析、心理读书会、微博短故事征集大赛等活动。

（二）在宿舍层面开展的活动

宿舍是大学生学习、生活、休息、社交的重要场所。大学生宿舍具有以下特点：

1. 宿舍是大学生社会生活的实验场

人们在社会生活中既要有正式的群体生活，又要有非正式的群体生活。而大学生的宿舍群体则具有正式群体和非正式群体两重性。作为正式群体，大学生宿舍首先是高校组织管理系统的最小单位，每个宿舍成员都必须遵守组织纪律或约定俗成的规范；而作为非正式的群体，大学生可以在宿舍中没有目的地共同活动，可以自由支配时间和选择活动方式，且不受他人干扰。大学生在宿舍生活中学习与他人相处，学习处理各种人际冲突，学习遵守各种规范，他们从不适应到适应，为未来适应社会做准备。

2. 宿舍是非正式的交际场合

宿舍是大学生休息、生活的场所。大学生宿舍氛围一般比较自由轻松，没有其他场合常有的严肃、紧张的气氛，所以宿舍成员的个性在宿舍中都能得到充分展现。个体的行为习惯、人格特征在这个空间充分暴露出来，在这些方面存在较大差异的学生就有可能产生矛盾和冲突。宿舍可能是大学生相互了解最充分、矛盾冲突发生最频繁的场所。

正是由于大学生宿舍的以上特点，大学生宿舍人际关系与大学生其他人际关系的区别如下：

（1）高度集中

宿舍把各地的大学生聚在一个较为狭小的空间内共同生活、学习、交往等，人际关系高度集中。

（2）交错复杂性

大学生与宿舍成员呈现网状结构交往，如果其中某两位成员发生人际冲突，很有可能影响整个宿舍的人际关系格局。

（3）易冲突性

大学生在经济情况、文化背景、性格特点、兴趣爱好、生活习惯等方面都存在着或大或小的差异，当他们共处一室时，更容易产生矛盾甚至引发宿舍成员之间的人际冲突。

（4）影响的深远性

与其他人际关系相比，宿舍人际关系对大学生身心方面的影响更为深远。

由此可见，宿舍人际关系是大学生的一种特殊的人际关系，一个宿舍的成员大多是同一个班级或年级的同学。一方面，距离的优势为大学生之间的交往创造频繁接触、相互熟悉的环境；另一方面，距离的邻近也影响着相互之间的利害关系。由宿舍成员共同营造的宿舍文化氛围会潜移默化地影响着大学生人生观、世界观、价值观的形成。据统计，大学生除去睡眠，每天有 5.72 小时在宿舍活动。大学宿舍人际关系如何直接影响着大学生的心理健康与成长。以宿舍为单位开展心理健康教育活动对大学生的个性塑造、心理健康具有深远的意义，它不仅可以减少宿舍矛盾和冲突，促进宿舍成员之间的理解和接纳，而且可以营造温馨和睦的宿舍氛围，增强归属感，从而促进大学生情绪管理能力、人际交往能力的提升。在宿舍层面开展的心理健康教育活动主要有幸福宿舍评比、宿舍团体活动、宿舍心理微电影等活动。

（三）在班级层面开展的活动

大学中的班级是大学生活的基本单位，是学校、学院开展工作的终端，是大学生共同学习、共同生活的基础，因此，在班级中开展心理健康教育活动，可以促进班级凝聚力的提升，增强学生的归属感。在班级层面开展的心理素质教育活动主要有心理班会、班级心理健康知识竞赛、优秀班级活动评选等。例如，北京高教学会心理咨询研究会组织的"我的微成功"优秀班级活动评选活动，就是让各个班级组织学生用多种方式从微小之处展示自己的成功，提升自信，并加深彼此的了解，增强人际沟通能力。"班级微电影大赛"活动，则是让学生用自编、自创、自拍的微电影方式，展示班级学生之间相互关爱、共同成长的生活。在电影中，每个人物都是班上的学生，每个班级都有感人的故事。电影反映的内容不仅对每个学生具有教育意义，而且在拍摄、制作过程中，大家相互合作，也是一个增强班级凝聚力的过程。

（四）在校园层面开展的活动

校园文化是一种社会亚文化，是社会文化的有机组成部分，校园文化具有育人功能、导向功能、娱乐功能和辐射功能。心理素质教育活动是高校校园文化的重要组成部分，在全校层面开展心理健康教育宣传及实践活动对于构建良好的心理生态环境非常重要。一方面，可以充分利用报刊、网络、电台、电视等宣传手段，在全校宣传心理健康知识，营造积极、健康的文化氛围；另一方面，在全校层面开展心理素质拓展、心理情景剧表演、心理团体辅导等活动，营造特定的校园心理氛围与特定的环境。由于渗透面广，所以能够让更多的学生了解、知晓心理健康理念，让学生在有意或无意中受到教育，对学生积极心态的形成，乐观向上生活态度的培养，和谐人际关系的建立，都产生着影响。高校日常的心理健康知识的普及宣传教育，集中的"心理健康节"活动，都有助于营造一种良好的校园心理文化氛围，帮助学生健康成长。

三、从活动的形式划分

在实践中，高校教师和大学生创新了许多高校心理素质教育活动形式，以下仅是近年来各高校经常使用的几种：

（一）心理讲座

心理讲座是高校常用的最普遍的心理素质活动。开展心理讲座一般由教师调查大学生的需求，根据学生的需要，邀请校内外专家就大学生最关注的话题，讲解相关的心理健康知识，对学生的心理发展进行指导。此外，也会有心理危机的识别与预防等专题。许多高校都有"心理大讲堂"活动，每月举办一次专家讲座，从而促进大学生的心理健康发展。

（二）心理健康知识竞赛

心理健康知识竞赛是普及心理健康知识的一项活动。这项活动的重点并不在于比赛的结果，而是学生在准备比赛过程中学习心理健康知识。在比赛前，教师把大学生应知应会的基础心理健康知识和最常用的心理调节方法编制成小册子，发给学生学习，如心理健康的标准、认识自我的方法、情绪的种类和情绪调节的方法、人际交往的作用与人际交往的原则和方法等。在此基础上，教师编写出竞赛题目。通常竞赛题分为基本知识理解题和实际应用题。实际应用题是让学生运用心理学的理论与方法解决其常见的心理问题。实际应用题目既考查了大学生对心理调节方法的掌握，也让他们学会用这些方法帮助自己和他人维护自身心理健康。竞赛题中还会有大学生常见的心理疾病、心理危机的识别及心理危机预防干预程序，以普及心理危机预防干预知识。通常也会有一些宣传学校心理咨询机构的题目，如学校心理咨询中心所在的位置、电话等。通过这样的方式，让学生知晓这些信息，学会主动运用学校心理咨询的资源，在充分学习、准备的基础上，再举行初赛、复赛和决赛。这个层层比赛的过程是进一步强化对心理健康知识学习的过程。心理健康知识竞赛是一项集学习、竞争、趣味为一体的普及心理健康知识的活动，大学生参与热情很高，成为各高校大学生心理素质教育的传统活动。

（三）心理情景剧

心理情景剧是广受大学生欢迎的一种新型的心理素质教育活动形式。心理情景剧是大学生在教师的指导下，运用情景剧的基本原理和方法，将大学生自己在学习、生活中遇到的一些心理冲突及其解决方案，通过自编、自导、自演，再现校园生活中类似的情景和经历。例如，大学生活中常见的宿舍人际冲突的解决，恋爱中各种情感矛盾的处理，大学新生不适应的解决等。由于心理情景剧由大学生自编自导，素材来源于校园现实生活，内容反映的是大学生的生活实际，更容易引起学生的共鸣，也更易于被学生接受。

在心理情景剧的编排过程中，学生不断地再现情景和体验各角色的心理感受，尝试运用不同的解决办法，同时与同伴交流、分享，得出解决方案。舞台上的投入表演，使他们展示了个性及表演才能，提升了自信。在排演的过程中，学生不断调节着个人与他人的关系，相互合作、相互配合，增进了彼此的了解和交往；排演过程中的反复训练，磨炼了他们的意志；尤其是许多高校举办的班级心理情景剧比赛，把班级建设和心理情景剧的编排、演出结合在一起，调动了全班学生的积极性，促使学生之间的相互了解，增强了班级的凝聚力。

作为广大观看者来说，他们从剧中角色的演出中，反思着自己，学习如何面对类似剧中的问题，获得了领悟和成长。心理情景剧将心理调解的知识与方法融于轻松、活泼、愉快的表演当中，让学生在表演或观看之中，学习了心理知识，掌握了解决心理问题的方法。这种教育方式相比直接对学生的教育，更易于被学生喜爱和接受。

高校在运用心理情景剧进行心理素质教育时，要注意正确处理教育性和艺术性的关系。与专业的演出相比，心理情景剧更注重内容的教育性，注重反映大学生常见的心理冲突，而非表演技巧本身。自然，教师对学生进行表演技巧指导，能够提高学生的表演能力，更好地表现教育内容本身，收到更好的教育效果，但是，从心理素质教育的目的来看，教育内容是最重要的，表演是第二位的。

（四）团体辅导活动

团体辅导活动，是指以活动为载体，通过在团体活动中团体成员的互动，促使成员在交往中通过观察、学习、体验，去认识自我、探讨自我、接纳自我，调整和改善与他人的关系，学习新的态度与行为方式，以良好地适应生活。

团体辅导活动的作用是将活动作为情境，让学生在参与活动时获得体验、感悟、理解，从而实现自身心理成长。活动本身的趣味性、新鲜感，能够吸引学生参加，激发他们积极参加的兴趣。参与游戏的过程中，学生远离了成人式的逻辑思维，回到了儿童的自然状态，凭兴趣、直觉去行动，往往可以进入无意识状态，从而能认识自己内心真实的需要和自己的心理特点，对自己有更深入的了解。学生在参与活动的过程中，又会通过对别人的观察、了解，透过别人的反馈，学习别人的积极品质和能力，完善自己的不足，获得自我的完善和提升。

活动选择宜精不宜多，开展团体辅导活动不是单纯为了激发学生的兴趣，重要的是让学生在游戏活动中体验，活动后的分享讨论是重点。教师要充分挖掘游戏中蕴含的心理教育因素，结合学生的讨论，教授相关的心理学理论，使学生在玩、做、乐中理解和掌握心理学的理论与方法。

（五）心理素质拓展训练

心理素质拓展训练是体验式学习的一种，它是借助教育学、心理学、组织行为学等相关学科成果，针对社会的需求和学生身心特点设计出来的一种体验式培训活动方案，旨在通过模拟自然的环境，让学生体验经过设计的活动项目，接受个人潜力激发的挑战，然后经过回顾反思和交流分享，加深对自我和团队合作的认识与领悟，并将活动中的认知和积极体验迁移到生活中去的一种训练活动。

高校开展素质拓展训练活动，首先要对大学生进行调查，找出他们需要解决的问题，以及对心理拓展训练的期望，然后根据他们的心理需求，设计相应的训练主题和训练方案。

借助于拓展训练的设施，由专业的素质拓展培训师带领，运用团体心理辅导技术、心理素质拓展训练技术，设计各种形式的富有挑战性和探索性的素质拓展训练课程和活动项目，对学生进行素质拓展训练，学生在训练过程中通过体验式的培训，激发潜能、提高团体的凝聚力；学会相互信任、分享情感、与人合作和相处；学习认识自我和接纳自我，提升自信；学习解决问题和正确决策的技巧、学会承担责任；开发个人潜能、增强协调意识。素质拓展训练能够让学生在轻松快乐的氛围中提高心理素质。

高校在组织素质拓展训练中，要注意运用团体心理辅导的理论和方法，不能仅仅是组织学生进行体育活动，如果把素质拓展训练等同于体育锻炼和娱乐活动，就会失去心理素质教育的作用。

四、从教育的途径划分

从教育的途径来划分，心理素质教育的宣传活动可分为实体的宣传教育活动和网络宣传教育活动。

实体的宣传教育途径包括创办心理健康教育宣传报刊等。各高校都有自己的心理健康教育宣传刊物或报纸。这些报刊一般都由学生自己编写，内容主要是宣传心理健康知识，介绍大学生心理调节的方法、大学生常见的心理问题、心理危机识别知识等。由于这些刊物由学生自己编写，内容更贴近大学生的心理需求，编写形式图文并茂，很受大学生的欢迎。

网络宣传包括学校或大学生心理社团建立的心理健康网站或网页、微博、QQ、微信平台，通过这些网络媒体宣传心理健康知识，搭建学生心理沟通平台，能够有效疏导大学生的情绪，发展健康心理。随着现代网络技术的发展，网络被大学生广泛使用，运用网络途径进行心理健康教育目前已成为高校广泛采用的教育形式。

第四节　高校心理素质教育活动的实施

实施心理素质教育活动，是提高活动质量、保证教育效果的重要环节。为了提高学校心理健康教育活动的实施效果，综合国内学者的研究成果，结合实践经验，我们认为应该注意以下五个方面的问题：

一、把握时机

俗语说："机不可失，时不再来。"对于开展学校心理健康教育活动来说，也有一个捕捉时机的问题。实践表明，在最佳的时机开展活动，可以使学生在活动中长时间保持饱满的情绪、浓厚的兴趣和高度集中的注意力。因此，当时机未到时，要善于等待；当时机出现时，要及时捕捉；面对错过的时机，要善于补救。只有这样，心理健康教育活动才能在质上得到保证。所谓把握时机，主要是指以下时机：

（一）新的生活开始时

大学生的感知易受外界事物的暗示。当新生活开始时，作为一种强烈的刺激，会使他们产生好奇心和求知欲。利用这一特点，当新学期开始，学生与新教师、新同学接触交往时，教师可借机开展心理健康教育活动，以帮助学生适应新生活，增强自信心。

（二）享受成功的喜悦时

"人逢喜事精神爽"，当学生经过不懈的努力取得成功时，心情格外激动，自信心也大大增强，如果教师能因势利导地在这一时机开展恰当的心理健康教育活动，让学生在享受成功的快乐时提出更高的奋斗目标，引导他们为取得更大的成绩而继续进取，必将事半功倍。

（三）遭遇挫折时

人生之挫折十有八九，人在此时也最需要别人的理解和支持。教师抓住这一时机开展心理健康教育活动，教育学生要正确地面对困难和失败，帮助他们树立信心，鼓励他们用实际行动去战胜困难，必将有助于他们战胜挫折、走向成功。

（四）产生浓厚的兴趣时

当学生对某种事物或某项活动产生兴趣时，就会产生一种积极探求的内驱力，主动、自觉地投入其中，直至取得成功。所以，当学生产生浓厚兴趣时，教师要抓住机遇，及时组织活动，使学生能长久地保持兴趣，并使学生的兴趣循着有趣—乐趣—志趣的轨道发展。

（五）不良倾向萌芽时

由于受年龄、知识、经验等条件的限制，大学生的辨别力和自控能力一般都还不太成熟。因而，在学习、生活中，时常会有一些学生犯这样或那样的错误。当个别学生有了过错时，其他同学不一定都会去制止，有些学生甚至会去仿效，或出于"义气"而去"助纣为虐"。为此，教师要注意把握学生的思想，及时组织有针对性的活动，以把这种不良倾向消灭在萌芽状态。

二、激发动机

在把握好时机开展心理健康教育活动时，教师首先应思考的问题是为了使学生对即将开展的活动产生由衷的追求和向往，应怎样激发学生积极的活动动机。学生的活动动机源于其自身的学习、交往、发展等需要，并以兴趣的形式表现出来。为了有效地引起学生积极参加活动的动机，教师可考虑运用以下方法：①提出诱人的、振奋人心的奋斗目标，使学生知道活动的目标、价值，激发他们全力以赴参加活动的兴趣；②形象地描述即将开展的活动过程的种种趣味，引起学生参加活动的兴趣；③设置问题情境，使学生的活动动机从潜伏状态转入活跃状态，激发学生去探索答案；④树立亲切感人的、具体实在的榜样，引起学生学习、模仿的需要；⑤实行兴趣转移，将学生对其他活动的兴趣迁移过来；⑥创设良好的心理氛围，让学生产生参加活动、接受教育的需要；⑦利用学生的自尊心、好胜心、渴望赞许等特点，引起其参加活动的想法。

三、精心准备

除应有较好的设计方案外，还必须认真准备，准备得越充分、细致，就越能取得预期的效果。准备工作包括心理准备和物质准备：

（一）心理准备

心理健康教育活动的成功开展有赖于学生参与人数的多少及参与的程度。参与的人数越多，程度越深，成功率越高；反之，活动的失败率越大。参与不等于参加。参与是全身心投入，而参加可能是"身在曹营心在汉"。因此，教师的首要工作是使学生做好心理准备，激发其参与意识。教师在指导学生做好参与活动准备时，要留心观察，仔细分析，把握每个学生对参与的活动所持的态度，有针对性地激发那些持消极观望态度或有不满情绪学生的参与意识。对于那些没有被分配到活动具体事务而作壁上观的学生，应设法使之有事可做（如让他们参谋、评价某些准备工作）；对于那些因没有得到自己想做的活动具体事务而心怀不满的学生，应使他们体验到其所做工作的重要性。

（二）物质准备

物质准备主要是指把活动要用的东西及时准备好。由于活动所需的物质条件在设计方案时已周密考虑过并交代学生去具体落实，因此，教师此时应按其重要程度和困难程度逐一检查落实，诸如活动的具体地点、活动的环境布置、活动所需的器材、活动所需的技能技巧等，都要逐一过问。总之，在活动准备阶段，教师要做到把自己的要求转化为每一个学生自我教育的愿望与要求。教师要通过启发、引导，充分调动和发挥每一个学生投身于准备工作的主动性和积极性。

四、认真实施

经过精心准备，心理健康教育活动可以说是"万事俱备，只欠东风"。但是"行百里者半九十"。正如一台好戏，不管排练得如何成功，如果临场出乱，仍然会使观众喝倒彩。因此，作为"导演"，教师在具体开展活动时要做到以下几点：

（一）再次检查准备工作

再次检查准备工作的目的是当发现有不足之处时能及时弥补。值得注意的是，即使发现有不足之处，教师万不可在活动"开演"之前责怪学生，这样做会给满怀热情准备上场的"演员"泼上一盆冷水，从而影响"演出"效果。此时，教师应本着"气可鼓不可泄"的精神，尽量帮助和鼓励学生克服困难，争取把活动搞好。

（二）亲临活动现场指导

教师要自始至终亲临活动现场，不能以任何理由缺席。教师亲自参与活动，表明了对活动的重视，同时对学生也是一种鼓舞。当然，教师只能以普通参与者身份出现，不能干预主持人的工作，不应随意改变活动主题、进程，不应随便插话和打断学生的讨论与发言，不可于活动中途发表评论。教师如要发言，就必须得到主持人准许；如活动走题，只能通过主持人以建议的方式加以引导。总之，教师要明了其在学生中的特殊地位，要谨言慎行，以免对学生的心理产生不良影响，干扰活动的正常进行。

（三）辅导学生主持活动

在学生主持活动前，教师要帮助其认真细致地进行准备工作，并鼓励其大胆主持和学会临场应变。在活动过程中，教师要通过自己的口头语言和体势语言对主持学生进行点拨、提示、鼓励。但这一切不可太多，太多反而会使主持人无所适从，从而影响活动效果。

（四）慎重处理突发事件

尽管事前考虑十分周密，但临时不免有意外事情发生，如突然停电、音响失灵、学生突然患病、主持人语塞、活动地点使用上发生冲突等。出现了意外，教师应处变不惊，切不可大惊小怪、怨天尤人。这既能显示教师的机智，也可以对学生进行现场的心理健康教育。总之，对意外事件处理应及时、彻底，不留后遗症，以确保活动继续进行。

（五）坚持全程有效指导

在活动过程中，教师在指导活动全程方面要做到以下几点：
①充分发挥学生干部和骨干分子的积极性和创造性，把他们推到主人翁地位，自己组

织、自己主持，教师只是从旁参谋、辅导，帮助他们取得成功。②要充分发挥每一个学生的个性，使学生在活动过程中人人有岗位，个个有任务；人人有角色，个个做贡献。要注意协助学生机动灵活地安排活动顺序，把握活动进程。③要充分发挥教师本人的主导作用，注意叮咛每个学生紧紧围绕活动主题，用自己的语言来表达自己的所思、所想。④要仔细观察和记录活动的过程，包括细枝末节。对学生的情绪、意志、兴趣、爱好、性格等都要清清楚楚地记录，以便发现教育的某些契机。

五、总结工作

总结是对活动进行一次认真的回顾，肯定成功方面，找出问题和不足，吸取教训，明确今后努力方向，找出规律性的认识。总结的要求主要有以下几点：

（一）明确目的，端正态度

总结的目的是更好地教育学生，因此，总结者应坚持实事求是、认真负责的态度。只有这样，才能在客观、实际的基础上寻到规律性的认识。

（二）语言准确，行文简明

总结是一种应用文体，语言表达一定要准确，不能模棱两可、似是而非。总结的结构要严密，层次要清楚，例证要确凿，行文要简明。

总结撰写的格式是：

1. 标题

标题即总结的名称，主要包括活动的名称、总结类别（全部活动总结或专题活动总结）、时限。

2. 正文

正文即总结的内容，一般分为下列四个部分：

①活动的基本情况。简要叙述开展某项活动的情况，要求重点突出，有数据资料，避免空话与套话。②经验体会。这是总结的中心部分，是全文的主体。经验体会不要只是泛泛而谈，要抓住主要经验体会来写；在写作方法上可先叙后议或夹叙夹议。其中成绩指在活动中取得的物质成果和精神成果，经验指取得优良成绩的原因和条件。③存在的问题和教训。存在的问题是指在实践中感到应当解决而暂时没有解决或无法解决的问题。教训是指由种种原因造成的错误、失利，即反面经验。④今后打算。今后打算要切实可行，指明努力方向。

3. 具名

具名在总结末尾右下方，具名下面注明总结日期。

活动总结除了上述书面总结外，还有以下几种形式：

（1）评述

对活动各方面加以评论。

（2）办刊

将活动中的心得、体会、感受等通过文字记录，办成墙报。

（3）座谈

以小组为单位或全班座谈，谈自己的收获和体会。

（4）训练

将学到的技能训练成熟。

（5）锻炼

提出行为规范和行为准则，加以实践。

第五节　大学生朋辈辅导在心理素质教育活动中的运用

在高校心理素质教育活动中要发挥学生自我教育的作用，而朋辈辅导则是大学生相互之间帮助、共同成长的一种方式。

一、什么是朋辈辅导

朋辈指处于相同或相近的社会生活背景，具有共同的价值观念和生活方式，年龄相当的、关注共同问题的个体。朋辈心理辅导是在朋辈之间进行的一种互助式的心理辅导活动，是经过一定培训的朋辈咨询员向需要帮助的同学提供的心理咨询活动。朋辈心理辅导不等于同伴间的互助行为，而是带有一定的专业色彩，但由于求助者和助人者都来自同一群体，助人者的专业能力和水平受到一定限制，所以，朋辈咨询又被称为"准心理咨询"或"非专业心理咨询"。

多罗辛认为，朋辈辅导是指以自愿参与辅导训练课程与活动的高年级学生为朋辈辅导员，在专业人员的督导之下，担负着校园危机处理、支持、信息提供及转介等服务，苏斯曼将朋辈辅导定义为由受过半专业训练并处在督导下的学生，运用语言或非语言的互动交流，对需要帮助的同辈提供倾听、支持或咨询的服务。宋振韶、徐蕾在《朋辈辅导在高校心理健康教育的实践与展望》一文中认为，朋辈辅导，也称同辈辅导、同侪辅导，是指受训或受督导过的非专业人员（朋辈辅导员）在周围年龄相当的同学中开展具有心理咨询功能的服务，在学生的日常学习、生活中，自觉开展心理知识普及、心理问题探讨、矛盾化解、危机干预、情感沟通等工作，帮助同学解决日常遇到的实际困难和心理困扰，提高学生的自我管理能力，推动学生群体之间的互助、关怀和支持，实现学生助力成长模式。

二、朋辈辅导的人员构成

在我国高校心理素质教育中，朋辈辅导是一个比较宽泛的概念，它涵盖了在学校心理素质教育中起到助人作用的所有学生骨干。总体来说包括以下几点：

（一）朋辈心理咨询师

朋辈心理咨询师指的是，在学校心理健康教育中心或咨询中心，为大学生做个体心理咨询或团体辅导的学生。他们用所学的心理咨询专业知识为同学提供心理帮助，由于朋辈心理咨询师为同学提供的是专业的心理咨询，因此对他们的专业基础和专业技能要求比较高。他们一般是经过学校心理健康教育中心或咨询中心严格选拔的心理咨询专业或社会工作专业的研究生，也有经过严格的专业培训的心理社团中的骨干学生。

（二）心理委员

心理委员是指在班级设立专门负责开展心理健康教育工作的班委会成员。心理委员在心理健康教育中起到联络咨询中心、院系教师和学生的作用，主要任务是开展班级心理健康教育，帮助同学疏导心理困扰，协助教师做好心理危机排查和危机干预工作。

（三）心理社团

心理社团是指学校学生社团中专门负责开展心理健康教育普及宣传工作的社团组织。他们组织大学生的心理健康教育活动，创办心理健康报纸、杂志和心理网站，举办主题讲座和各种心理培训。一般来说，心理社团拥有双重角色，行政上由院团委、院学生会管理，业务上由学校心理健康教育中心或心理咨询中心指导，从工作性质上来说，起着承上启下、上传下达的桥梁作用。

（四）宿舍长

宿舍长承担着开展宿舍心理活动、关注同学心理健康、开展心理危机识别和预防等工作。

三、朋辈辅导的特点

与专业辅导相比，朋辈辅导的特点突出表现在以下几个方面：

（一）接纳度高

在校大学生由于年龄相似，学习和成长经历相仿，相互之间更容易产生理解和共鸣，所以彼此之间有着朋辈互助的天然优势。

（二）说服力强

青年学生认识事物，往往以感性认知为主，对于身边的同学，会在不自觉的亲近的过程中受其影响、学习模仿，因此朋辈之间往往有着比师长更强的说服力。

（三）覆盖面广

朋辈辅导员通常是志愿参与辅导训练课程与活动的高年级学生，他们来源的广泛性使得朋辈辅导的覆盖面大大拓宽，身边同学的学习、生活、工作、个人感情以及心理危机等各个方面都能成为朋辈互助的主要内容。

（四）及时自然

朋辈辅导员与身边同学共同学习生活，对彼此最为熟悉和了解，也最有可能在第一时间发现彼此的问题，利用有效的沟通技巧和心理知识，倾听和引导同辈之间的问题和冲突，在非常自然的状态下发挥积极作用。

（五）利于自身成长

朋辈辅导员在开展朋辈互助的过程中，不仅会在心理学等专业知识和技能方面得到很大的提升，而且在助人实践的过程中也会得到了更多的历练和成长，因此，朋辈辅导是一个助人且自助的过程，有利于朋辈辅导员自身的健康成长。

四、朋辈辅导在高校心理素质教育中的作用

朋辈辅导由于其自身的特性，在高校心理素质教育中起着教师不可替代的作用。

（一）补充高校心理健康教育资源

大多数高校的心理咨询中心配备的专业教师数量很少，而心理咨询和辅导这项工作往往又需要投入大量的时间和精力深度开展，尤其是随着学生心理健康观念的改变和心理问题的增多，高校心理健康教育供需之间的矛盾日益突出。辅导员因未受过专业训练，加之日常大量烦琐的学生事务和活动的干扰，以思想政治教育的工作模式去解决心理问题，得不到预期的效果。此外，大学里的心理协会等学生社团主要是配合教师开展宣传教育活动，并不能独立解决学生的一些问题。而朋辈辅导员对心理学一般有着浓厚的兴趣并参加了较长时间的培训，自身又具有较强的感染力、积极性高、乐于助人，经过严格的选拔和专业培训后在很大程度上保证了朋辈辅导员的专业水平与素质。况且，大学生日常遇到的所谓心理问题在大多数情况下都属于发展性问题，如果这些问题能够通过朋辈辅导的形式消解其中一大部分，把难度较大的问题留给咨询中心的专职教师，则可以有效缓解这一矛盾。

（二）心理相似，容易沟通

通常情况下学生对教师难免有着天然的敬畏之情和距离感，尤其涉及心理方面的隐私更是不愿与教师过多交流，即使是与教师交流，有些时候的表现和言语也是失真的，从而影响到教师对学生心理状况的判断，降低辅导效果。相反，朋辈辅导员本身就是一名普通的学生，同龄人由于相同的生活环境、相近的成长经历以及相似的学习背景，对于心理困扰和生活烦恼在很多时候有着相似的体会和感受，相比之下与问题学生有着更多的共同语言，能够很快并且较深地与学生产生共情。而且，朋辈辅导员通过与问题学生的朝夕相处，不但能通过语言对学生进行辅导，还能通过生活中或者活动中的互动，让学生受到正向感染，从而更容易解决学生的心理问题。

（三）带动学生整体心理素质提高

朋辈辅导是介于专业与非专业的"半专业"辅导，朋辈辅导员必须经过专业的培训才能上岗，必须具备一定的心理咨询和辅导的专业知识和技术才能更加有效地开展工作。因此，对于朋辈辅导员来讲，能够参与并胜任这份工作本身就是对自身心理素质和能力的提升。同时，这批具有基本专业素养的学生通过在日常的学习生活中，及时调节同学情绪，主动帮助同学化解心理困惑，积极协调同学关系，主动帮助有心理需要的同学，对于可能遇到的突发事件，力所能及地给予紧急、积极干预，并及时报告学校，避免恶性事件的发生，在助人、自助的过程中带动了学生整体心理素质的提高，营造了更加健康和谐的校园心理氛围。

（四）有利于心理问题的预防和及早干预

随着经济全球化、文化多元化和信息网络化的不断深化，社会变革和矛盾冲突日益突出，大学生面临的心理压力不断加大，存在的心理问题也越来越复杂。按照心理学的规律来讲，任何心理问题和障碍往往都有一个累积的过程，每一个将要出现问题的学生在平时的生活和学习中都可能有一些具体的异常表现。对于这些出现在生活中的点滴异常，辅导员和心理咨询中心的专业教师很难及时发现，而朋辈辅导员恰恰能弥补这一不足，凭借他们与身边同学共同学习、生活的天然优势，能够自然、全面并及时地发现问题。从这个意义上讲，朋辈辅导能在很大程度上做到"防患于未然"，做到早发现、多发现，防止各种心理问题引起的意外事件的发生。

五、加强朋辈辅导队伍的建设

为了更好地发挥大学生朋辈辅导在心理素质教育中自助、助人的作用，许多高校在实践中都对加强朋辈辅导队伍的建设做了深入的探索和研究，结合他们的研究成果，笔者提出了以下几点建议：

（一）加强选拔，提高素质

朋辈辅导员是学生心灵的守护者，他们需要具有良好的个性品质，如正确的自我意识、积极的人生态度、完善的人格特征、强烈的责任感和爱心等。心理咨询中心通过心理测试、面试、笔试等环节，严格从学生中选出不同层次的朋辈心理辅导员。

（二）建章立制，规范管理

学校应制定各类朋辈辅导的管理制度，如朋辈咨询员的工作职责、接待、转介、督导制度，心理委员的工作手册，心理社团的招新、管理、考勤奖励、干部考核、换届等制度。完备的规章制度使得朋辈辅导的各项工作有章可依。制定朋辈辅导的规章制度，不仅能对朋辈团队进行规范管理，而且这本身也是对学生社会管理能力的一种培养。

（三）加强培训，提升能力

朋辈辅导员从事专业性很强的心理助人工作，其工作的特殊性对朋辈辅导员的专业素养和专业能力提出了更高的要求。因此加强对朋辈辅导员的专业培训和督导是培养朋辈辅导员的重要环节。

每年要根据不同类型、不同年级的朋辈辅导员制订出适合他们工作要求的培训计划，编印培训教材，确定培训内容。培训内容包括各类朋辈团体及朋辈辅导员的工作职责、自我成长心理学基本知识、心理辅导的倾听和谈话技巧、心理危机的识别及心理危机的预防等。培训方式采用体验式，注重学生实操能力的训练。

（四）完善考核与奖惩，激发内在动力

为确保学生朋辈辅导队伍的质量，需要建立一套完善的考核、奖罚制度进行激励，建立评选优秀朋辈辅导员机制，每年经考核最后被评选为优秀辅导员的同学，给予荣誉和物质奖励；对于没有达到考核要求的人，则对其提出批评，或者取消其朋辈辅导员资格。通过考核和奖惩，激发学生朋辈辅导的内在动力。

（五）搭建平台，全面支持

学校心理素质教育中心要为各类朋辈团体搭建工作平台，如建立心理网站、创建微信平台、创办宣传刊物、组织拓展训练、举办社团交流研讨会等。同时学校应在活动经费、工作场地、硬件条件及与各部门协调等方面给予大力支持，为其个人成长和团队建设、开展工作创造良好的环境。

加强学生朋辈辅导的建设，有助于发挥朋辈心理咨询师、心理委员、心理社团、宿舍长等在高校心理素质教育活动中自助、助人、互助的作用，将心理素质教育融入每位学生的生活。

参考文献

[1] 张丽丽. 后疫情时代基于大学生心理健康与思政教育的阅读疗法研究 [J]. 真情，2022(2):122-123.

[2] 李阿特，王晓月，王哲，等. 问题解决式教学在大学生心理健康教育课中的应用研究 [J]. 吉林省教育学院学报，2022，38(10):153-156.

[3] 张浩，赵航，张澜，等. 健康中国背景下高校大学生心理健康教育方法与路径研究 [J]. 湖北开放职业学院学报，2022，35(8):58-59.

[4] 曾金霞. 大数据背景下大学生心理健康教育工作信息化的研究 [J]. 进展：教学与科研，2023(3):3.

[5] 郭佳玮，李汝超，张浩，等. "三全育人"视域下大学生心理健康教育体系建构研究 [J]. 世纪之星（交流版），2022(30):3.

[6] 林欣蓉. 大学生心理健康教育与心理咨询服务规范化研究 [J]. 湖北开放职业学院学报，2023，36(6):3.

[7] 王冬梅. 高校大学生心理健康教育工作模式创新策略研究 [J]. 教师，2023(5):3.

[8] 徐曼. 积极心理学在大学生心理健康教育中的应用研究 [J]. 新一代：理论版，2022(16):55-56.

[9] 陈加欣. 大学生心理健康教育课堂教学模式的研究 [J]. 辽宁丝绸，2022(1):67-68.

[10] 余果儿. 大学生网络心理健康教育研究 [J]. 心理月刊，2022，17(9):220-222.

[11] 叶海英，董泽松，兰兴妞，等. 大学生心理健康教育对大一新生心理症状的影响研究 [J]. 心理月刊，2022(1):3.

[12] 夏怡. 大学生心理健康教育研究 [J]. 中国科技期刊数据库 科研，2022(7):4.

[13] 赵琳. 高校辅导员开展大学生心理健康教育研究 [J]. 成才之路，2022,(09):22-24.

[14] 卞怡欢. 大学生心理健康教育课程建设现状及对策研究 [J]. 美化生活，2022(1):199-201.

[15] 李磊，吴初宇. 新媒体背景下大学生心理健康教育工作研究 [J]. 中文科技期刊数据库（文摘版）教育，2022(11):3.

[16] 王金玉. 大学生德育教育与心理教育的深度融合研究 [J]. 淮南职业技术学院学报，2023，23(1):3.

[17] 王娟 . 民办高校农村籍大学生心理健康教育策略研究 [J]. 河南农业，2022(9):21-22.

[18] 王慧慧 . 高校大学生心理健康教育的策略研究 [J]. 中文科技期刊数据库（引文版）教育科学，2022(1):4.

[19] 曾院珍 . 基于 SPOC 的混合式教学模式的构建研究——以"大学生心理健康教育"课程为例 [J]. 教育教学论坛，2022(40):128-132.

[20] 万慧 . "三全育人"理念下创新大学生心理健康教育模式的研究 [J]. 世纪之星（交流版），2022(12):31-33.

[21] 郭磊，刘磊 . 生态系统理论视域下的大学生心理健康教育发展模式研究 [J]. 环境工程，2022，40(5):2.

[22] 丰榆雅 . 信息化时代大学生心理咨询与健康教育方法研究——评《大学生心理学》[J]. 人民长江，2022，53(10).

[23] 周梦 . 现代传媒对大学生心理健康教育的影响研究——评《大学生心理健康教育》[J]. 科技管理研究，2022，42(9):1.

[24] 黄步庭 . 生态系统理论视角下大学生心理健康教育路径研究 [J]. 环境工程，2022，40(4):2.

[25] 钟晓虹 . 基于心理健康的大学生心理教育与训练研究——评《大学生心理健康教育与训练》[J]. 中国学校卫生，2022，43(3):1.

[26] 何红娟 . 新时代大学生心理健康问题安全教育研究——评《大学生心理健康教育：积极心理学的运用》[J]. 安全与环境学报，2022，22(4):2.

[27] 郑一鸣 . 疫情影响下的大学生心理教育研究——基于系统理论的社会工作视角 [J]. 菏泽学院学报，2023，45(1):5.